사무자동화산업기사
실기 기본서

2권 · 문제집

"이" 한 권으로 합격의 "기적"을 경험하세요!

YoungJin.com Y.
영진닷컴

차례

실기 부록 자료

실전 모의고사 03~10회
PDF 추가 제공

사무자동화 실습용
압축 파일

※ 부록 자료 다운로드 방법
이기적 홈페이지(license.youngjin.com) 접속 → [자료실]–[사무자동화산업기사] 클릭 → 도서 이름으로 게시물 찾기 → 첨부파일 다운로드 후 압축 해제

공단 공개문제

국가 기술 자격 실기 시험 문제

자격 종목	사무자동화산업기사	과제명	사무자동화 실무

※ 문제지는 시험종료 후 본인이 가져갈 수 있습니다.

비번호		시험 일시		시험장명	

※ 시험 시간 : 2시간(단, 인쇄 작업 : 별도 10분 이내, S/W 지참 수험자에 한해 설치 시간 : 30분)

1. 요구 사항

※ 다음에 제시된 요구 사항에 맞도록 사무자동화 실무 작업을 수행하시오.

가. 표 계산(SP) 작업

1) 작업 표 작성 : 자료(DATA)를 이용하여 작업 표를 작성합니다.
2) 그래프 작성 : 그래프 작성 조건에 따라 그래프를 작성합니다.
3) 작성한 작업 표와 그래프를 인쇄용지 **1장에 인쇄합니다.**

나. 자료 처리(DBMS) 작업

1) 조회 화면(SCREEN) 설계 : 처리 결과에 따라 조회 화면을 설계하고 **인쇄합니다.**
2) 자료 처리 보고서를 작성하여 **인쇄합니다.**

다. 시상(PT) 작업

1) 제1 슬라이드 작성 : 문제지에 제시된 제1 슬라이드를 작성합니다.
2) 제2 슬라이드 작성 : 문제지에 제시된 제2 슬라이드를 작성합니다.
3) 작성한 제1, 제2 슬라이드를 인쇄용지 **1장에 인쇄합니다.**

2. 수험자 유의 사항

가. 수험자는 **지정된 장소**에서, **지정된 시설과 용구만 사용**하여 시험에 임해야 하며, 수험자 임의 이동이 금지됨을 반드시 유의하시기 바랍니다.

나. 수험자 인적 사항은 반드시 **검은색** 필기구만 사용하여야 하며, 그 외 연필류, 유색 필기구, 지워지는 펜 등을 사용한 답안은 채점하지 않으며 0점 처리됩니다.

다. 수험자 PC의 바탕화면에 비번호로 폴더를 생성하고 시험 위원이 지정한 각 과제(SP, DB, PT)의 파일명을 준수하여 **수시로 저장하시기 바랍니다**(단, 시험 위원이 지정한 사항을 위반하여 수험자 임의로 작업하여 파일 입출력 문제가 발생될 경우 관계되는 제반되는 문제점 일체는 수험자의 귀책 사유에 귀속됩니다.).

라. 작업의 순서는 3개 작업(SP, DB, PT) 중 수험자가 직접 임의 선택하여 시작할 수 있으나 각 작업의 세부 작업은 주어진 항목 순서에 따라 수행하도록 합니다.

마. 각 작업별 출력물의 상단 여백은 반드시 **6cm(60mm)로 조정**하시기 바랍니다.

바. 인쇄용지는 A4 기준 **총 4매**가 되게 하고, 인쇄 방향은 세로(좁게)로 선택하여 출력합니다.

사. 인쇄는 **반드시 수험자 본인**이 하여야 하며, 작업을 완료한 수험자는 시험 위원이 지정하는 프린터에서 파일의 인쇄 작업을 위한 제반 설정, 미리보기 및 여백 등에 한하여 수정할 수 있으나, **출력 작업은 단 1회를 원칙으로 합니다**(단, 기계적 결함은 예외로 하고, 각 작업에서 화면상의 표시와 인쇄 출력물의 결과가 상이한 경우에 한하여 수험자가 원하는 경우 추가로 1회 출력을 할 수 있습니다.).

아. 인쇄물은 A4 각 장마다 중앙 상단(위쪽 여백 내에 인적 사항 (비번호/수험 번호/성명)과 중앙 하단에 **쪽 번호를 반드시 자필로 기입**한 후 1) ~ 4) 순으로 편철하여 제출합니다.

1) 개인별 답안 표지
2) 표 계산(SP) 작업 : 작업 표와 그래프 출력**(A4 용지 1매)**
3) 자료 처리(DBMS) 작업 : 조회 화면(SCREEN) 설계 출력**(A4 용지 1매)**
　　　　　　　　　　　자료 처리 보고서 출력**(A4 용지 1매)**
4) 시상(PT) 작업 : 슬라이드 2개 출력**(A4 용지 1매)**

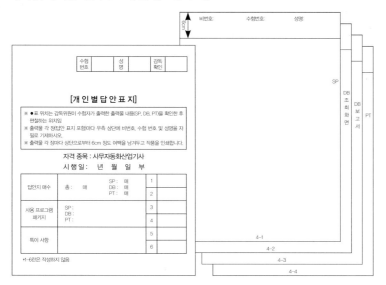

자. 수험자는 작업 전에 간단한 몸 풀기 운동을 실시 후에 시험에 임합니다.

차. 다음 사항은 실격에 해당하여 채점 대상에서 제외됩니다.

　가) 시험시간 내에 요구 사항을 완성하지 못한 경우(최종 출력물 4장 미만인 경우)
　나) 3개 작업(SP, DB, PT)에서 요구 사항에 제시된 세부 작업(**작업 표, 그래프, 조회 화면, 보고서, 제1 슬라이드, 제2 슬라이드**) 중 어느 **하나라도 누락된 경우**
　다) SP : 작업 표 또는 그래프에서 그 득점이 0점인 경우
　라) SP : 작업 표에서 수식을 작성치 않은 경우
　마) SP : 그래프에서 데이터 영역(범위) 설정 오류로 요구 사항과 맞지 않는 경우
　바) DB : 조회 화면 또는 보고서에서 그 득점이 0점인 경우
　사) DB : 조회 화면에서 SQL문을 작성치 않은 경우(공란인 경우)
　아) DB : 보고서에서 중간, 결과행 동시 오류로 0점 처리된 경우
　자) PT : 1 슬라이드에서 그 득점이 0점인 경우
　차) PT : 2 슬라이드에서 그 득점이 0점인 경우
　카) 기타 각 작업에서 지정한 요구 사항과 맞지 않은 경우
　타) 기능이 해당 등급 수준에 전혀 도달하지 못한 것으로 시험 위원이 판단할 경우 또는 시험 중 시설 장비의 조작 취급이 미숙하여 위해를 일으킨 것으로 예상되어 시험 위원 전원이 합의한 경우
　파) 제출한 파일 내용과 출력물의 내용이 상이한 경우
　하) 수험자 본인이 수험 도중 시험에 대한 포기 의사를 표시하는 경우

카. **사무자동화산업기사 종목 실기 시험은 출력물을 기준으로 채점**하며, 답안지 및 채점 기준은 **공개하지 않습니다.**

※ 수험자 유의 사항 미준수로 인한 모든 채점상의 불이익은 수험자 본인에게 책임이 있습니다.

공단 공개문제 01회

시험 시간	풀이 시간
120분	분

01 EXCEL 표 계산(SP) 작업

한국대학 사무자동화과에서는 학생 성적 처리를 스프레드시트를 통해 처리하려고 한다. 다음 자료(DATA)를 이용하여 작성 조건에 따라 작업 표와 그래프를 작성하고, 그 인쇄 출력물을 제출하시오.

01 작업 표(WORK SHEET) 작성

1. 자료(DATA)

학생별 성적자료

행\열	A	B	C	D
2	학생이름	과제등급	중간	기말
3	김기찬	C	70	73
4	김수진	C	50	49
5	김정현	A	45	60
6	김찬진	C	69	82
7	박찬호	B	54	58
8	박현정	C	77	78
9	신명훈	A	85	74
10	이소라	B	84	65
11	이재민	C	57	80
12	최종혁	C	48	50
13	최진현	B	58	68
14	홍길동	A	70	72
15	송대관	A	62	80
16	송수정	B	65	88
17	송경관	A	62	92
18	김춘봉	B	82	48
19	임현식	A	55	64
20	임경철	C	76	60
21	신기한	A	54	60
22	김경태	B	50	45

※ 자료(DATA)부분에서 음영 처리 표시된 부분은 행/열의 기준을 나타내며 이는 작성 (입력)하지 않음을 반드시 유의하시오.

2. 작업 표 형식

학생 성적 현황

행＼열	A	B	C	D	E	F	G	H	I	J
2	학생이름	과제등급	중간	기말	과제점수	총점	조정점수	최종점수	총점순위	평가
3 … 22	–	–	–	–	❶	❷	❸	❹	❺	❻
23	평균		❼	❼	❼	❼	❼	❼		
24	85점 이상인 학생수							❽		
25	과제등급이 A 또는 B인 학생들의 최종점수의 합							❾		
26	❿									
27	총점순위가 10 이상 15 이하인 합							⓫	⓫	
28	이씨이면서 과제등급이 B 또는 C인 합							⓬	⓬	
29	⓭									

※ 음영 처리 표시된 부분은 작성하지 않습니다.

3. 작성 조건

가) 작성 시 유의 사항

Ⓐ 작업 표의 작성은 "나)~라)" 항에 제시된 내용을 따르고 반드시 제시된 조건(함수 적용, 단서 조항 등)에 따라 처리하시오.

Ⓑ 제시된 작성 조건을 따르지 아니하고 여타의 방법 일체(제시된 함수 이외 다른 함수 적용, 함수 미적용, 별도 전자계산기 사용 등)를 사용하여 도출된 결과는 그 답이 맞더라도 정답으로 인정되지 않음을 반드시 유의하시오.

나) 작업 표의 구성 및 서식

Ⓐ "작업 표 형식"에서 행과 열에 관계된 음영 처리 표시된 부분은 작성하지 않음을 유의하고 반드시 제시된 행/열에 맞추도록 하시오.

Ⓑ 제목 서식 : 16포인트 크기로 하시오.

Ⓒ 글꼴 서체 : 임의 선정하시오.

다) 원문자가 표시된 셀은 아래의 방법을 이용하여 처리하시오.

❶ 과제점수 : 과제등급이 "A"이면 20, "B"이면 15, "C"이면 10으로 하시오.

❷ 총점 = 과제점수 + ((중간+기말) × 40%)

❸ 조정점수 : 기말이 중간보다 크거나 같으면 조정점수는 기말 × 20%, 기말이 중간보다 작으면 조정점수는 중간 × 10%

❹ 최종점수 = 총점 + 조정점수

❺ 총점순위 : 최종점수를 기준으로 순위를 산정하시오(단, 최종점수가 가장 높은 경우 순위를 1로 한다.).

❻ 평가 : 최종점수가 90 이상이면 "최우수", 80 이상 90 미만이면 "우수", 60 미만이면 "미달", 그 외는 "보통"

❼ 각 항목의 평균을 계산하시오.

❽ 최종점수가 85점 이상인 학생 수를 계산하시오.

❾ 과제등급이 A 또는 B인 학생들의 최종점수의 합을 산출하시오(단, 소수 첫 번째 자리에서 반올림하여 정수로 표시하는 ROUND 함수와 SUMPRODUCT, ISNUMBER, FIND 함수를 모두 사용한 수식을 작성하시오.).

❿ ❾에 적용된 수식(함수)을 기재하시오. ("="는 생략)

⓫ 총점순위가 10 이상 15 이하인 조정점수, 최종점수의 합을 각각 산출하시오.

⓬ 성이 이씨이면서 과제등급이 B 또는 C인 조정점수, 최종점수의 합을 각각 산출하시오.

⓭ 작성 조건 ⓬에 사용된 수식을 기재하시오.
  – 단, 조정점수 기준으로
  – 수식에 SUMPRODUCT, LEFT 함수 반드시 포함

※ 함수식을 기재하는 셀과 연관된 지정 함수 조건(함수 지정)이 있을 경우 제시된 함수만을 사용해 함수식을 구성 및 작업하여야 하며, 작성 조건을 위배하여 임의로 작성할 시 해당 답이 맞더라도 틀린 항목으로 채점됨을 유의하시오. 만약, 구체적인 함수가 제시되지 않을 경우 수험자가 스스로 적합한 함수를 선정하여 작업하시오.

※ 또한 함수식을 작성할 때는 "라) 작업 표의 정렬 순서(SORT)"에 따라 조건에 맞게 정렬 후 도출된 결과에 의한 함수식을 기재하시오.

라) 작업 표의 정렬 순서(SORT)는 최종점수의 내림차순으로 하고, 최종점수가 같으면 과제등급의 오름차순으로 한다.

마) 기타

(1) 금액에 대한 수치는 원화(₩) 표시를 하고 천 단위마다 ','(Comma)를 표시하시오(단, 금액 이외의 수치는 ','(Comma)를 표시하지 않도록 하시오.).

(2) 모든 수치(숫자, 통화, 회계, 백분율 등)는 셀 서식의 속성을 설정하는 과정에서 소수 자릿수를 "0"으로 지정하여 정수로 표시되도록 하시오.

(3) 음수는 "−"가 표시되도록 하시오.

(4) 숫자 셀은 우측을 수직으로 맞추고, 문자 셀은 수평 중앙으로 맞추며 이외 사항은 작업 표 형식에 따르도록 하시오. 특히, 단서 조항이 있을 경우는 단서 조항을 우선으로 하고, 인쇄 출력 시 판독 불가능이 발생되지 않도록 인쇄 미리 보기 등을 통하여 셀의 크기를 적당히 조정하시오.

02 그래프(GRAPH) 작성

작성한 "학생 성적 현황"에서 최종점수가 85점 이상인 학생이름별 총점과 조정점수를 나타내는 그래프를 작성하시오.

[작성 조건]

1) 그래프 형태 : 혼합형 단일축 그래프
   총점(묶은 세로 막대형), 조정점수(데이터 표식이 있는 꺾은 선형)
   (단, 총점만 데이터 레이블의 값이 표시된 혼합형 단일축 그래프로 하시오.)

2) 그래프 제목 : 학생별 성적현황 ---- (확대 출력)

3) X축 제목 : 학생이름

4) Y축 제목 : 점수

5) X축 항목 단위 : 해당 문자열

6) Y축 눈금 단위 : 임의

7) 범례 : 총점, 조정점수

8) 출력물 크기 : A4 용지 1/2장 범위 내

9) 기타 : 작성 조건에 없는 형식이나 모양은 기본 설정 값에 따르며, 그래프 너비는 작업 표 너비에 맞추도록 하시오.

> ※ 그래프는 반드시 작성된 작업 표와 연동하여 작업하여야 하며, 그래프의 영역(범위) 설정 오류로 인한 불이익은 전적으로 수험자 본인에게 있습니다.

02　ACCESS 자료 처리(DBMS) 작업

외식 프랜차이즈 암소가든에서는 판매 관리를 전산화하려고 한다. 다음 입력 자료를 이용하여 DB를 설계하고 작성 조건에 따라 처리 파일을 작성하고, 그 인쇄 출력물을 제출하시오.

01　자료 처리(DBMS) 작업 작성 조건

1) 자료 처리(DBMS) 작업은 조회 화면(SCREEN) 설계와 자료 처리 보고서의 2가지 작업을 수행하여야 하며, 그 결과물은 수험자 유의 사항 [3) 자료 처리(DBMS) 작업]을 참고하여 작업하시오.
2) 반드시 인쇄 작업 수행 전 미리보기 등을 통해 여백을 조정하고, 수치, 문자 등 구성 요소가 누락되지 않도록 주의하시오. 구성 요소가 누락되어 인쇄되지 않은 결과로 인한 모든 책임은 전적으로 수험자 본인에게 있음을 반드시 유의하시오.
3) 문제지에 기재된 작성 조건에 따라 처리하고, 조회 화면 및 자료 처리 보고서의 서식이 작성 조건과 상이할 경우에는 시험 위원의 지시에 따라 작업하시오.

02　입력 자료

판매 실적 현황

일자	업소명	품목코드	판매수량
2015-05-06	한사랑	AA	100
2015-05-06	한우네	AA	15
2015-05-06	강남촌	BB	20
2015-05-06	멋사랑	CC	50
2015-06-01	한사랑	AA	200
2015-06-01	한우네	CC	25
2015-06-01	멋사랑	DD	100
2015-10-05	한사랑	BB	30
2015-10-05	강남촌	DD	25
2015-10-05	멋사랑	AA	100
2015-11-10	강남촌	AA	20
2015-11-10	한우네	BB	30
2015-11-10	한사랑	CC	200
2015-12-05	강남촌	CC	75
2015-12-05	멋사랑	AA	35

제품마스터

품목코드	제품명	단가
AA	자켓	15,000
BB	바지	25,000
CC	셔츠	10,000
DD	치마	30,000

03 조회 화면(SCREEN) 설계

1) 해당 현황은 목록 상자(리스트박스)에서 필드명 "일자"의 내림차순으로 출력하고, 화면 아래에 조회 시 작성한 SQL문을 복사하시오.
   - WHERE 조건절에 업소명, 판매수량 반드시 포함
   - INNER JOIN, ORDER BY 구문 반드시 포함
   ※ SQL문에 상기 내용 미포함 시 SQL 작성 부분 0점 처리
2) 리스트박스 조회 시 작성된 SQL문이 작성되지 않을 경우에는 "03 조회 화면(SCREEN) 설계" 과제가 0점 처리됨을 반드시 유의하시오.
3) 목록 상자에 표시되어야 할 필수적인 필드명은 다음과 같습니다.
   - 제품명, 단가, 일자, 업소명, 판매수량
4) 폼 서식에 제반되는 폰트, 점선 등은 아래 [조회 화면 서식]에 보이는 대로 기재하시오.
5) 기타 사항은 "04 자료 처리 파일(FILE) 작성"의 [기타 조건]을 따르시오.

[조회 화면 서식]

업소명이 "강남촌" 또는 "멋사랑"이면서 판매 수량이 50개
이상인 현황

제품명	단가	일자	업소명	판매수량

리스트박스 조회 시 작성된 SQL문

04 자료 처리 파일(FILE) 작성

※ 다음 조건에 따라 아래 양식과 같이 작성하시오.

[처리 조건]

1) 업소명(강남촌, 멋사랑, 한사랑, 한우네)별로 정리한 후, 같은 업소명 안에서는 제품명의 오름차순으로 정렬(SORT)한다.
2) 판매금액 = 판매수량 × 단가
3) 비고는 판매금액이 ₩1,000,000 이상인 경우 "히트상품"으로 표시하고, 그 외는 공란으로 한다.
4) 업소명별 합계 : 판매수량, 판매금액의 합 산출
5) 총합계 : 판매수량, 판매금액의 총합 산출

[기타 조건]

1) 입력 화면 및 보고서의 제목은 16 정도의 임의 서체로 하시오.
2) 금액에 대한 수치는 원화(₩) 표시를 하고 천 단위마다 ,(Comma)를 표시하시오(단, 금액 이외의 수치는 ,(Comma)를 표시하지 않도록 하시오.).
3) 모든 수치(숫자, 통화, 백분율 등)는 컨트롤의 속성을 설정하는 과정에서 소수 자릿수를 "0"으로 지정하여 정수로 표시하시오.
4) 데이터의 열과 간격은 일정하게 맞추도록 하시오.
5) 작성일자는 수험일자로 하시오.

업소별 제품 판매 현황

작성일자 : YYYY-MM-DD

업소명	제품명	일자	판매수량	단가	판매금액	비고
XXXX	XXXX	XX/XX/XX	XXXX	₩X,XXX	₩X,XXX	XXXX
	–	–	–	–	–	
	합계		XXXX		₩X,XXX	
–	–	–	–	–	–	–
	합계		XXXX		₩X,XXX	
	총합계		XXXX		₩X,XXX	

주어진 2개의 슬라이드를 슬라이드 작성 조건에 따라 작업하여 인쇄합니다.

[슬라이드 작성 조건]

1) 각 슬라이드를 문제의 슬라이드 원안과 같이 인쇄하여 제출합니다.
   (특히 글자, 음영, 그림자, 도형 등 인쇄된 내용 그대로 작업함을 유의하시오.)
2) "주1" 등 특수한 속성 지정이 되어 있는 경우 지시에 따라 작성하시오.
3) 글꼴은 문제 원안과 같거나 유사한 형태로 작업합니다.
4) 글자, 그림 및 도형 등의 크기와 모양은 문제 원안과 같거나 유사한 형태로 작업합니다.
5) 모든 글씨, 선 등은 흑백(그레이스케일)으로 작업하되, 글상자, 그림 및 도형 등에서 색 채우기가 있는 경우 색 채우기는 회색 40% 정도, 투명도 0%를 기준으로 작업합니다.
6) 각 슬라이드는 원안과 같이 외곽선 테두리가 인쇄되도록 인쇄합니다.
7) 각 슬라이드 크기는 A4 용지의 1/2 범위 내에 인쇄가 가능한 크기가 되도록 조정하여, 슬라이드 2개를 A4 용지 1매 안에 모두 인쇄합니다.
8) 비번호, 수험번호, 성명, 페이지 번호 등은 반드시 자필로 기재합니다.

01 제1 슬라이드

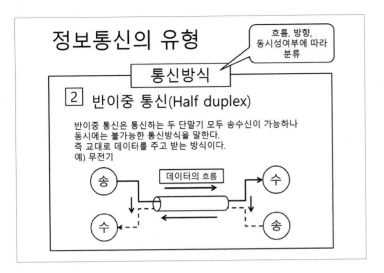

02 제2 슬라이드

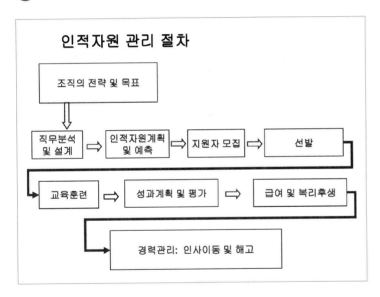

엑셀 작업 EXCEL 표 계산(SP) 작업 정답

| 작업 표(WORK SHEET) 작성 |

학생 성적 현황

학생이름	과제등급	중간	기말	과제점수	총점	조정점수	최종점수	총점순위	평가
송경관	A	62	92	20	82	18	100	1	최우수
송수정	B	65	88	15	76	18	94	2	최우수
송대관	A	62	80	20	77	16	93	3	최우수
신명훈	A	85	74	20	84	9	92	4	최우수
홍길동	A	70	72	20	77	14	91	5	최우수
박현정	C	77	78	10	72	16	88	6	우수
김찬진	C	69	82	10	70	16	87	7	우수
이소라	B	84	65	15	75	8	83	8	우수
김기찬	C	70	73	10	67	15	82	9	우수
이재민	C	57	80	10	65	16	81	10	우수
임현식	A	55	64	20	68	13	80	11	우수
최진현	B	58	68	15	65	14	79	12	보통
신기한	A	54	60	20	66	12	78	13	보통
김준봉	B	82	48	15	67	8	75	14	보통
김정현	A	45	60	20	62	12	74	15	보통
임경철	C	76	60	10	64	8	72	16	보통
박찬호	B	54	58	15	60	12	71	17	보통
최종혁	C	48	50	10	49	10	59	18	미달
김경태	B	50	45	15	53	5	58	19	미달
김수진	C	50	49	10	50	5	55	20	미달
평균		64	67	15	67	12	80		
85점 이상인 학생수							7		
과제등급이 A 또는 B인 학생들의 최종점수의 합							1069		
ROUND(SUMPRODUCT(ISNUMBER(FIND("A",B3:B22))+ISNUMBER(FIND("B",B3:B22)),H3:H22),0)									
총점순위가 10 이상 15 이하인 합						75	467		
이씨이면서 과제등급이 B 또는 C인 합						24	164		
=SUMPRODUCT((($B$3:$B$22="B")+($B$3:$B$22="C"))*(LEFT($A$3:$A$22,1)="이"),G3:G22)									

| 그래프(GRAPH) 작성 |

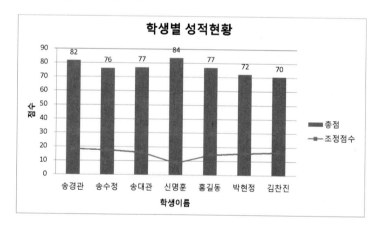

학생별 성적현황

조회 화면 설계

업소명이 "강남촌" 또는 "멋사랑"이면서 판매 수량이 50개 이상인 현황

제품명	단가	일자	업소명	판매수량
셔츠	₩10,000	2015-12-05	강남촌	75.00
자켓	₩15,000	2015-10-05	멋사랑	100.00
치마	₩30,000	2015-06-01	멋사랑	100.00
셔츠	₩10,000	2015-05-06	멋사랑	50.00

리스트박스 조회 시 작성된 SQL문

```
SELECT 테이블2.제품명, 테이블2.단가, 테이블1.일자, 테이블1.업소명, 테이블1.판매수
량
FROM 테이블1 INNER JOIN 테이블2 ON 테이블1.품목코드 = 테이블2.품목코드
WHERE (((테이블1.업소명)="강남촌" Or (테이블1.업소명)="멋사랑") AND ((테이블1.판
매수량)>=50))
ORDER BY 테이블1.일자 DESC;
```

자료 처리 파일

업소별 제품 판매 현황

작성일자 : 2021-12-06

업소명	제품명	일자	판매수량	단가	판매금액	비고
강남촌	바지	15/05/06	20	₩25,000	₩500,000	
	셔츠	15/12/05	75	₩10,000	₩750,000	
	자켓	15/11/10	20	₩15,000	₩300,000	
	치마	15/10/05	25	₩30,000	₩750,000	
	합계		140		₩2,300,000	
멋사랑	셔츠	15/05/06	50	₩10,000	₩500,000	
	자켓	15/12/05	35	₩15,000	₩525,000	
	자켓	15/10/05	100	₩15,000	₩1,500,000	히트상품
	치마	15/06/01	100	₩30,000	₩3,000,000	히트상품
	합계		285		₩5,525,000	
한사랑	바지	15/10/05	30	₩25,000	₩750,000	
	셔츠	15/11/10	200	₩10,000	₩2,000,000	히트상품
	자켓	15/06/01	200	₩15,000	₩3,000,000	히트상품
	자켓	15/05/06	100	₩15,000	₩1,500,000	히트상품
	합계		530		₩7,250,000	
한우네	바지	15/11/10	30	₩25,000	₩750,000	
	셔츠	15/06/01	25	₩10,000	₩250,000	
	자켓	15/05/06	15	₩15,000	₩225,000	
	합계		70		₩1,225,000	
	총 합계		1025		₩16,300,000	

01 제1 슬라이드

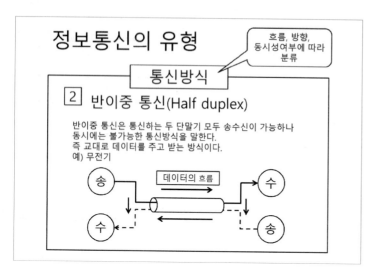

02 제2 슬라이드

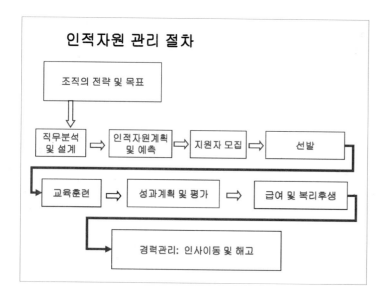

01 EXCEL 표 계산(SP) 작업 풀이

※ 해설은 '1권 이론서'에서 언급된 순서로 진행하며, 앞서 설명한 부분은 자세한 해설을 생략하였습니다. 함수식의 작성 순서 등의 설명이 제외되므로, '1권 PART 04 함수 사전'을 먼저 확인하시기 바랍니다.

01. 자료(DATA) 입력 및 작성 조건 처리하기

① Excel을 실행한다.

> Ⓐ "작업 표 형식"에서 행과 열에 관계된 음영 처리 표시된 부분은 작성하지 않음을 유의하고 반드시 제시된 행/열에 맞추도록 하시오.
> Ⓑ 제목 서식 : 16포인트 크기로 하시오.
> Ⓒ 글꼴 서체 : 임의 선정하시오.

② 1. 자료(DATA)를 참고하여 [A2] 셀부터 [I22] 셀까지 문제에 제시된 행/열에 맞게 자료를 입력한다.

③ 2. 작업 표 형식을 참고하여 [A1] 셀에 "학생 성적 현황" 제목을 작성한다.

④ [A1]~[J1] 셀까지 블록 선택한 뒤 [홈] 탭-[병합하고 가운데 맞춤](🔲▾)과 글꼴 크기 16을 차례대로 적용한다.

⑤ 2. 작업 표 형식을 참고하여 나머지 계산결과 항목을 제시된 해당 열에 입력하고, 하단의 23행~29행에 제시된 자료를 입력하고, 병합하여야 할 셀은 [홈] 탭-[병합하고 가운데 맞춤](🔲▾)을 이용하여 병합해 준다.

	A	B	C	D	E	F	G	H	I	J
1					학생 성적 현황					
2	학생이름	과제등급	중간	기말	과제점수	총점	조정점수	최종점수	총점순위	평가
3	김기찬	C	70	73	①	②	③	④	⑤	⑥
4	김수진	C	50	49						
5	김정현	A	45	60						
6	김찬진	C	69	82						
7	박찬호	B	54	58						
8	박현정	C	77	78						
9	신명훈	A	85	74						
10	이소라	B	84	65						
11	이재민	C	57	80						
12	최종혁	C	48	50						
13	최진현	B	58	68						
14	홍길동	A	70	72						
15	송대관	A	62	80						
16	송수정	B	65	88						
17	송경관	A	62	92						
18	김준봉	B	82	48						
19	임현식	A	55	64						
20	임경철	C	76	60						
21	신기한	A	54	60						
22	김경태	B	50	45						
23	평균		⑦	⑦	⑦	⑦	⑦	⑦		
24	85점 이상인 학생수							⑧		
25	과제등급이 A 또는 B인 학생들의 최종점수의 합							⑨		
26										
27	총점순위가 10 이상 15 이하인 합						⑩	⑪		
28	이씨이면서 과제등급이 B 또는 C인 합						⑫	⑫		
29	⑬									

⑥ 입력 범위에 [홈] 탭-[글꼴] 그룹-[모든 테두리](🔳)를 적용한 뒤, 2행~29행까지 행 머리글을 선택하고 [홈] 탭-[글꼴] 그룹-글꼴 크기를 9로 변경하여 행 높이와 글꼴 크기를 동시에 줄여준다.

02. 원문자(함수) 작성 조건 처리하기

함수식 작성 시에는 아래 문제에 제시된 조건에 맞게 식을 작성한다.

> ※ 함수식을 기재하는 셀과 연관된 지정 함수 조건(함수 지정)이 있을 경우 제시된 함수만을 사용해 함수식을 구성 및 작업하여야 하며, 작성 조건을 위배하여 임의로 작성할 시 해당 답이 맞더라도 틀린 항목으로 채점됨을 유의하시오. 만약, 구체적인 함수가 제시되지 않을 경우 수험자가 스스로 적합한 함수를 선정하여 작업하시오.
> ※ 또한 함수식을 작성할 때는 '라) 작업 표의 정렬 순서(SORT)'에 따라 조건에 맞게 정렬 후 도출된 결과에 의한 함수식을 기재하시오.

❶ 과제점수 : 과제등급이 "A"이면 20, "B"이면 15, "C"이면 10으로 하시오.

=IF(B3="A",20,IF(B3="B",15,IF(B3="C",10)))

❷ 총점 = 과제점수 + ((중간+기말) × 40%)

=E3+((C3+D3)*40%)

❸ 조정점수 : 기말이 중간보다 크거나 같으면 조정점수는 기말 × 20%, 기말이 중간보다 작으면 조정점수는 중간 × 10%

=IF(D3>=C3,D3*20%,C3*10%)

❹ 최종점수 = 총점 + 조정점수

=F3+G3

❺ 총점순위 : 최종점수를 기준으로 순위를 산정하시오(단, 최종점수가 가장 높은 경우 순위를 1로 한다.).

=RANK(H3,$H$3:$H$22)

❻ 평가 : 최종점수가 90 이상이면 "최우수", 80 이상 90 미만이면 "우수", 60 미만이면 "미달", 그 외는 "보통"

=IF(H3>=90,"최우수",IF(H3>=80,"우수",IF(H3<60,"미달","보통")))

각 식을 입력하고 자동 채우기를 하여 답을 완성한다.

❼ 각 항목의 평균을 계산하시오.

=AVERAGE(C3:C22)

❽ 최종점수가 85점 이상인 학생 수를 계산하시오.

=COUNTIF($H$3:$H$22,">=85")

❾ 과제등급이 A 또는 B인 학생들의 최종점수의 합을 산출하시오.
(단, 소수 첫 번째 자리에서 반올림하여 정수로 표시하는 ROUND 함수와 SUMPRODUCT, ISNUMBER, FIND 함수를 모두 사용한 수식을 작성하시오.)

=ROUND(SUMPRODUCT(ISNUMBER(FIND("A",$B$3:$B$22))+ISNUMBER(FIND("B",$B$3:$B$22))),H3:H22),0)

❿ ❾에 적용된 수식(함수)을 기재하시오. ("="는 생략)

[H25] 셀의 함수식을 = 을 빼고 붙여 넣는다.
ROUND(SUMPRODUCT(ISNUMBER(FIND("A",$B$3:$B$22))+ISNUMBER(FIND("B",$B$3:$B$22))),H3:H22),0)

⓫ 총점순위가 10 이상 15 이하인 조정점수, 최종점수의 합을 각각 산출하시오.

=SUMIFS(G3:G22,$J$3:$J$22,">=10",$J$3:$J$22,"<=15")

⓬ 성이 이씨이면서 과제등급이 B 또는 C인 조정점수, 최종점수의 합을 각각 산출하시오.

=SUMPRODUCT((($B$3:$B$22="B")+($B$3:$B$22="C")) *(LEFT($A$3:$A$22,1)="이"),G3:G22)

⓭ 작성 조건 ⓬에 사용된 수식을 기재하시오(단, 조정점수를 기준으로 하고, 수식에 SUMPRODUCT, LEFT 함수를 반드시 포함한다.).

[G28] 셀의 함수식을 붙여 넣는다.
SUMPRODUCT((($B$3:$B$22="B")+($B$3:$B$22="C")) *(LEFT($A$3:$A$22,1)="이"),G3:G22)

각 식을 입력하고 자동 채우기하여 답을 완성한다.

03. 작업 표 정렬하기

라) 작업 표의 정렬 순서(SORT)는 최종점수의 내림차순으로 하고, 최종점수가 같으면 과제등급의 오름차순으로 한다.

① [A3:J22] 범위를 선택한다.
② [데이터] 탭-[정렬]을 클릭하고 지시사항과 같이 정렬 기준을 설정한다.

04. 기타 작업으로 형식 적용하기

(1) 금액에 대한 수치는 원화(₩) 표시를 하고 천 단위마다 ',' (Comma)를 표시하시오. (단, 금액 이외의 수치는 ','(Comma)를 표시하지 않도록 하시오.)
(2) 모든 수치(숫자, 통화, 회계, 백분율 등)는 셀 서식의 속성을 설정하는 과정에서 소수 자릿수를 "0"으로 지정하여 정수로 표시되도록 하시오.
(3) 음수는 "-"가 표시되도록 하시오.
(4) 숫자 셀은 우측을 수직으로 맞추고, 문자 셀은 수평 중앙으로 맞추며 이외 사항은 작업 표 형식에 따르도록 하시오. 특히, 단서조항이 있을 경우는 단서 조항을 우선으로 하고, 인쇄 출력 시 판독 불가능이 발생되지 않도록 인쇄 미리 보기 등을 통하여 셀의 크기를 적당히 조정하시오.

[형식 지정하기]

정수(숫자)	[B3:I22], [C23:H23], [H24:H25], [G27:H28]
가운데 정렬	문자열인 A열, B열, J열, 2행, 하단 지시사항
테두리	• [A2:J29] : 모든 테두리 • [A3:J22] : 가운데 테두리 해제

05. 페이지 설정하기

① 빠른 실행 도구-[인쇄 미리 보기 및 인쇄](🔍) 클릭-[페이지 설정] 클릭 후 여백을 설정한다. 위쪽 : 6, 아래쪽 : 1, 왼쪽 : 1, 오른쪽 : 1, 페이지 가운데 맞춤 : [가로]에 체크한다.
② [페이지 설정] 대화상자-[머리글/바닥글] 탭을 클릭하고 [머리글 편집]을 클릭하고 오른쪽 구역에 수험번호, 입실 시 발급받은 비번호를 입력한 후 [확인]을 클릭한다.

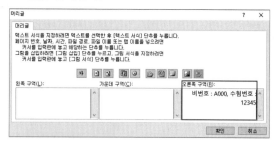

🅱 기적의 TIP

• 비번호와 수험번호는 출력 후 수기로 작성해도 됩니다.
• 페이지 번호는 엑셀 4-1, 액세스 4-2, 4-3, 파워포인트 4-4로 문제에 제시되고 이 기준에 맞게 입력합니다.

③ [바닥글 편집]을 클릭하고 가운데 구역에 인쇄물 페이지 번호 "4-1"을 입력한 뒤 [확인]을 클릭한다.

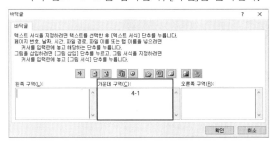

④ [홈] 탭을 눌러 워크시트로 되돌아 온 뒤 열 폭을 조절하여 인쇄 경계에 작업 표 마지막 열이 포함되도록 설정한다.

I	J
항로폐쇄여부	순위
	7
	10
	12
	8
	10
	14

기적의 TIP

인쇄 경계선은 작업에 따라 다른 열에 표시될 수 있습니다. 꼭 그림처럼 J열에 맞추는 것이 아니라 작업 표 마지막 열이 경계선에 닿도록 해야 합니다. 넘어가면 2페이지에 출력되고 부족하면 작업 표가 좌측으로 쏠리게 됩니다.

06. 그래프 작성하기

⑫ 그래프(GRAPH) 작성

작성한 "학생 성적 현황"에서 최종점수가 85점 이상인 학생이름별 총점과 조정점수를 나타내는 그래프를 작성하시오.

[작성 조건]
1) 그래프 형태 : 혼합형 단일축 그래프
   총점(묶은 세로 막대형), 조정점수(데이터 표식이 있는 꺾은 선형) (단, 총점만 데이터 레이블의 값이 표시된 혼합형 단일축 그래프로 하시오.)
2) 그래프 제목 : 학생별 성적현황 ---- (확대 출력)
3) X축 제목 : 학생이름
4) Y축 제목 : 점수
5) X축 항목 단위 : 해당 문자열
6) Y축 눈금 단위 : 임의
7) 범례 : 총점, 조정점수
8) 출력물 크기 : A4 용지 1/2장 범위 내
9) 기타 : 작성 조건에 없는 형식이나 모양은 기본 설정 값에 따르며, 그래프 너비는 작업 표 너비에 맞추도록 하시오.

① 작성 조건에 해당하는 범위를 Ctrl를 이용하여 그림과 같이 연속 선택한다.

학생이름	과제등급	중간	기말	과제점수	총점	조정점수
송경관	A	62	92	20	82	18
송수정	B	65	88	15	76	18
송대관	A	62	80	20	77	16
신명훈	A	85	74	20	84	9
홍길동	A	70	72	20	77	14
박현정	C	77	78	10	72	16
김찬진	C	69	82	10	70	16

② [삽입] 탭-[세로 막대형]-[묶은 세로 막대형](📊)을 클릭하여 차트를 워크시트에 삽입한다.
③ 차트를 선택하고 [디자인] 탭-[차트 레이아웃]-[레이아웃 9](📈)를 적용한다.
④ 범례 클릭 후 시간차를 두고 [수익] 계열을 클릭하고 마우스 우클릭을 눌러 [계열 차트 종류 변경]을 클릭하여 [차트 종류 변경] 대화상자에서 [표식이 있는 꺾은 선형](📈)을 선택하고 [확인]을 클릭하여 [수익]계열의 차트 종류를 [표식이 있는 꺾은 선형]으로 변경한다.
⑤ 차트를 그림과 같이 인쇄 경계선 안쪽, 작업 표 하단에 배치하고 차트 제목(글꼴 크기 : 16), 가로축, 세로축 이름을 입력한다. 인쇄 시 차트가 잘리는 것을 방지하기 위하여 인쇄 경계선과 약 1행 정도 여백을 두고 배치하도록 한다.

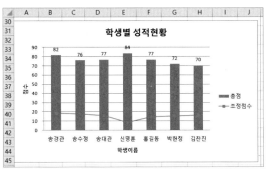

07. 인쇄 영역 설정하기

① 인쇄 경계선을 기준으로 범위를 선택한다(마지막 행은 글꼴 크기 행 높이에 따라 상이하므로 답안 파일과 작업자 파일이 상이할 수 있다.).
② [A1] 셀부터 오른쪽 아래 인쇄 영역까지 범위를 선택하고 [페이지 레이아웃]-[인쇄 영역]-[인쇄 영역 설정]을 클릭하여 인쇄 영역을 설정한다. 인쇄 영역을 설정하면 인쇄 시 불필요한 영역을 제외할 수 있다.

01. 테이블1 만들기

① [만들기]–[테이블 디자인] 클릭하여 새로운 [테이블 디자인 보기] 창을 실행한다.

② 테이블의 필드와 형식을 다음과 같이 설정한다.

필드 이름	데이터 형식	일반
일자	날짜/시간	yyyy–mm–dd
업소명	텍스트	
품목코드	텍스트	
판매수량	숫자	• 필드크기 : 정수(Long) • 형식 : 0 • 소수 자릿수 : 0

③ [닫기]([×])를 클릭하여 테이블을 저장한다. 테이블 이름은 임의로 지정한다.

④ 테이블1에는 기본 키를 지정하지 않으므로, '기본 키를 정의하지 않았습니다.' 대화상자에서 [아니오]를 클릭한다.

02. 테이블2 만들기

① [만들기]–[테이블 디자인] 클릭하여 새로운 [테이블 디자인 보기] 창을 선택한다.

② 테이블의 필드와 형식을 다음과 같이 설정한다.

필드 이름	데이터 형식	일반
품목코드	텍스트	기본 키
제품명	텍스트	
단가	통화	소수 자릿수 : 0

③ 품목코드 필드의 [필드 선택기]를 클릭하고 [디자인] 탭–[기본 키]를 클릭하여 기본 키를 적용한다.

④ [닫기]([×])를 클릭하여 테이블을 저장한다. 테이블 이름은 임의로 지정한다.

03. 테이블에 데이터 입력

① Access 개체 창에서 테이블1, 테이블2를 각각 더블클릭하여 실행한 뒤 문제의 '❷ 입력 자료'를 참고하여 데이터를 입력한다.

일자	업소명	품목코드	판매수량
2015-05-06	한사랑	AA	100
2015-05-06	한우네	AA	15
2015-05-06	강남촌	BB	20
2015-05-06	멋사랑	CC	50
2015-06-01	한사랑	AA	200
2015-06-01	한우네	CC	25
2015-06-01	멋사랑	DD	100
2015-10-05	한우네	BB	30
2015-10-05	강남촌	DD	25
2015-10-05	멋사랑	AA	100
2015-11-10	강남촌	AA	20
2015-11-10	한우네	BB	30
2015-11-10	한사랑	CC	200
2015-12-05	강남촌	CC	75
2015-12-05	멋사랑	AA	35

품목코드	제품명	단가	추가하려면 클릭
AA	자켓	₩15,000	
BB	바지	₩25,000	
CC	셔츠	₩10,000	
DD	치마	₩30,000	

04. 전체 쿼리 만들기

① [만들기] 탭–[쿼리] 그룹–[쿼리 디자인]을 클릭한다.

② [테이블 표시] 대화상자에서 테이블1, 테이블2를 각각 더블 클릭하여 쿼리 디자인 영역에 추가한다.

③ 테이블2의 전체 필드를 추가하기 위하여 테이블2의 '*'를 더블 클릭하여 아래 필드 구성에 추가한다(테이블1의 '*'를 추가해도 된다.).

④ 테이블2에 중복되지 않는 테이블1의 나머지 필드 더블 클릭하여 필드 구성에 추가한다.

⑤ '❹ 자료 처리 파일(FILE) 작성'의 [처리 조건]에 따라 나머지 필드에 식을 입력한다. 또한 새로 추가되는 식 필드의 경우 필드 선택–마우스 우클릭–[속성]을 클릭하고, [속성] 시트–[형식]에 다음과 같이 설정하도록 한다.

> [처리 조건]
> 2) 판매금액 = 판매수량 × 단가
> 3) 비고는 판매금액이 ₩1,000,000 이상인 경우 "히트상품"으로 표시하고, 그 외는 공란으로 한다.

구분	필드	형식
테이블2	*	
테이블1	일자	
	업소명	
	판매수량	
식	판매금액 : [판매수량]*[단가]	통화
	비고 : IIf([판매금액]>=1000000, "히트상품", "")	

⑥ '쿼리1 닫기'(✕)를 클릭하여 쿼리1을 저장한다.

B 기적의 TIP

테이블1의 *를 삽입하고 테이블2의 필드를 가져다 사용해도 됩니다.

05. 폼용 조건 검색 쿼리 만들기

① [만들기] 탭-[쿼리] 그룹-[쿼리 디자인]을 클릭한다.
② [테이블 표시] 대화 상자에서 테이블1, 테이블 2를 더블 클릭하여 쿼리 디자인 영역에 추가한다.
③ **03** 조회 화면(SCREEN) 설계'의 [조회 화면 서식] 그림을 보고 폼에 추가될 필드를 '쿼리1'에서 더블 클릭하여 추가한다.
④ **03** 조회 화면(SCREEN) 설계'의 조건에 따라 아래와 같이 조건을 입력한다.

※ 다음 조건에 따라 업소명이 "강남촌"또는 "멋사랑"이면서, 판매수량이 50개 이상인 현황을 조회할 수 있는 화면을 설계하고 해당 데이터를 출력하시오.
1) 해당 현황은 목록 상자(리스트박스)에서 필드명 "일자"의 내림차순으로 출력하고, 화면 아래에 조회 시 작성한 SQL문을 복사하시오.
   – WHERE 조건절에 업소명, 판매수량 반드시 포함
   – INNER JOIN, ORDER BY 구문 반드시 포함
   ※ SQL문에 상기 내용 미포함 시 SQL 작성 부분 0점 처리
2) 리스트박스 조회 시 작성된 SQL문이 작성되지 않을 경우에는 "**03** 조회 화면(SCREEN) 설계" 과제가 0점 처리됨을 반드시 유의하시오.
3) 목록 상자에 표시되어야 할 필수적인 필드명은 다음과 같습니다.
   – 제품명, 단가, 일자, 업소명, 판매수량
4) 폼 서식에 제반되는 폰트, 점선 등은 아래 [조회 화면 서식]에 보이는 대로 기재하시오.
5) 기타 사항은 "**04** 자료 처리 파일(FILE) 작성"의 [기타 조건]을 따르시오.

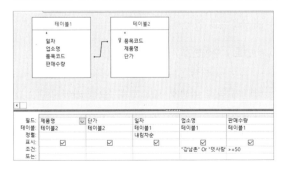

필드:	제품명	단가	일자	업소명	판매수량
테이블:	테이블2	테이블2	테이블1	테이블1	테이블1
정렬:			내림차순		
표시:	☑	☑	☑	☑	☑
조건:				"강남촌" Or "멋사랑"	>=50
또는:					

필드	조건/정렬
제품명	
단가	
일자	내림차순

업소명	"강남촌" Or "멋사랑"
판매수량	>=50

⑤ [쿼리2 닫기](✕)를 클릭하여 쿼리2를 저장한다.
⑥ [개체] 창에서 쿼리2를 더블 클릭하여 실행한 뒤 검색 결과와 각 필드의 형식을 검토한다.

제품명 ·	단가 ·	일자 ·	업소명 ·	판매수량 ·
셔츠	₩10,000	2015-12-05	강남촌	75
자켓	₩15,000	2015-10-05	멋사랑	100
치마	₩30,000	2015-06-01	멋사랑	100
셔츠	₩10,000	2015-05-06	멋사랑	50
*				

⑦ [닫기](✕)를 클릭하여 쿼리2를 닫는다. 만약 검토 결과 오류가 발견되었다면 [개체] 창에서 쿼리2 선택-마우스 우클릭-[디자인 보기]를 선택하여 오류를 수정하도록 한다.

06. **03** 조회 화면(SCREEN) 설계 작업하기

(1) 폼 만들고 제목 입력하기
① [만들기] 탭-[폼] 그룹-[폼 디자인]을 클릭한다.
② 본문의 너비를 약 '15'cm 정도로 늘려준다.
③ [디자인] 탭-[컨트롤] 그룹-[레이블](가)을 순서대로 클릭하여 문제 지시와 같이 제목 위치에 그려 넣는다.
④ 레이블에 "업소명이 "강남촌" 또는 "멋사랑"이면서 판매 수량이 50개 이상인 현황"을 입력한 뒤 글꼴 크기 : 16으로 변경한다.

(2) 목록 상자 추가하기
① [디자인] 탭-[컨트롤]-[목록 상자](▤⬍)를 클릭하고 폼 본문 제목 아래 그려 넣는다.
② [목록 상자 마법사]에서 "목록 상자에 다른 테이블이나 쿼리에 있는 값을 가져옵니다."를 선택하고 [다음]을 클릭한다.
③ [보기]에서 [쿼리]를 선택하고 [쿼리: 쿼리2]를 선택한 뒤 [다음]을 클릭한다.
④ [사용가능한 필드]에서 문제에 제시된 필드를 [선택한 필드]에 추가한다.
⑤ 앞서 쿼리 디자인에서 정렬을 지정했으므로 바로 [다음]을 클릭한다.
⑥ 목록 상자의 열 너비 조정 창에서 필드 간 간격을 맞추고 마지막 필드의 오른쪽 경계가 넘어가 스크롤이 생기지 않도록 설정하고 [마침]을 클릭한다.

⑦ 목록 상자와 함께 추가된 레이블을 선택하고 Delete 를 눌러 삭제한다.

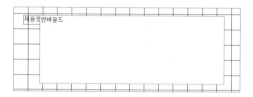

⑧ 목록 상자의 너비를 약 16cm 정도로 조절한 뒤 목록상자 선택-마우스 우클릭-[속성]을 선택하고 [속성] 시트-[형식] 탭-[열 이름]-[예]로 변경한다.

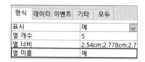

⑨ [디자인] 탭 - [컨트롤]에서 선을 선택하고 Shift 를 누르고 목록 상자 하단 너비에 맞게 선을 그려 넣는다.

⑩ 선을 선택하고 [속성] 시트-[형식]-[테두리 두께]를 3pt로 변경한 뒤 목록 상자 아래에 방향키를 이용해서 적당히 배치한다.

⑪ 마우스로 드래그하여 목록 상자와 선을 같이 선택하고 [정렬] 탭-[크기 및 순서지정] 그룹-[크기/공간]-[가장 넓은 너비에]를 선택해 목록 상자와 선의 너비를 맞춰준다.

⑫ [정렬] 탭-[크기 및 순서지정] 그룹-[맞춤]-[왼쪽]을 선택하여 선과 목록 상자의 위치를 맞춰준다.

(3) SQL 식 복사하기

① 목록 상자 하단에 레이블을 삽입하고 "리스트박스 조회 시 작성된 SQL문" 입력한다.

② 개체 창에서 [쿼리2]를 더블 클릭하여 실행하고 [홈] 탭-[보기] 그룹-[SQL보기]를 클릭한다.

③ SQL 보기 창에 표시된 식을 Ctrl + C 로 복사하고 [쿼리2. 닫기](✕)를 클릭해 창을 닫는다.

④ "리스트박스 조회 시 작성된 SQL문" 하단에 레이블을 삽입하고 Ctrl + V 를 눌러 앞서 복사한 SQL 식을 붙여 넣는다.

⑤ Ctrl + A 를 눌러 폼 내 모든 컨트롤을 선택하고 [홈] 탭-[텍스트서식] 그룹-[글꼴 색]-[검정, 텍스트1]로 변경한다.

(4) 폼 디자인 각 컨트롤 속성 변경

① 속성 설정

컨트롤	속성
제목 레이블	글꼴 크기 : 16
목록 상자	열 이름 : 예
목록 상자 아래 선	두께 : 3pt
리스트박스 조회 시 작성된 SQL문 레이블	• 글꼴 크기 : 16 • 테두리 스타일 : 투명
SQL 식 작성 레이블	테두리 스타일 : 파선
폼 전체 글꼴 색	검정

② 폼 하단 중앙에 레이블을 삽입하고 출력 페이지 번호 "4-2"를 입력하고 [폼1. 닫기](✕)를 클릭해 폼 디자인을 저장한다.

③ [인쇄 미리 보기]-[페이지 설정]에서 아래와 같이 설정한다.

항목	여백
위쪽	60
아래쪽	6.35 (기본 값)
왼쪽	20~25
오른쪽	6.35 (기본 값)

④ [인쇄 미리 보기]를 클릭하여 디자인한 폼이 문제 지시사항과 일치하는지 확인한다.

(5) 비번호 / 수험번호 / 출력 페이지 번호 작성하기 작업

① [디자인]-[컨트롤]-[레이블]을 이용하여 폼 상단과 하단에 각각 비번호, 수험번호, 출력 페이지 번호를 작성한다.

07. 보고서 만들기

(1) 보고서 마법사로 보고서 만들기

① [만들기] 탭-[보고서 마법사]를 클릭한다.

② 보고서 마법사 단계별 작업

1) 업소명(강남촌, 멋사랑, 한사랑, 한우네)별로 정리한 후, 같은 업소명 안에서는 제품명의 오름차순으로 정렬(SORT)한다.
4) 업소명별 합계 : 판매수량, 판매금액의 합 산출
5) 총합계 : 판매수량, 판매금액의 총합 산출

단계	작업
보고서에 어떤 필드를 넣으시겠습니까?	[테이블/쿼리] : 쿼리1 선택
	보고서 그림에 표시된 필드 추가
그룹 수준을 지정하시겠습니까?	[처리 조건]에 따라 업소명 필드 추가
정렬 순서와 요약 정보	정렬 : 제품명, 오름차순
	요약 옵션 : 판매수량, 판매금액
보고서에 어떤 모양을 지정하시겠습니까?	모양 : 단계, 용지 방향 : 세로
보고서 제목을 지정하십시오.	쿼리1 (임의로 수정 가능)
	보고서 디자인 수정 선택

(2) 보고서 디자인에서 컨트롤 배치하기

① 보고서 디자인 흰 바탕(인쇄 영역)의 경계를 16 이하로 줄여준다.

② 문제 제시 보고서를 보고 필드의 순서를 배치한다. 배치 시 [정렬] 탭의 정렬 및 순서 조정의 [크기/공간], [맞춤]을 충분히 활용하도록 한다.

③ 보고서 머리글을 제외한 나머지 범위를 마우스로 드래그하여 선택하고 글꼴 크기 : 9, 글꼴 색 : 검정으로 변경한다.

④ 컨트롤 이동 및 수정

구역	작업
보고서 머리글	• 제목 : 업소별 제품 판매 현황 • 글꼴 : 16
	• 레이블 삽입 : 작성일자: • 텍스트 상자 삽입 : =NOW() (형식 : yyyy-mm-dd)
	오른쪽 위에 비번호, 수험번호 작성
페이지 머리글	각 레이블 크기 조절 및 배치
	선 삽입 : 테두리 두께 1pt, 아래쪽 배치
그룹 머리글	[업소명] 텍스트 상자 본문 이동
	높이 : 0으로 설정하여 숨김
본문	머리글 레이블과 위치 크기 맞추어 배치
	높이 : 0.7으로 줄여준다.

그룹 바닥글	• "="에 대한 요약 " ~~" 레이블 삭제 • 그룹 머리글에서 가져온 텍스트 상자 배치 • 요약 =sum() 텍스트 상자 페이지 머리글 레이블과 위치 맞추어 배치
	선 삽입 : 테두리 두께 1pt, 위쪽/아래쪽 배치
페이지 바닥글	• "=[Page]~ " 등의 텍스트 상자 모두 삭제 • 높이 : 0 으로 설정하여 숨김
보고서 바닥글	총 합계 레이블 총 평균으로 수정하여 페이지 머리글 필드에 맞게 배치
	선 삽입 : 테두리 두께 1pt, 아래쪽 배치
	선 아래 인쇄 번호 "4-3" 레이블 삽입

기적의 TIP

보고서 바닥글의 레이블은 총 평균이지만 [처리 조건] '5) 총합계 : 판매수량, 판매금액의 총합 산출'에 따라 합계를 계산해야 합니다.

⑤ 보고서 컨트롤 속성 조정

[보고서 디자인 보기]를 닫고(✕) [인쇄 미리 보기](🔍)를 통하여 텍스트 상자의 형식에 문제가 있는 경우 속성 값을 변경한다.

해당 컨트롤	속성 설정 값
제목 레이블	• 글꼴 크기 : 16
직선	• 테두리 두께 : 1pt • 테두리 색 : 검정, 텍스트1
모든 텍스트 상자	테두리 : 투명
금액 텍스트 상자	형식 : 통화, 소수 자릿수 : 0
정수 텍스트 상자	형식 : 0
보고서 머리글	배경색 : 흰색, 배경1
본문	배경색 : 흰색, 배경1 다른 배경색 : 흰색, 배경1
그룹 바닥글	배경색 : 흰색, 배경1 다른 배경색 : 흰색, 배경1

01. 전체적인 작업 순서

[제1 슬라이드]

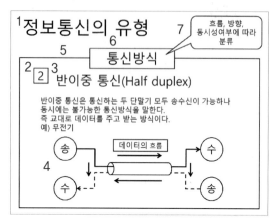

[제2 슬라이드]

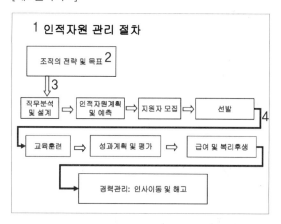

02. 제1 슬라이드 작성하기

① [홈] 탭-[그리기] 그룹-[도형]-[텍스트 상자](가)를 선택하고 슬라이드 제목이 입력될 위치에 삽입한 뒤 "정보통신의 유형"을 입력하고 글꼴 크기를 40으로 변경한다.

② [도형]-[직사각형](□)을 클릭하고 제목 아래 사각형을 삽입한 뒤 "2"를 입력한다. (글꼴 크기 : 32)

③ 본문에 [텍스트 상자](가) 도구를 이용하여 "반이중 통신(Half duplex)"을 입력한다. (글꼴 크기 : 36)

④ 본문에 [텍스트 상자](가) 도구를 이용하여 텍스트를 입력한다. (글꼴 크기 : 20)

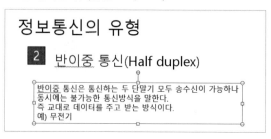

⑤ 슬라이드 하단 중앙에 [도형]-[기본도형]-2행 끝의[원통](🛢)을 삽입하고 도형 회전도구를 Shift 를 누른 채 왼쪽으로 드래그하여 회전한다.

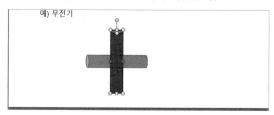

⑥ 원통의 노란 점을 마우스로 누른 채 오른쪽으로 드래그하여 원 크기를 문제와 비슷하게 변경한다.

⑦ [도형]-[기본도형]-[타원](⬭)을 이용하여 Shift 를 누르고 정원을 왼쪽에 삽입한다. 이어서 원을 선택하고 Shift + Ctrl 를 누른 채 아래로 드래그하여 복사한다.

⑧ 복사된 2개의 원을 드래그하여 선택한 뒤 Shift + Ctrl 를 누른 채 오른쪽으로 드래그하여 그림과 같이 배치한다.

⑨ 각 원 도형을 선택하고 송, 수를 입력한다. (글꼴 크기 : 28)

⑩ [도형]-[선]-[꺾인 화살표 연결선]을 이용하여 그림과 같이 각각 연결선을 그려 넣고 노란 점을 이용하여 위아래 선이 일치하도록 변경한다.

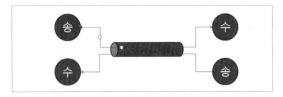

⑪ 4개 선을 Ctrl를 이용하여 연속 선택한 뒤 [홈] 탭-[그리기]-[도형 윤곽선]-[두께]-3pt로 변경한다.
⑫ 아래쪽 두 개 선을 연속 선택하고 [도형 윤곽선]-[대시]-[파선]으로 변경한다.
⑬ 나머지 선을 그려 넣고 두께를 3pt로 변경한다. 이어서 원통 위에 [직사각형] 도형 삽입 후 "데이터의 흐름"을 입력한다.
⑭ [기본도형]-[직사각형]을 이용하여 본문을 감싸는 큰 직사각형을 슬라이드에 삽입한다. (도형 채우기 : 채우기 없음)
⑮ [기본도형]-[직사각형]을 이용하여 제목아래 사각형을 삽입하고 "통신방식"을 입력한다.
⑯ [도형]-[설명선]-[모서리가 둥근 설명선](💬)을 슬라이드 오른쪽 위쪽에 삽입하고 텍스트를 입력한다.
⑰ 설명선 하단의 노란 점을 마우스로 끌어 배치한다.

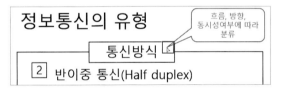

⑱ 채우기 색이 지정된 도형을 Shift를 누르고 연속 선택한 뒤 [도형 채우기]-[흰색, 배경1]을 적용한다.
⑲ 모든 도형과 선을 같은 방식으로 선택하고 [도형 윤곽선]-[검정, 텍스트1]로 한다.

03. 제2 슬라이드 작성하기

① [홈] 탭-[새 슬라이드]-[빈 화면]을 클릭하여 2번 슬라이드를 추가한다.
② [도형]-[텍스트 상자](📝)를 이용하여 "인적자원 관리절차"를 슬라이드에 삽입한다. (글꼴 크기 : 40, 글꼴 : 바탕체)
③ [도형]-[기본도형]-[직사각형]을 이용하여 슬라이드에 직사각형을 9개를 모두 그려 넣는다.

④ 2번째 행의 도형 4개를 연속 선택한 뒤 [홈] 탭-[정렬]-[맞춤]-[가로 간격을 동일하게]와 [중간 맞춤]을 각각 적용하여 도형을 배치한다.
⑤ 3번째 행의 도형 3개도 같은 방법으로 도형을 배치한다.
⑥ 각 도형에 텍스트를 입력한다. 마우스로 드래그하여 도형을 선택하고 글꼴 크기 : 18, 글꼴 : 새 굴림, 굵게로 변경한다.

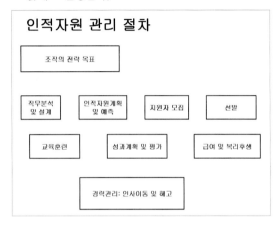

⑦ [도형]-[블록 화살표]-[오른쪽 화살표], [아래쪽 화살표]를 각각 선택하여 슬라이드에 삽입한다. [오른쪽 화살표]의 경우 1개를 그려 넣고 Ctrl를 누른 채로 드래그하여 각 위치에 화살표 도형을 복사한다.
⑧ [도형]-[선]-[꺾인 화살표 연결선]을 이용하여 2행 → 3행 → 4행 도형을 연결한 뒤, [도형 윤곽선] 도구를 이용하여 두께 : 4 1/2pt, 화살표 : 화살표 스타일5로 변경한다. 선의 꺾임 정도에 따라 선을 선택하고 노란 점을 이용하여 적당히 조절한다.
⑨ 도형을 모두 선택하고 [도형 채우기]-[채우기 없음], [도형 윤곽선]-[검정, 텍스트1]. 글꼴 색 : [검정, 텍스트1]로 변경한다.

04. 비번호와 출력 페이지 번호 작성하기

① [보기] 탭-[유인물 마스터]를 클릭한다.
② 오른쪽 상단 머리글에 비번호, 수험번호를 작성한다.
③ 왼쪽 바닥글 텍스트 상자를 삭제하고 오른쪽 텍스트 상자를 페이지 가운데로 배치한 뒤 '4-4'를 입력한다. [홈] 탭-[단락]-[가운데 정렬](▤)을 클릭한다.
④ [유인물 마스터] 탭-[마스터 보기 닫기](✕)를 클릭하여 마스터를 종료한다.

05. 인쇄하기

① 엑셀, 액세스, 파워포인트 작업을 모두 완료 후 시험 위원 지시에 따라 답안 파일을 전송하고 출력하도록 한다. 파워포인트는 페이지 설정 사항이 파일에 저장되지 않으므로 출력할 때마다 설정해 주어야 하니 주의하도록 한다.

② [빠른 실행 도구]-[인쇄 미리 보기 및 인쇄](🔍) 도구를 클릭하고, 그림과 같이 설정한다.

공단 공개문제 02회

01 EXCEL 표 계산(SP) 작업

한국산업인력금융지주에서는 고객의 예금 및 대출 계산을 분석하고자 한다. 다음 자료(DATA)를 이용하여 작성 조건에 따라 작업 표와 그래프를 작성하고, 그 인쇄 출력물을 제출하시오.

01 작업 표(WORK SHEET) 작성

1. 자료(DATA)

고객 예금 및 대출 현황

[단위: 원(KRW)]

행 \ 열	B	C	D	E	F	G
4	은행명	고객명	성별	예금	지출	대출금액
5	전자은행	김종남	1	2,200,000	1,200,000	300,000
6	학교은행	박철수	1	1,775,000	270,000	560,000
7	비자은행	남민종	1	1,850,000	250,000	520,000
8	전자은행	곽수지	0	3,500,000	2,600,000	900,000
9	비자은행	편영표	1	2,180,000	580,000	500,000
10	학교은행	황귀영	0	1,087,000	387,000	550,000
11	전자은행	하석태	1	2,040,000	300,000	570,000
12	전자은행	박종식	1	2,750,000	800,000	850,000
13	학교은행	심수미	0	1,580,000	640,000	420,000
14	비자은행	김지수	0	5,200,000	1,500,000	2,800,000
15	학교은행	이남석	1	1,175,000	800,000	290,000
16	전자은행	임지영	0	3,570,000	210,000	2,360,000
17	비자은행	강승헌	1	2,000,000	320,000	9,000,000
18	전자은행	정연수	1	2,540,000	280,000	1,500,000
19	학교은행	이인용	0	1,600,000	270,000	1,800,000
20	전자은행	송춘석	1	1,800,000	420,000	620,000
21	비자은행	심남숙	0	2,200,000	530,000	870,000
22	전자은행	전은미	1	3,100,000	440,000	1,040,000
23	학교은행	함미경	0	2,440,000	170,000	380,000
24	비자은행	이철희	1	2,640,000	220,000	640,000

※ 자료(DATA) 부분에서 음영 처리 표시된 부분은 행/열의 기준을 나타내며 이는 작성(입력)하지 않음을 반드시 유의하시오.

2. 작업 표 형식

은행별 고객 대출 계산

행＼열	B	C	H	I	J	K	L
4	은행명	고객명	성별	잔액	대출이자	대출가능액	비고
5 ⋮ 24	–	–	❶	❷	❸	❹	❺
25	평균		❻	❻		❻	
26	전자은행 또는 비자은행의 합					❼	
27	❽						
28	여성이고 이씨이면서 학교은행인 고객들의 합				❾	❾	
29	이씨이면서 우수고객인 고객들의 합				❿	❿	
30	잔액이 1500000 이상 2000000 미만인 합				⓫	⓫	
31	⓬						

※ 음영 처리 표시된 부분은 작성하지 않습니다.

3. 작성 조건

가) 작성 시 유의 사항

Ⓐ 작업 표의 작성은 "나)~라)" 항에 제시된 내용을 따르고 반드시 제시된 조건(지정 함수 사용, 문제 내 제시된 단서 조항 등)에 따라 처리하시오.

Ⓑ 제시된 작성 조건을 따르지 아니하고 여타의 방법 일체(제시된 함수 이외 다른 함수 적용, 함수 미적용, 별도 전자계산기 사용 등)를 사용하여 도출된 결과는 그 답이 맞더라도 정답으로 인정되지 않음을 반드시 유의하시오.

나) 작업 표의 구성 및 서식

Ⓐ "작업 표 형식"에서 행과 열에 관계된 음영 처리 표시된 부분은 작성하지 않음을 유의하고 반드시 제시된 행/열에 맞추도록 하시오.

Ⓑ 제목 서식 : 16포인트 크기로 하시오.

Ⓒ 글꼴 서체 : 임의 선정하시오.

다) 원문자가 표시된 셀은 아래의 방법을 이용하여 처리하시오.

❶ 성별 : "남성"과 "여성"으로 표기한다(단, 주어진 자료의 성별에서 남성은 "1", 여성은 "0"으로 표기되어 있음).

❷ 잔액 : 예금 − 지출

❸ 대출이자 : 대출금액 × 10%

❹ 대출가능액 = 잔액 − 대출금액

❺ 비고 : 대출가능액 〉 1,000,000이면 "우수고객", 대출가능액 〈 500,000이면 "불량고객"으로 표시하고, 나머지는 공란으로 한다.

❻ 평균 : 각 항목별 평균 산출

❼ 전자은행 또는 비자은행을 거래하는 고객들의 대출가능액의 합을 산출하시오.

❽ 항목 ❼ 산정 시 사용한 함수식을 기재하시오(단, SUMPRODUCT, ISNUMBER, FIND 함수 모두 사용한 함수식 기재).

❾ 여성이고 성이 이씨이면서 학교은행을 거래하는 고객들의 대출이자, 대출가능액 합을 각각 산출하시오.

❿ 성이 이씨이면서 우수고객인 고객들의 대출이자, 대출가능액 합을 각각 산출하시오(단, SUMPRODUCT 함수를 사용하시오.).

⓫ 잔액이 1500000 이상 2000000 미만인 고객들의 대출이자, 대출가능액 합을 산출하시오.

⓬ 항목 ❿ 산정 시 사용한 함수식 기재(단, 대출가능액을 기준으로, 수식에 SUMPRODUCT, LEFT 함수 반드시 포함)

> ※ 함수식을 기재하는 셀과 연관된 지정 함수 조건(함수 지정)이 있을 경우 제시된 함수만을 사용해 함수식을 구성 및 작업하여야 하며, 작성 조건을 위배하여 임의로 작성할 시 해당 답이 맞더라도 틀린 항목으로 채점됨을 유의하시오. 만약, 구체적인 함수가 제시되지 않을 경우 수험자가 스스로 적합한 함수를 선정하여 작업하시오.
>
> ※ 또한 함수식을 작성할 때는 "라) 작업 표의 정렬 순서(SORT)에 따라 조건에 맞게 정렬 후 도출된 결과에 의한 함수식을 기재하시오.

라) 작업 표의 정렬 순서(SORT)는 은행명의 오름차순으로 정렬하고, 은행명이 같으면 대출가능액의 오름차순으로 정렬한다.

마) 기타

(1) 금액에 대한 수치는 원화(₩) 표시를 하고 천 단위마다 ',' (Comma)를 표시하시오(단, 금액 이외의 수치는 ','(Comma)를 표시하지 않도록 하시오.).

(2) 모든 수치(숫자, 통화, 회계, 백분율 등)는 셀 서식의 속성을 설정하는 과정에서 소수 자릿수를 "0"으로 지정하여 정수로 표시토록 하시오.

(3) 음수는 "−"가 표시되도록 하시오.

(4) 숫자 셀은 우측을 수직으로 맞추고, 문자 셀은 수평 중앙으로 맞추며 이외 사항은 작업 표 형식에 따르도록 하시오. 특히, 단서 조항이 있을 경우는 단서 조항을 우선으로 하고, 인쇄 출력 시 판독 불가능이 발생되지 않도록 인쇄 미리 보기 등을 통하여 셀의 크기를 적당히 조정하시오.

⓶ 그래프(GRAPH) 작성

작성한 작업 표에서 전자은행에 대한 고객명별 잔액과 대출가능액을 나타내는 그래프를 작성하시오.

[작성 조건]

1) 그래프 형태 : 혼합형 단일축 그래프
   − 잔액(묶은 세로 막대형), 대출가능액(데이터 표식이 있는 꺾은 선형)
   (단, 잔액만 데이터 레이블의 값이 포함된 혼합형 단일축 그래프로 하시오.)

2) 그래프 제목 : 전자은행 고객 대출 금액 −−−− (확대 출력)

3) X축 제목 : 고객명

4) Y축 제목 : 금액

5) X축 항목 단위 : 해당 문자열

6) Y축 눈금 단위 : 임의

7) 범례 : 잔액, 대출가능액

8) 출력물 크기 : A4 용지 1/2장 범위 내

9) 기타 : 작성 조건에 없는 형식이나 모양 등은 기본 설정 값에 따르며, 그래프 너비는 작업 표 너비에 맞춘다.

> ※ 그래프는 반드시 작성된 작업 표와 연동하여 작업하여야 하며, 그래프의 영역(범위) 설정 오류로 인한 불이익은 전적으로 수험자 본인에게 있습니다.

XX 스포츠센터에서는 센터 사용현황을 전산화하려고 한다. 다음의 입력 자료를 이용하여 DB를 설계하고 작성 조건에 따라 처리 파일을 작성하고, 그 인쇄 출력물을 제출하시오.

01 자료 처리(DBMS) 작업 작성 조건

1) 자료 처리(DBMS) 작업은 조회 화면(SCREEN) 설계와 자료 처리 보고서의 2가지 작업을 수행하여야 하며, 그 결과물은 수험자 유의사항 [3] 자료 처리(DBMS) 작업]을 참고하여 작업하시오.

2) 반드시 인쇄 작업 수행 전 미리보기 등을 통해 여백을 조정하고, 수치, 문자 등 구성 요소가 누락되지 않도록 주의하시오. 구성 요소가 누락되어 인쇄되지 않은 결과로 인한 모든 책임은 전적으로 수험자 본인에게 있음을 반드시 유의하시오.

3) 문제지에 기재된 작성 조건에 따라 처리하고, 조회 화면 및 자료 처리 보고서의 서식이 작성 조건과 상이할 경우에는 시험 위원의 지시에 따라 작업하시오.

02 입력 자료

스포츠센터 사용현황

회원번호	회원등급코드	운동종류	사용시간
M8	AA	테니스	59
M1	AA	수영	89
M6	BB	스쿼시	79
M2	CC	헬스	55
M3	DD	테니스	70
M5	AA	스쿼시	80
M4	BB	수영	39
M7	CC	헬스	62
M11	DD	스쿼시	57
M9	AA	테니스	71
M10	BB	스쿼시	67
M12	CC	테니스	75
M13	BB	헬스	52
M14	CC	수영	65
M15	DD	스쿼시	58
M16	AA	헬스	43
M20	CC	수영	56
M18	BB	스쿼시	88
M17	DD	헬스	100
M19	CC	수영	23

기본요금표

회원등급코드	기본요금
AA	1,500
BB	2,500
CC	3,500
DD	4,500

03 조회 화면(SCREEN) 설계

> ※ 다음 조건에 따라 회원등급이 AA 또는 BB이면서 운동종류가 수영이고 사용시간이 60 이상인 현황을 조회할 수 있는 화면을 설계하고 해당 데이터를 출력하시오.

1) 해당 현황은 목록 상자(리스트박스)에서 회원등급코드 오름차순으로 출력하고, 화면 아래에 조회 시 작성한 SQL 문을 복사하시오.
   - WHERE 조건절에 회원등급코드, 운동종류, 사용시간 반드시 포함
   - ORDER BY 구문 반드시 포함
   ※ SQL문에 상기 내용 미포함 시 SQL 작성 부분 0점 처리
2) 리스트박스 조회 시 작성된 SQL문이 작성되지 않을 경우에는 "03 조회 화면(SCREEN) 설계" 과제가 0점 처리됨을 반드시 유의하시오.
3) 목록 상자에 표시되어야 할 필수적인 필드명은 다음과 같습니다.
   - 회원번호, 회원등급코드, 기본요금, 운동종류, 사용시간
4) 폼 서식에 제반되는 폰트, 점선 등은 아래 [조회 화면 서식]에 보이는 대로 기재하시오.
5) 기타 사항은 "04 자료 처리 파일(FILE) 작성"의 [기타 조건]을 따르시오.

[조회 화면 서식]

회원등급이 AA 또는 BB이면서 운동종류가 수영이고
사용시간이 60 이상인 현황

회원번호	회원등급코드	기본요금	운동종류	사용시간

리스트박스 조회 시 작성된 SQL문

04 자료 처리 파일(FILE) 작성

※ 다음 조건에 따라 아래 양식과 같이 작성하시오.

[처리 조건]
1) 운동종류(수영, 스쿼시, 테니스, 헬스)별로 정리한 후, 같은 운동종류 안에서는 회원등급코드의 오름차순으로 정렬 (SORT)한다.
2) 사용요금 : 사용시간 × 기본요금
3) 보너스점수 : 사용요금의 7%
4) 비고 : 보너스점수가 10,000 이상은 "특별", 보너스점수가 10,000 미만에서 5,000 이상은 "우수", 보너스점수가 5,000 미만은 "보통"으로 표시한다.
5) 운동종류별 합계 : 사용시간, 사용요금, 보너스점수의 합 산출
6) 총평균 : 사용시간, 사용요금, 보너스점수의 전체 평균 산출

[기타 조건]
1) 입력 화면 및 보고서의 제목은 16 정도의 임의 서체로 한다.
2) 금액에 대한 수치는 원화(₩) 혹은 달러($) 표시를 하고 천 단위마다 ,(Comma)를 표시한다(단, 금액 이외의 수치 는 ,(Comma)를 표시하지 않는다.).
3) 모든 수치(숫자, 통화, 백분율 등)는 컨트롤의 속성을 설정하는 과정에서 소수 자릿수를 "0"으로 지정하여 정수로 표시한다.
4) 데이터의 열과 간격은 일정하게 맞춘다.

스포츠센터 사용 현황

회원등급코드	회원번호	사용시간	기본요금	사용요금	보너스점수	비고
XXXX	XXXX	XXXX	₩X,XXX	₩X,XXX	XXXX	XXXX
–	–	–	–	–	–	–
수영 합계				₩X,XXX	XXXX	
XXXX	XXXX	XXXX	₩X,XXX	₩X,XXX	XXXX	XXXX
–	–	–	–	–	–	–
스쿼시 합계		XXXX		₩X,XXX	XXXX	
–	–	–	–	–	–	–
테니스 합계		XXXX		₩X,XXX	XXXX	
–	–	–	–	–	–	–
헬스 합계		XXXX		₩X,XXX	XXXX	
총평균		XXXX		₩X,XXX	XXXX	

03 POWERPOINT 시상(PT) 작업

주어진 2개의 슬라이드를 슬라이드 작성 조건에 따라 작업하여 인쇄합니다.

[슬라이드 작성 조건]
1) 각 슬라이드를 문제의 슬라이드 원안과 같이 인쇄하여 제출합니다.
   (특히 글자, 음영, 그림자, 도형 등 인쇄된 내용 그대로 작업함을 유의하시오.)
2) "주1" 등 특수한 속성 지정이 되어 있는 경우 지시에 따라 작성하시오.
3) 글꼴은 문제 원안과 같거나 유사한 형태로 작업합니다.
4) 글자, 그림 및 도형 등의 크기와 모양은 문제 원안과 같거나 유사한 형태로 작업합니다.
5) 모든 글씨, 선 등은 흑백(그레이스케일)으로 작업하되, 글상자, 그림 및 도형 등에서 색 채우기가 있는 경우 색 채우기는 회색 40% 정도, 투명도 0%를 기준으로 작업합니다.
6) 각 슬라이드는 원안과 같이 외곽선 테두리가 인쇄되도록 인쇄합니다.
7) 각 슬라이드 크기는 A4 용지의 1/2 범위 내에 인쇄가 가능한 크기가 되도록 조정하여, 슬라이드 2개를 A4 용지 1매 안에 모두 인쇄합니다.
8) 비번호, 수험번호, 성명, 페이지 번호 등은 반드시 자필로 기재합니다.

01 제1 슬라이드

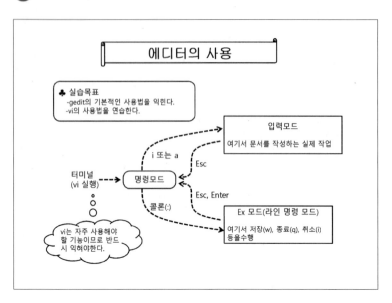

02 제2 슬라이드

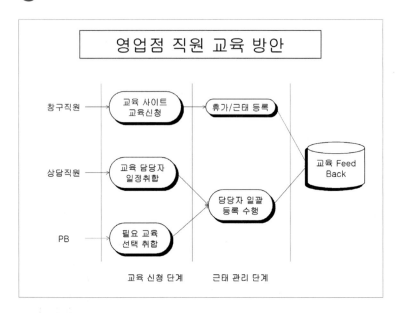

정답

| 작업 표(WORK SHEET) 작성 |

은행별 고객 대출 계산

은행명	고객명	성별	잔액	대출이자	대출가능액	비고
비자은행	강승헌	남성	₩1,680,000	₩900,000	-₩7,320,000	불량고객
비자은행	심남숙	여성	₩1,670,000	₩87,000	₩800,000	
비자은행	김지수	여성	₩3,700,000	₩280,000	₩900,000	
비자은행	남민종	남성	₩1,600,000	₩52,000	₩1,080,000	우수고객
비자은행	편영표	남성	₩1,600,000	₩50,000	₩1,100,000	우수고객
비자은행	이철희	남성	₩2,420,000	₩64,000	₩1,780,000	우수고객
전자은행	곽수지	여성	₩900,000	₩90,000	₩0	불량고객
전자은행	김종남	남성	₩1,000,000	₩30,000	₩700,000	
전자은행	정연수	남성	₩2,260,000	₩150,000	₩760,000	
전자은행	송춘석	남성	₩1,380,000	₩62,000	₩760,000	
전자은행	임지영	여성	₩3,360,000	₩236,000	₩1,000,000	
전자은행	박종식	남성	₩1,950,000	₩85,000	₩1,100,000	우수고객
전자은행	하석태	남성	₩1,740,000	₩57,000	₩1,170,000	우수고객
전자은행	전은미	남성	₩2,660,000	₩104,000	₩1,620,000	우수고객
학교은행	이인용	여성	₩1,330,000	₩180,000	-₩470,000	불량고객
학교은행	이남석	남성	₩375,000	₩29,000	₩85,000	불량고객
학교은행	황귀영	여성	₩700,000	₩55,000	₩150,000	불량고객
학교은행	심수미	여성	₩940,000	₩42,000	₩520,000	
학교은행	박철수	남성	₩1,505,000	₩56,000	₩945,000	
학교은행	함미경	여성	₩2,270,000	₩38,000	₩1,890,000	우수고객
평균			₩1,752,000	₩132,350	₩428,500	
전자은행 또는 비자은행의 합					₩5,450,000	
=SUMPRODUCT(ISNUMBER(FIND("전자은행",B5:B24))+ISNUMBER(FIND("비자은행",B5:B24)),K5:K24)						
여성이고 이씨이면서 학교은행인 고객들의 합				₩180,000	-₩470,000	
이씨이면서 우수고객인 고객들의 합				₩64,000	₩1,780,000	
잔액이 1500000 이상 2000000 미만인 합				₩1,287,000	-₩1,125,000	
=SUMPRODUCT((LEFT($C$5:$C$24,1)="이")*($L$5:$L$24="우수고객"),K5:K24)						

| 그래프(GRAPH) 작성 |

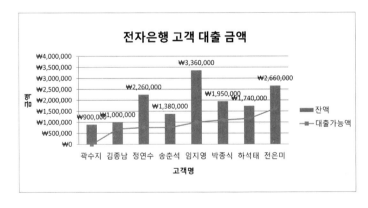

전자은행 고객 대출 금액

조회 화면 설계

회원등급이 AA 또는 BB이면서 운동종류가 수영이고
사용시간이 60 이상인 현황

회원번호	회원등급코드	기본요금	운동종류	사용시간
M1	AA	₩1,500	수영	89

리스트박스 조회 시 작성된 SQL문

SELECT 테이블1.회원번호, 테이블1.회원등급코드, 테이블2.기본요금, 테이블1.운동종류,
테이블1.사용시간
FROM 테이블1 INNER JOIN 테이블2 ON (테이블2.회원등급코드 = 테이블1.회원등급코
드) AND (테이블1.회원등급코드 = 테이블2.회원등급코드)
WHERE (((테이블1.회원등급코드)="AA" Or (테이블1.회원등급코드)="BB") AND ((테이블
1.운동종류)="수영") AND ((테이블1.사용시간)>=60))
ORDER BY 테이블1.회원등급코드;

자료 처리 파일

스포츠센터 사용 현황

회원등급코드	회원번호	사용시간	기본요금	사용요금	보너스점수	비고
AA	M1	89	₩1,500	₩133,500	9345	우수
BB	M4	39	₩2,500	₩97,500	6825	우수
CC	M20	56	₩3,500	₩196,000	13720	특별
CC	M14	65	₩3,500	₩227,500	15925	특별
CC	M19	23	₩3,500	₩80,500	5635	우수
수영 합계		272		₩735,000	51450	
AA	M5	80	₩1,500	₩120,000	8400	우수
BB	M10	67	₩2,500	₩167,500	11725	특별
BB	M18	88	₩2,500	₩220,000	15400	특별
BB	M6	79	₩2,500	₩197,500	13825	특별
DD	M11	57	₩4,500	₩256,500	17955	특별
DD	M15	58	₩4,500	₩261,000	18270	특별
스쿼시 합계		429		₩1,222,500	85575	
AA	M8	59	₩1,500	₩88,500	6195	우수
AA	M9	71	₩1,500	₩106,500	7455	우수
CC	M12	75	₩3,500	₩262,500	18375	특별
DD	M3	70	₩4,500	₩315,000	22050	특별
테니스 합계		275		₩772,500	54075	
AA	M16	43	₩1,500	₩64,500	4515	보통
BB	M13	52	₩2,500	₩130,000	9100	우수
CC	M7	62	₩3,500	₩217,000	15190	특별
CC	M2	55	₩3,500	₩192,500	13475	특별
DD	M17	100	₩4,500	₩450,000	31500	특별
헬스 합계		312		₩1,054,000	73780	
총평균		64		₩189,200	13244	

01 제1 슬라이드

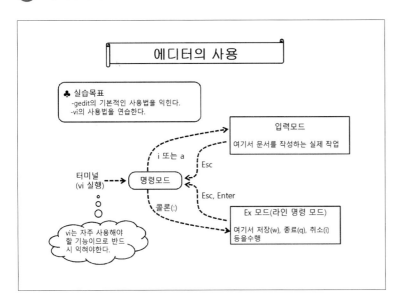

02 제2 슬라이드

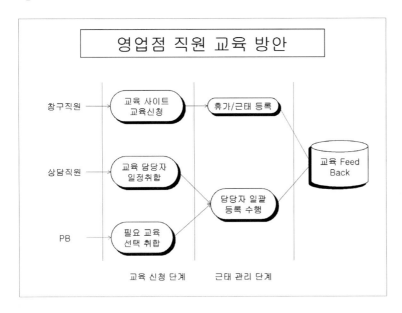

01 EXCEL 표 계산(SP) 작업 풀이

01. 자료(DATA) 입력 및 작성 조건 처리하기

① Excel을 실행한다.

> Ⓐ "작업 표 형식"에서 행과 열에 관계된 음영 처리 표시된 부분은 작성하지 않음을 유의하고 반드시 제시된 행/열에 맞추도록 하시오.
> Ⓑ 제목 서식 : 16포인트 크기로 하시오.
> Ⓒ 글꼴 서체 : 임의 선정하시오.

② 1. 자료(DATA)를 참고하여 [B4] 셀부터 [I31] 셀까지 문제에 제시된 행/열에 맞게 자료를 입력한다.

③ 2. 작업 표 형식을 참고하여 [A3] 셀에 "은행별 고객 대출 계산" 제목을 작성한다.

④ [B3]~[L3] 셀까지 블록 선택한 뒤 [홈] 탭-[병합하고 가운데 맞춤](🔛▾)과 글꼴 크기 16을 차례대로 적용한다. 상단의 1:2 행 머리글을 선택하고 마우스 우클릭-[숨기기]를 적용해 숨겨준다.

> **🅑 기적의 TIP**
>
> 1:2행을 숨겨도 되지만 1:3행을 병합해도 됩니다.

⑤ 2. 작업 표 형식을 참고하여 나머지 계산 결과 항목을 제시된 해당 열에 입력하고, 하단의 25행~31행에 제시된 자료를 입력한다.

⑥ 2행~31행까지 행 머리글을 선택하고 [홈] 탭-[글꼴] 그룹-글꼴 크기를 9로 변경하여 행 높이와 글꼴 크기를 동시에 줄여준다.

⑦ 자료 입력을 완료한 다음 [빠른 실행 도구 모음]의 [저장](💾)을 클릭하여 시험 위원이 지정한 폴더에 지정된 파일명으로 저장한다. (예 : A019)

02. 원문자(함수) 작성 조건 처리하기

함수식 작성 시에는 아래 문제에 제시된 조건에 맞게 식을 작성하도록 한다.

> ※ 함수식을 기재하는 셀과 연관된 지정 함수 조건(함수 지정)이 있을 경우 제시된 함수만을 사용해 함수식을 구성 및 작업하여야 하며, 작성 조건을 위배하여 임의로 작성할 시 해당 답이 맞더라도 틀린 항목으로 채점됨을 유의하시오. 만약, 구체적인 함수가 제시되지 않을 경우 수험자가 스스로 적합한 함수를 선정하여 작업하시오.
> ※ 또한 함수식을 작성할 때는 "라) 작업 표의 정렬 순서(SORT)"에 따라 조건에 맞게 정렬 후 도출된 결과에 의한 함수를 기재하시오.

❶ 성별 : "남성"과 "여성"으로 표기한다. (단, 주어진 자료의 성별에서 남성은 "1", 여성은 "0"으로 표기되어 있음)

=IF(D5=1,"남성","여성")

❷ 잔액 : 예금 – 지출

=E5–F5

❸ 대출이자 : 대출금액 × 10%

=G5*10%

❹ 대출가능액 = 잔액 – 대출금액

=I5–G5

❺ 비고 : 대출가능액 〉 1,000,0000이면 "우수고객", 대출가능액 〈 500,0000이면 "불량고객"으로 표시하고, 나머지는 공란으로 한다.

=IF(K5>1000000,"우수고객",IF(K5<500000,"불량고객",""))

각 식을 입력하고 자동 채우기를 하여 답을 완성한다.

❻ 평균 : 각 항목별 평균 산출

=AVERAGE(I5:I24)

❼ 전자은행 또는 비자은행을 거래하는 고객들의 대출가능액의 합을 산출하시오.

=SUMPRODUCT(ISNUMBER(FIND("전자은행",$B$5:$B$24))+ISNUMBER(FIND("비자은행",$B$5:$B$24)),K5:K24)

❽ 항목 ❼ 산정 시 사용한 함수식을 기재하시오(단, SUMPRODUCT, ISNUMBER FIND 함수 모두 사용한 함수식 기재).

'=SUMPRODUCT(ISNUMBER(FIND("전자은행",$B$5:$B$24))+ISNUMBER(FIND("비자은행",$B$5:$B$24)),K5:K24)

❾ 여성이고 성이 이씨이면서 학교은행을 거래하는 고객들의 대출이자, 대출가능액 합을 각각 산출하시오.

=SUMIFS(J5:J24,$H$5:$H$24,"여성",$C$5:$C$24,"이*",$B$5:$B$24,"학교은행")

❿ 성이 이씨이면서 우수고객인 고객들의 대출이자, 대출가능액 합을 각각 산출하시오(단, SUMPRODUCT 함수를 사용하시오.).

=SUMPRODUCT(((LEFT($C$5:$C$24,1)="이")*($L$5:$L$24="우수고객"),J5:J24)

❶ 잔액이 1500000 이상 2000000 미만인 고객들의 대출이자, 대출가능액 합을 산출하시오.

=SUMIFS(J5:J24,$I$5:$I$24,">=1500000",$I$5:$I$24,"<2000000")

❷ 항목 ❶ 산정 시 사용한 함수식 기재 (단, 대출가능액을 기준으로, 수식에 SUMPRODUCT, LEFT 함수 반드시 포함)

'=SUMPRODUCT((LEFT($C$5:$C$24,1)="이")*($L$5:$L$24="우수고객"),K5:K24)

각 식을 입력하고 자동 채우기를 하여 답을 완성한다.

03. 작업 표 정렬하기

라) 작업 표의 정렬 순서(SORT)는 은행명의 오름차순으로 정렬하고, 은행명이 같으면 대출가능액의 오름차순으로 정렬한다.

① 작업 표 형식에 따라 A열 머리글을 선택하고 마우스 오른쪽 버튼-[숨기기]를 클릭하여 A열을 숨기기 한다.

② D, E, F, G 열도 같은 방법으로 열 숨기기 한다.
③ [B4:L24] 범위를 선택한다.
④ [데이터] 탭-[정렬]을 클릭하고 지시 사항과 같이 정렬 기준을 설정한다.

04. 기타 작업으로 형식 적용하기

(1) 금액에 대한 수치는 원화(₩) 표시를 하고 천 단위마다 ',' (Comma)를 표시하시오(단, 금액 이외의 수치는 ','(Comma)를 표시하지 않도록 하시오.).
(2) 모든 수치(숫자, 통화, 회계, 백분율 등)는 셀 서식의 속성을 설정하는 과정에서 소수 자릿수를 "0"으로 지정하여 정수로 표시토록 하시오.
(3) 음수는 "−"가 표시되도록 하시오.
(4) 숫자 셀은 우측을 수직으로 맞추고, 문자 셀은 수평 중앙으로 맞추며 이외 사항은 작업 표 형식에 따르도록 하시오. 특히, 단서조항이 있을 경우는 단서 조항을 우선으로 하고, 인쇄 출력 시 판독 불가능이 발생되지 않도록 인쇄 미리 보기 등을 통하여 셀의 크기를 적당히 조정하시오.

[형식 지정하기]

통화	I, J, K 열
가운데 정렬	문자열인 B열, C열, H열 2행, 하단 지시사항
테두리	• [B4:L31] : 모든 테두리 • [B5:L24] : 가운데 테두리 해제

🅑 기적의 TIP

중간선 위/아래 셀 내용이 선에 겹쳐서 출력되는 문제를 방지하기 위해서 선을 해제합니다. 하지만 겹치는 문제가 없다면 작업 표 본문의 중간선을 적용해도 감점사항이 아닙니다.

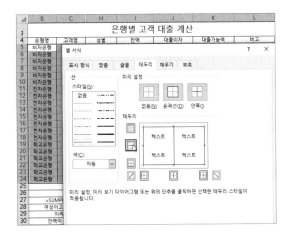

05. 페이지 설정하기

페이지 설정은 모든 문제를 같은 방식으로 작업하므로 공단 공개문제 01회 해설을 참고한다.

06. 그래프 작성하기

⑫ 그래프(GRAPH) 작성

> 작성한 작업 표에서 전자은행에 대한 고객명별 잔액과 대출가능액을 나타내는 그래프를 작성하시오.

[작성 조건]
1) 그래프 형태 : 혼합형 단일축 그래프
   – 잔액(묶은 세로 막대형), 대출가능액(데이터 표식이 있는 꺾은 선형)
   (단, 잔액만 데이터 레이블의 값이 포함된 혼합형 단일축 그래프로 하시오.)
2) 그래프 제목 : 전자은행 고객 대출 금액 – – – – (확대 출력)
3) X축 제목 : 고객명
4) Y축 제목 : 금액
5) X축 항목 단위 : 해당 문자열
6) Y축 눈금 단위 : 임의
7) 범례 : 잔액, 대출가능액
8) 출력물 크기 : A4 용지 1/2장 범위 내
9) 기타 : 작성 조건에 없는 형식이나 모양 등은 기본 설정 값에 따르며, 그래프 너비는 작업 표 너비에 맞춘다.

① 작성 조건에 해당하는 범위를 [Ctrl]를 이용하여 그림과 같이 연속 선택한다.

B	C	H	I	J	K	L
			은행별 고객 대출 계산			
은행명	고객명	성별	잔액	대출이자	대출가능액	비고
비자은행	강승헌	남성	₩1,680,000	₩900,000	-₩7,320,000	불량고객
비자은행	심남숙	여성	₩1,670,000	₩87,000	₩800,000	
비자은행	김지수	여성	₩3,700,000	₩280,000	₩900,000	
비자은행	남민종	남성	₩1,600,000	₩52,000	₩1,080,000	우수고객
비자은행	편영표	남성	₩1,600,000	₩50,000	₩1,100,000	우수고객
비자은행	이월희	남성	₩2,420,000	₩64,000	₩1,780,000	우수고객
전자은행	곽수지	여성	₩900,000	₩90,000	₩0	불량고객
전자은행	김종남	남성	₩1,000,000	₩30,000		
전자은행	정연수	남성	₩2,260,000	₩150,000	₩700,000	
전자은행	송준석	남성	₩1,380,000	₩62,000	₩760,000	
전자은행	임지영	여성	₩3,360,000	₩236,000	₩760,000	
전자은행	박종식	남성	₩1,950,000	₩85,000	₩1,000,000	우수고객
전자은행	하석태	남성	₩1,740,000	₩57,000	₩1,100,000	우수고객
전자은행	전은미	남성	₩2,660,000	₩104,000	₩1,170,000	우수고객
학교은행	이인용	여성	₩1,330,000	₩180,000	₩1,620,000	불량고객
					-₩470,000	

② [삽입] 탭-[세로 막대형]-[묶은 세로 막대형](📊)을 클릭하여 차트를 워크시트에 삽입한다.

③ 차트를 선택하고 [디자인] 탭-[차트 레이아웃]-[레이아웃 9](📊)를 적용한다.

④ 범례 클릭 후 시간차를 두고 [대출가능액] 계열을 클릭하고 마우스 우클릭을 눌러 [계열 차트 종류 변경]-[차트 종류 변경]-[표식이 있는 꺾은 선형](📈)을 선택하고 [확인]을 클릭하여 계열의 차트 종류를 [표식이 있는 선형]으로 변경한다.

⑤ 그림 영역의 [잔액] 임의 계열을 클릭하여 선택한 뒤 [마우스 우클릭]-[데이터 레이블 추가]를 선택한다.

⑥ 차트를 그림과 같이 인쇄 경계선 안쪽, 작업 표 하단에 배치하고 차트 제목(글꼴 크기 : 16), 가로축, 세로축 이름을 입력한다. 인쇄 시 차트가 잘리는 것을 방지하기 위하여 인쇄 경계선과 약 1행 정도 여백을 두고 배치하도록 한다.

07. 인쇄 영역 설정하기

① 인쇄 경계선을 기준으로 범위를 선택한다(마지막 행은 글꼴 크기 행 높이에 따라 상이하므로 답안 파일과 작업자 파일과 상이할 수 있다.).

② [A1] 셀부터 오른쪽 아래 인쇄 영역까지 범위를 선택하고 [페이지 레이아웃]-[인쇄 영역]-[인쇄 영역 설정]를 클릭하여 인쇄 영역을 설정한다. 인쇄 영역을 설정하면 인쇄 시 불필요한 영역을 제외할 수 있다.

③ [빠른 실행 도구]-[인쇄 및 인쇄 미리 보기]를 클릭하여 인쇄 범위가 한 페이지에 모두 표시되는지 확인한다.

01. 테이블1 만들기

① [만들기]-[테이블 디자인] 클릭하여 새로운 [테이블 디자인 보기] 창을 실행한다.

② 테이블의 필드와 형식을 다음과 같이 설정한다.

필드 이름	데이터 형식	일반
회원번호	텍스트	
회원등급코드	텍스트	
운동종류	텍스트	
사용시간	숫자	• 필드크기 : 정수(Long) • 형식 : 0 • 소수 자릿수 : 0

③ [닫기](✕)를 클릭하여 테이블을 저장한다. 테이블 이름은 임의로 지정한다.

④ 테이블1에는 기본 키를 지정하지 않으므로, '기본 키를 정의하지 않았습니다.' 대화상자에서 [아니오] 를 클릭한다.

02. 테이블2 만들기

① [만들기]-[테이블 디자인] 클릭하여 새로운 [테이블 디자인 보기] 창을 실행한다.

② 테이블의 필드와 형식을 다음과 같이 설정한다.

필드 이름	데이터 형식	일반
회원등급코드	텍스트	기본 키
기본요금	통화	

③ 회원등급코드 필드의 [필드 선택기]를 클릭하고 [디자인] 탭-[기본 키]를 클릭하여 기본 키를 적용한다.

④ [닫기](✕)를 클릭하여 테이블을 저장한다. 테이블 이름은 임의로 지정한다.

03. 테이블에 데이터 입력

① Access 개체 창에서 테이블1, 테이블2를 각각 더블 클릭하여 실행한 뒤 문제의 '❷ 입력 자료'를 참고하여 데이터를 입력한다.

회원번호	회원등급코	운동종류	사용시간
M8	AA	테니스	59
M1	AA	수영	89
M6	BB	스쿼시	79
M2	CC	헬스	55
M3	DD	테니스	70
M5	AA	스쿼시	80
M4	BB	수영	39
M7	CC	헬스	62
M11	DD	스쿼시	57
M9	AA	테니스	71
M10	BB	스쿼시	67
M12	CC	테니스	75
M13	BB	헬스	52
M14	CC	수영	65
M15	DD	스쿼시	58
M16	AA	헬스	43
M20	CC	수영	56
M18	BB	스쿼시	88
M17	DD	헬스	100
M19	CC	수영	23
*			

회원등급코	기본요금
AA	₩1,500
BB	₩2,500
CC	₩3,500
DD	₩4,500
*	

04. 전체 쿼리 만들기

① [만들기] 탭-[쿼리] 그룹-[쿼리 디자인]을 클릭한다.

② [테이블 표시] 대화상자에서 테이블1을 더블 클릭하여 쿼리 디자인 영역에 추가한다.

③ 테이블1의 전체 필드를 추가하기 위하여 테이블1의 '*'를 더블 클릭하여 아래 필드 구성에 추가한다.

④ '❹ 자료 처리 파일(FILE) 작성'의 [처리 조건]에 따라 나머지 필드에 식을 입력한다. 또한 새로 추가되는 식 필드의 경우 필드 선택-마우스 우클릭-속성을 클릭하고, [속성] 시트-[형식]에 다음과 같이 설정하도록 한다.

[처리 조건]
2) 사용요금 : 사용시간 × 기본요금
3) 보너스점수 : 사용요금의 7%
4) 비고 : 보너스점수가 10,000 이상은 "특별",
보너스점수가 10,000 미만에서 5,000 이상은 "우수",
보너스점수가 5,000 미만은 "보통"으로 표시한다.

구분	필드	형식
테이블1	*	
테이블2	기본요금	
식	사용요금 : [사용시간]*[기본요금]	통화
	보너스점수 : [사용요금]*0.07	0
	비고 : Ⅲ([보너스점수])=10000,"특별",Ⅲ([보너스점수])=5000,"우수","보통"))	

⑤ '쿼리1 닫기'(✕)를 클릭하여 쿼리1을 저장한다.

05. 폼용 조건 검색 쿼리 만들기

① [만들기] 탭-[쿼리] 그룹-[쿼리 디자인]을 클릭한다.
② [테이블 표시] 대화 상자에서 테이블1, 테이블 2를 더블 클릭하여 쿼리 디자인 영역에 추가한다.
③ ⑬ 조회 화면(SCREEN) 설계의 [조회 화면 서식] 그림을 보고 폼에 추가될 필드를 '쿼리1'에서 더블 클릭하여 추가한다.
④ ⑬ 조회 화면(SCREEN) 설계의 조건에 따라 아래 와 같이 조건을 입력한다.

> ※ 다음 조건에 따라 회원등급이 AA 또는 BB이면서 운동종류가 수영이고 사용시간이 60 이상인 현황을 조회할 수 있는 화면을 설계하고 해당 데이터를 출력하시오.
> 1) 해당 현황은 목록 상자(리스트박스)에서 회원등급코드 오름차순으로 출력하고, 화면 아래에 조회 시 작성한 SQL문을 복사하시오.
>   – WHERE 조건절에 회원등급코드, 운동종류, 사용시간 반드시 포함
>   – ORDER BY 구문 반드시 포함
>   ※ SQL문에 상기 내용 미포함 시 SQL 작성 부분 0점 처리
> 2) 리스트박스 조회 시 작성된 SQL문이 작성되지 않을 경우에는 "⑬ 조회 화면(SCREEN) 설계" 과제가 0점 처리됨을 반드시 유의하시오.
> 3) 목록 상자에 표시되어야 할 필수적인 필드명은 다음과 같습니다.
>   – 회원번호, 회원등급코드, 기본요금, 운동종류, 사용시간
> 4) 폼 서식에 제반되는 폰트, 점선 등은 아래 [조회 화면 서식]에 보이는 대로 기재하시오.
> 5) 기타 사항은 "⑭ 자료 처리 파일(FILE) 작성"의 [기타 조건]을 따르시오.

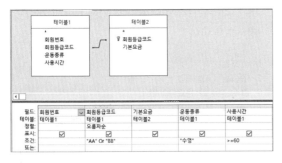

필드	조건/정렬
회원번호	
회원등급코드	"aa" Or "bb", 오름차순
기본요금	
운동종류	"수영"
사용시간	>=60

⑤ [쿼리2 닫기](✕)를 클릭하여 '쿼리2'를 저장한다.
⑥ [개체] 창 '쿼리2'를 더블 클릭하여 실행한 뒤 검색 결과와 각 필드의 형식을 검토한다.

회원번호 ·	회원등급코 ·	기본요금 ·	운동종류 ·	사용시간 ·
M1	AA	₩1,500	수영	89

⑦ [닫기](✕)를 클릭하여 '쿼리2'를 닫는다. 만약 검토 결과 오류가 발견되었다면 [개체] 창에서 '쿼리2' 선택-마우스 우클릭-[디자인 보기]를 선택하여 오류를 수정하도록 한다.

06. ⑬ 조회 화면(SCREEN) 설계 작업하기

(1) 폼 만들고 제목 입력하기

① [만들기] 탭-[폼] 그룹-[폼 디자인]을 클릭한다.
② 본문의 너비를 약 '16'cm 정도로 늘려준다.
③ [디자인] 탭-[컨트롤] 그룹-[레이블](✍)을 순서대로 클릭하여 문제 지시와 같이 제목 위치에 그려 넣고 레이블에 "회원등급이 AA 또는 BB이면서 운동종류가 수영이고 사용시간이 60 이상인 현황"을 입력 한 뒤 글꼴 크기 : 16으로 변경한다.

(2) 목록 상자 추가하기

① [디자인] 탭-[컨트롤]-[목록 상자](▤)를 클릭하고 폼 본문 제목 아래 그려 넣는다.
② [목록 상자 마법사]에서 "목록 상자에 다른 테이블이나 쿼리에 있는 값을 가져옵니다."를 선택하고 [다음]을 클릭한다.
③ [보기]에서 [쿼리]를 선택하고 [쿼리: 쿼리2]를 선택한 뒤 [다음]을 클릭한다.
④ [사용가능한 필드]에서 문제에 제시된 필드를 [선택한 필드]에 추가한다.
⑤ 앞서 쿼리 디자인에서 정렬을 지정했으므로 정렬 탭에서는 바로 [다음]을 클릭한다.
⑥ 목록 상자의 열 너비 조정 창에서 필드 간 간격을 맞추고 마지막 필드의 오른쪽 경계가 넘어가 스크롤이 생기지 않도록 설정하고 [마침]을 클릭한다.
⑦ 목록 상자와 함께 추가된 레이블을 선택하고 Delete 를 눌러 삭제한다.

⑧ 목록 상자의 너비를 약 16cm 정도로 조절한 뒤 목록 상자 선택-마우스 우클릭-[속성]을 선택하고 [속성] 시트-[형식] 탭-[열 이름]-[예]로 변경한다.

형식	데이터	이벤트	기타	모두
표시	예			⌄
열 개수	5			
열 너비	2.54cm;2.778cm;2.7			
열 이름	예			

⑨ [디자인] 탭-[컨트롤]에서 선을 선택하고 Shift 를 누르고 목록 상자 하단 너비에 맞게 선을 그려 넣는다.

⑩ 선을 선택하고 [속성] 시트-[형식]-[테두리 두께]를 3pt로 변경한 뒤 목록 상자 아래에 방향키를 이용해서 적당히 배치한다.

⑪ 마우스로 드래그하여 목록 상자와 선을 같이 선택하고 [정렬] 탭-[크기 및 순서지정] 그룹-[크기/공간]-[가장 넓은 너비에]를 선택해 목록 상자와 선의 너비를 맞춰준다.

⑫ [정렬] 탭-[크기 및 순서지정] 그룹-[맞춤]-[왼쪽]을 선택하여 선과 목록 상자의 위치를 맞춰준다.

(3) SQL 식 복사하기

① 목록 상자 하단에 레이블을 삽입하고 "리스트박스 조회 시 작성된 SQL문" 입력한다.

② 개체 창에서 [쿼리2]를 더블 클릭하여 실행하고 [홈] 탭-[보기] 그룹-[SQL 보기]를 클릭한다.

③ SQL 보기 창에 표시된 식을 Ctrl + C 로 복사하고 [쿼리2. 닫기](×)를 클릭해 창을 닫는다.

④ "리스트박스 조회 시 작성된 SQL문" 하단에 레이블을 삽입하고 Ctrl + V 를 눌러 앞서 복사한 SQL 식을 붙여 넣는다.

⑤ Ctrl + A 를 눌러 폼 내 모든 컨트롤을 선택하고 [홈] 탭-[텍스트 서식] 그룹-[글꼴 색]-[검정, 텍스트1]로 변경한다.

(4) 폼 디자인 각 컨트롤 속성 변경

① 속성 설정

컨트롤	속성
제목 레이블	글꼴 크기 : 16
목록 상자	열 이름 : 예
목록 상자 아래 선	두께 : 3pt
리스트박스 조회 시 작성된 SQL문 레이블	• 글꼴 크기 : 16 • 테두리 스타일 : 투명
SQL 식 작성 레이블	테두리 스타일 : 파선
폼 전체 글꼴 색	검정

② 폼 하단 중앙에 레이블을 삽입하고 출력 페이지 번호 "4-2"를 입력하고 [폼1. 닫기](×)를 클릭해 폼 디자인을 저장한다.

③ [인쇄 미리 보기]-[페이지 설정]에서 아래와 같이 설정한다.

항목	여백
위쪽	60
아래쪽	6.35 (기본 값)
왼쪽	20~25
오른쪽	6.35 (기본 값)

④ [인쇄 미리 보기]를 클릭하여 디자인한 폼이 문제 지시사항과 일치하는지 확인한다.

(5) 비번호 / 수험번호 / 출력 페이지 번호 작성하기 작업은 모든 문제가 같은 방식으로 작업하므로 1회 해설로 대신한다.

07. 보고서 만들기

(1) 보고서 마법사로 보고서 만들기

① [만들기] 탭-[보고서 마법사]를 클릭한다.

② 보고서 마법사 단계별 작업

[처리 조건]
1) 운동종류(수영, 스쿼시, 테니스, 헬스)별로 정리한 후, 같은 운동종류 안에서는 회원등급코드의 오름차순으로 정렬(SORT)한다.
5) 운동종류별 합계 : 사용시간, 사용요금, 보너스점수의 합 산출
6) 총평균 : 사용시간, 사용요금, 보너스점수의 전체 평균 산출

단계	작업
보고서에 어떤 필드를 넣으시겠습니까?	[테이블/쿼리] : 쿼리1 선택
	보고서 그림에 표시된 필드 추가
그룹 수준을 지정하시겠습니까?	[처리 조건]에 따라 [운동종류] 필드 추가
정렬 순서와 요약 정보	정렬 : 회원등급코드, 오름차순
	요약 옵션 : 사용시간, 사용요금, 보너스점수
보고서에 어떤 모양을 지정하시겠습니까?	모양 : 단계, 용지 방향 : 세로
보고서 제목을 지정하십시오.	쿼리1 (임의로 수정 가능)
	보고서 디자인 수정 선택

(2) 보고서 디자인에서 컨트롤하기

① 보고서 디자인 흰 바탕(인쇄 영역)의 경계를 16 이하로 줄여준다.

② 문제 제시 보고서를 보고 필드의 순서를 배치한다. 배치 시 [정렬] 탭의 정렬 및 순서 조정의 [크기/공간], [맞춤]을 충분히 활용하도록 한다.

③ 보고서 머리글을 제외한 나머지 범위를 마우스로 드래그하여 선택하고 글꼴 크기 : 9, 글꼴 색 : 검정으로 변경한다.

④ 컨트롤 이동 및 수정

구역	작업
보고서 머리글	• 제목 : 스포츠센터 사용 현황 • 글꼴 : 16
	오른쪽 위에 비번호, 수험번호 작성
페이지 머리글	각 레이블 크기 조절 및 배치
	선 삽입 : 테두리 두께 1pt, 아래쪽 배치
그룹 머리글	[운동종류] 텍스트 상자 그룹 바닥글 이동 및 '합계' 레이블 뒤에 붙임
	높이 : 0으로 설정하여 숨김
본문	페이지 머리글 레이블과 위치 크기 맞추어 배치
	높이 : 0.7으로 최소한으로 줄여준다.
그룹 바닥글	• "="에 대한 요약 " ~~" 레이블 삭제 • 그룹 머리글에서 가져온 텍스트 상자 배치 • 요약 =SUM() 텍스트 상자 페이지 머리글 레이블과 세로 방향 열에 맞추어 배치
	선 삽입 : 테두리 두께 1pt, 위쪽/아래쪽 배치
페이지 바닥글	• "=[Page]~ " 등의 텍스트 상자 모두 삭제 • 높이 : 0으로 설정하여 숨김
보고서 바닥글	• 총 합계 레이블 '총 평균'으로 수정하여 필드별 세로 정렬 맞춤 • SUM → AVG 로 함수명 변경
	선 삽입 : 테두리 두께 1pt, 아래쪽 배치
	선 아래 인쇄 번호 "4-3" 레이블 삽입

⑤ 보고서 컨트롤 속성 조정

[보고서 디자인 보기]를 닫고(×) [인쇄 미리 보기](🔍)를 통하여 텍스트 상자의 형식에 문제가 있는 경우 속성 값을 변경한다.

해당 컨트롤	속성 설정 값
제목 레이블	글꼴 크기 : 16
직선	• 테두리 두께 : 1pt • 테두리 색 : 검정, 텍스트1
모든 텍스트 상자	테두리 : 투명
금액 텍스트 상자	형식 : 통화, 소수 자릿수 : 0
정수 텍스트 상자	형식 : 0
보고서 머리글	배경색 : 흰색, 배경1
본문	• 배경색 : 흰색, 배경1 • 다른 배경색 : 흰색, 배경1
그룹 바닥글	• 배경색 : 흰색, 배경1 • 다른 배경색 : 흰색, 배경1

01. 전체적인 작업 순서

[제1 슬라이드]

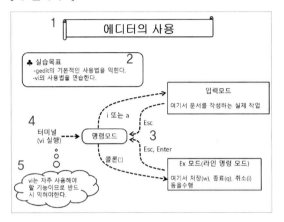

[제2 슬라이드]

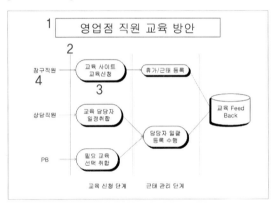

02. 제1 슬라이드 작성하기

① [홈] 탭-[그리기] 그룹-[도형]-[별 및 현수막]-[가로로 말린 두루마리 모양](▭)을 선택하고 슬라이드 제목이 입력될 위치에 삽입한 뒤 "에디터의 사용"을 입력하고 글꼴 크기를 24로 변경한다.

> **기적의 TIP**
>
> 작업 시간 단축을 위하여 도형 채우기 색과 글꼴은 슬라이드를 모두 작성한 뒤 일괄 변경하도록 합니다.

② [도형]-[기본 도형]-[모서리가 둥근 직사각형](▢)을 슬라이드에 삽입하고 텍스트를 입력한다.

③ 한글 'ㅁ' 입력 후 [한자] 키를 눌러 특수문자에서 '♣' 선택하여 입력한다.

1행 글꼴 크기	18pt
나머지 글꼴 크기	16pt
문자열 정렬	왼쪽 맞춤

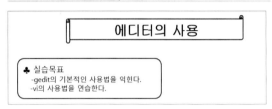

④ [도형]-[기본 도형]-[모서리가 둥근 직사각형](▢)을 슬라이드 중앙쯤에 삽입하고 '명령모드'를 입력한 뒤 도형을 선택하고 노란 점을 드래그하여 모서리 곡률을 완만하게 변경한다.

⑤ [도형]-[기본 도형]-[직사각형](▢)을 슬라이드 우측에 2개 삽입하고 텍스트를 입력한다.

명령모드 글꼴	18pt
우측도형 1행 글꼴	
우측도형 2행 글꼴	16pt

⑥ [도형]-[선]-[곡선](∧)을 선택하고 '명령모드' 도형 위쪽을 클릭하고 마우스를 그림과 같은 위치까지 이동 → 클릭 → '입력모드' 도형 위치에 마우스 이동 → 클릭 → 곡선 곡률을 확인하고 [Esc]를 눌러 곡선을 삽입을 완료한다.

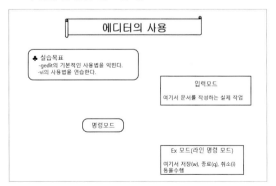

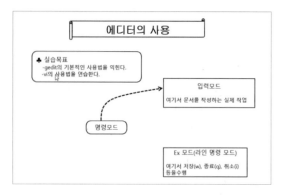

⑦ 삽입한 곡선을 선택하고 도형 윤곽선을 다음과 같이 변경한다.

두께	3pt
대시	사각점선
화살표	화살표 스타일 2

기적의 TIP

곡선을 그릴 경우에 마지막 Esc 를 누를 때 선의 연장 방향으로 좀 더 이동한 상태에서 Esc 를 눌러야 곡선 끝의 선이 휘어지지 않습니다.

⑧ 곡선을 선택하고 Ctrl + Shift 를 누른 채로 아래쪽으로 끌어 복사한 뒤 [정렬]-[회전]-[상하 대칭]을 선택하여 회전한 뒤 배치한다.
⑨ 안쪽 곡선도 같은 방식으로 그려 넣는다.
⑩ 문제에 제시된 텍스트와 화살표를 입력한다.

기적의 TIP

파워포인트의 도형은 제시된 문제와 80% 이상 일치하면 됩니다. 화살표의 곡률을 똑같이 맞추기 어렵다면 적당한 선에서 타협하는 것이 좋습니다.

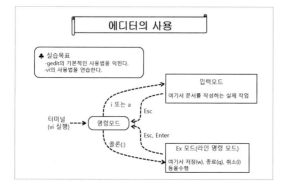

⑪ [도형]-[설명선]-[구름모양 설명선](☁)을 삽입하고 노란 점을 마우스로 끌어 위쪽으로 방향을 이동하고 크기 조절점을 이용하여 구름모양의 세로 폭을 조금 줄여준다.
⑫ 텍스트를 바로 도형에 입력하면 문제와 같이 맞춰지지 않으므로 별도로 텍스트 상자를 옆에 그려 문자를 입력한 뒤 도형 위에 배치하도록 한다.

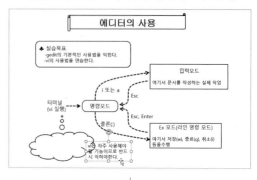

↓

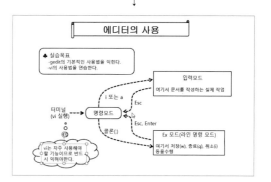

⑬ 채우기 색이 지정된 도형을 Shift 를 누르고 연속 선택한 뒤 [도형 채우기]-[흰색, 배경1]을 적용한다.
⑭ 채우기 색이 없는 도형을 Shift 를 누르고 연속 선택한 뒤 [도형 채우기]-[채우기 없음]을 적용한다.
⑮ 모든 도형과 선을 같은 방식으로 선택하고 [도형 윤곽선]-[검정, 텍스트1]로 변경한다.
⑯ Ctrl + A 를 이용해 전체 선택 후 글꼴을 굴림체로 변경한다.

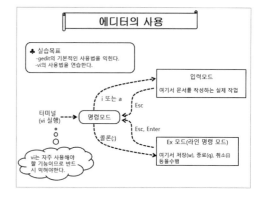

03. 제2 슬라이드 작성하기

① [홈] 탭-[그리기] 그룹-[도형]-[사각형]-[직사각형](▢)을 선택하고 슬라이드 제목이 입력될 위치에 삽입한 뒤 "영업점 직원 교육 방안"을 입력하고 글꼴 크기를 36으로 변경한다.

② [홈] 탭-[그리기] 그룹-[선]-[선]을 이용하여 세로선 3개를 그려 넣는다. 정 중앙에 선을 먼저 그리고 Ctrl + Shift 를 누른 채로 좌/우로 드래그하여 복사한다. 좌우 선은 눈금선을 기준으로 좌 : 7.5cm, 우 : 7cm 위치에 배치한다. 선을 모두 선택하고 [도형 윤곽선]-[검정, 텍스트1]로 색을 변경한다.

🅑 기적의 TIP

[보기] 탭에서 눈금자를 활성화하고 세로선 위치를 결정하면 좀 더 효율적으로 그릴 수 있습니다.

③ [홈] 탭-[그리기] 그룹-[기본도형]-[모서리가 둥근 직사각형](▢)을 이용하여 왼쪽 상단에 그려 넣은 뒤 노란 점을 이용하여 곡률을 변경한다.

④ 도형 선택-마우스 우클릭-[개체 서식]-[도형 서식] 대화상자에서 아래와 같이 그림자를 설정한다.

항목	속성
미리 설정	오프셋 대각선 오른쪽 아래
색	검정, 텍스트1
투명도	0%
흐리게	0pt
간격	7pt

⑤ [모서리가 둥근 직사각형](▢)을 선택하고 Ctrl 을 누른 채로 드래그하고 복사하여, 나머지 도형도 그려 넣은 뒤 제시된 문제의 비율과 비슷하게 도형 크기를 변경한다.

⑥ [홈] 탭-[그리기] 그룹-[도형]-[기본도형]-[원통](⬭)을 그려 넣은 뒤 아래와 같이 그림자를 설정한다.

항목	속성
미리 설정	오프셋 대각선 왼쪽 아래
색	검정, 텍스트1
투명도	0%
흐리게	0pt
간격	7pt

⑦ [모서리가 둥근 직사각형]과 [원통]을 Shift 를 이용하여 연속 선택하고 아래와 같이 도형 속성을 변경한다.

항목	속성
도형 채우기	흰색, 배경1
도형 윤곽선	검정, 텍스트1
글꼴 색	검정, 텍스트1

⑧ 제목 직사각형을 선택하고 아래와 같이 도형 속성을 변경한다.

항목	속성
도형 채우기	채우기 없음
도형 윤곽선	검정, 텍스트1
글꼴 색	검정, 텍스트1

⑨ 도형에 텍스트를 입력하고, [홈] 탭-[그리기] 그룹-[도형]-[기본 도형]-[텍스트 상자]를 이용하여 좌측과 하단의 나머지 텍스트를 입력한다.

⑩ [홈] 탭-[그리기] 그룹-[도형]-[선]-[화살표](↘)를 마우스 우클릭-[그리기 잠금 모드]로 설정하고 화살표를 그려 넣는다.

⑪ Ctrl + A 를 눌러 모든 개체를 선택하고 글꼴 : 굴림으로 변경한다.

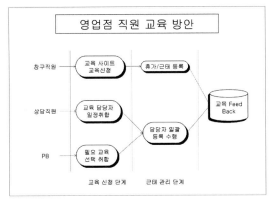

04. 비번호와 출력 페이지 번호 작성하기

① [보기] 탭-[유인물 마스터]를 클릭한다.

② 오른쪽 상단 머리글에 비번호, 수험번호를 작성한다.

③ 왼쪽 바닥글 텍스트 상자를 삭제하고 오른쪽 텍스트 상자를 페이지 가운데로 배치한 뒤 '4-4'를 입력한다. [홈] 탭-[단락]-[가운데 정렬](틀)을 클릭한다.

④ [유인물 마스터] 탭-[마스터 보기 닫기](×)를 클릭하여 마스터를 종료한다.

05. 인쇄하기

① 엑셀, 액세스, 파워포인트 작업을 모두 완료 후 시험 위원 지시에 따라 답안 파일을 전송하고 출력하도록 한다. 파워포인트는 페이지 설정 사항이 파일에 저장되지 않으므로 출력할 때마다 설정해 주어야 하니 주의하도록 한다.

② [빠른 실행 도구]-[인쇄 미리 보기 및 인쇄](🔍) 도구를 클릭하고, 그림과 같이 설정한다.

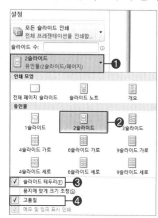

공단 공개문제 03회

시험 시간	풀이 시간
120분	분

01 EXCEL 표 계산(SP) 작업

JA 렌터카에서는 NCS 기반 사무자동화시스템을 기반으로 자동차별 렌트 현황을 분석하고자 한다. 다음 자료(DATA)를 이용하여 작성 조건에 따라 작업 표와 그래프를 작성하고, 그 인쇄 출력물을 제출하시오.

01 작업 표(WORK SHEET) 작성

1. 자료(DATA)

자동차 렌트 현황

행\열	A	B	D	E
3	대여자	코드	대여일자	반납일자
4	권은경	A-4	5월 9일	5월 28일
5	김명호	C-3	10월 6일	10월 14일
6	이나요	C-1	7월 8일	7월 28일
7	서영준	C-2	5월 20일	6월 29일
8	원미경	B-1	4월 24일	4월 29일
9	윤나영	B-4	5월 16일	5월 25일
10	이경호	B-2	3월 11일	3월 19일
11	이수현	B-3	4월 4일	4월 15일
12	조성진	A-2	8월 18일	9월 29일
13	이수경	A-1	9월 16일	9월 30일
14	김종서	A-5	8월 13일	8월 14일
15	박호호	C-4	9월 7일	9월 28일
16	김동렬	C-5	8월 17일	8월 23일
17	이승엽	B-1	9월 16일	9월 18일
18	이종범	A-6	9월 24일	9월 27일
19	박세리	C-6	7월 6일	7월 13일
20	최경주	C-7	7월 7일	7월 7일
21	이봉주	B-6	9월 16일	9월 29일
22	유남규	A-7	6월 7일	6월 11일
23	한기주	B-7	6월 16일	6월 28일

(단, 대여일자 및 반납일자의 년도는 수험년도를 의미함)

> ※ 자료(DATA) 부분에서 음영 처리 표시된 부분은 행/열의 기준을 나타내며 이는 작성
> (입력)하지 않음을 반드시 유의하시오.

2. 작업 표 형식

자동차 렌트 관리

행\열	A	B	C	F	G	H	I	J
3	대여자	코드	차종	대여일	기본요금	부가요금	합계금액	종합
4 ⋮ 23	–	–	❶	❷	❸	❹	❺	❻
24	요금합계		승용차	❼	❼	❼	❼	
25			승합차	❽	❽	❽	❽	
26			버스	❾	❾	❾	❾	
27	"이"씨 성이면서 코드에 "1"을 포함한 합					❿	❿	
28	"김"씨 성이면서 코드에 "5"를 포함한 합					⓫	⓫	
29	종합 열에 사용된 함수식(조성진 기준)					⓬		
30	⓭							

※ 음영 처리 표시된 부분은 작성하지 않습니다.

3. 작성 조건

가) 작성 시 유의 사항

Ⓐ 작업 표의 작성은 "나)~라)" 항에 제시된 내용을 따르고 반드시 제시된 조건(함수 적용, 기재된 단서 조항 등)에 따라 처리하시오.

Ⓑ 제시된 작성 조건을 따르지 아니하고 여타의 방법 일체(제시된 함수 이외 다른 함수 적용, 함수 미적용, 별도 전자계산기 사용 등)를 사용하여 도출된 결과는 그 답이 맞더라도 정답으로 인정되지 않음을 반드시 유의하시오.

Ⓒ 작업 표상 텍스트 레이블과 작성 조건이 서로 다를 경우에는 작성 조건을 기준으로 수정하여 작업하시오.

나) 작업 표의 구성 및 서식

Ⓐ "작업 표 형식"에서 행과 열에 관계된 음영 처리 표시된 부분은 작성하지 않음을 유의하고 반드시 제시된 행/열에 맞추도록 하시오.

Ⓑ 제목 서식 : 20포인트 크기로 하고 가운데 표시, 임의 글꼴

Ⓒ 글꼴 서식 : 임의 선정하시오.

다) 원문자가 표시된 셀은 아래의 방법을 이용함

❶ 차종 : 코드의 첫문자가 "A"이면 "버스", "B"이면 "승합차", "C"이면 "승용차"로 표시하시오.

❷ 대여일 : 반납일자 – 대여일자 + 1

❸ 기본요금 : 차종이 승용차이면 150,000원, 승합차이면 200,000원, 버스이면 400,000원으로 하시오.

❹ 부가요금 : 대여일 ×부가세(단, 부가세 : 승용차이면 10,000원, 승합차이면 50,000원, 버스이면 80,000원이다.)

❺ 합계금액 = 기본요금 + 부가요금

❻ 종합 : 대여자, 코드 맨 앞 1자리, 대여일을 CONCATENATE, LEFT 함수를 사용하여 예와 같이 표시하시오. (예 : 이나요:C:21일 형태로 하시오.)

❼ 승용차의 요금합계 : 차종이 승용차인 각 항목별 합계를 산출하시오(단, SUMIF 또는 SUMIFS 함수 사용).

❽ 승합차의 요금합계 : 차종이 승합차인 각 항목별 합계를 산출하시오(단, SUMIF 또는 SUMIFS 함수 사용).

❾ 버스의 요금합계 : 차종이 버스인 각 항목별 합계를 산출하시오(단, SUMIF 또는 SUMIFS 함수 사용).

❿ "이"씨 성이면서 코드에 "1"을 포함한 각 항목별 합계를 산출하시오(단, SUMPRODUCT 함수 사용).

⓫ "김"씨 성이면서 코드에 "5"를 포함한 각 항목별 합계를 산출하시오(단, SUMPRODUCT 함수 사용).

⓬ 항목 ❻에 사용된 함수식을 기재하시오(단, 조성진을 기준으로 하십시오.).

⓭ 항목 ❾에 사용된 함수식을 기재하시오(단, 합계금액을 기준으로 하십시오.).

> ※ 함수식을 기재하는 ⓬~⓭란은 반드시 해당 항목에 제시된 함수의 작성 조건에 따라 도출된 함수식을 기재하여야 하며, 작성 조건을 위배하여 임의로 작성 시 해당 답이 맞더라도 틀린 항목으로 채점됨을 유의하시오. 또한 함수식을 작성할 때는 라) 작업 표의 정렬 순서(SORT)에 따른 조건에 맞게 정렬 후 도출된 결과에 따른 함수식을 기재하시오.

라) 작업 표의 정렬 순서(SORT)는 대여일 오름차순으로 정렬하고, 대여일이 같으면 합계금액의 오름차순으로 정렬한다.

마) 기타

(1) 금액에 대한 수치는 원화(₩) 표시를 하고 천 단위마다 ,(Comma)를 표시한다(단, 금액 이외의 수치는 ,(Comma)를 표시하지 않는다.).

(2) 모든 수치(숫자, 통화, 회계, 백분율 등)는 셀 서식의 속성을 설정하는 과정에서 소수 자릿수를 "0"으로 지정하여 정수로 표시한다.

(3) 음수는 "−"가 나타나도록 한다.

(4) 숫자 셀은 우측을 수직으로 맞추고, 문자 셀은 수평 중앙으로 맞추며 기타는 작업 표 형식에 따른다. 특히, 인쇄 출력시 판독 불가능이 발생되지 않도록 인쇄 미리 보기 등을 통하여 셀의 크기를 적당히 조정하시오.

❷ 그래프(GRAPH) 작성

작성한 작업 표에서 대여일이 10일 이상인 경우의 대여자별 부가요금과 합계금액을 나타내는 그래프를 작성하시오.

[작성 조건]

1) 그래프 형태

부가요금(묶은 세로 막대형), 합계금액(데이터 표식이 있는 꺾은 선형) : 혼합형 단일축 그래프

(단, 합계금액만 데이터 레이블의 값이 표시된 혼합형 단일축 그래프로 하시오.)

2) 그래프 제목 : 렌트 현황 분석 −−−− (확대 출력)

3) X축 제목 : 대여자

4) Y축 제목 : 금액

5) X축 항목 단위 : 해당 문자열

6) Y축 눈금 단위 : 임의

7) 범례 : 부가요금, 합계금액

8) 출력물 크기 : A4 용지 1/2장 범위 내

9) 기타 : 작성 조건에 없는 형식이나 모양은 기본 설정값에 따르며, 그래프 너비는 작업 표 너비에 맞추도록 하십시오.

> ※ 그래프는 반드시 작성된 작업 표와 연동하여 작업하여야 하며, 그래프의 영역(범위) 설정 오류로 인한 불이익은 전적으로 수험자 본인에게 있습니다.

다포문구도매점에서는 소매점별 판매관리를 전산화하려고 한다. 다음의 입력 자료를 이용하여 DB를 설계하고 작성 조건에 따라 처리 파일을 작성하고, 그 인쇄 출력물을 제출하시오.

01 자료 처리(DBMS) 작업 작성 조건

1) 자료 처리(DBMS) 작업은 조회 화면(SCREEN) 설계와 자료 처리 보고서의 2가지 작업을 수행하여야 하며, 그 결과물은 수험자 유의사항 [3] 자료 처리(DBMS) 작업]을 참고하여 작업하시오.
2) 반드시 인쇄 작업 수행 전 미리보기 등을 통해 여백을 조정하고, 수치, 문자 등 구성 요소가 누락되지 않도록 주의하시오. 구성 요소가 누락되어 인쇄되지 않은 결과로 인한 모든 책임은 전적으로 수험자 본인에게 있음을 반드시 유의하시오.
3) 문제지에 기재된 작성 조건에 따라 처리하고, 조회 화면 및 자료 처리 보고서의 서식이 작성 조건과 상이할 경우에는 작성 조건을 기준으로 변경하여 작업하시오.

02 입력 자료

테이블1 : 소매점별판매현황

문구코드	소매점	구매수량	반품수량
101	서울문구	99	26
101	대전문구	9	0
201	제주문구	17	9
201	서울문구	20	3
201	대전문구	15	10
301	제주문구	50	20
301	서울문구	10	5
301	대전문구	87	15
401	제주문구	70	7
401	서울문구	66	25
401	대전문구	35	13
101	제주문구	23	0

테이블2 : 문구코드표

문구코드	문구명	단가
101	노트	700
201	볼펜	500
301	스케치북	1,000
401	지우개	300

03 조회 화면(SCREEN) 설계

※ 다음 조건에 따라 문구코드가 "101" 또는 "401"이면서 소매점이 "서울문구"인 현황을 조회할 수 있는 화면을 설계하고 해당 데이터를 출력하시오.

1) 해당 현황은 목록 상자(리스트박스)에서 반품 수량 오름차순으로 출력하고, 화면 아래에 조회 시 작성한 SQL문을 복사하시오.
   - WHERE 조건절에 문구코드, 소매점 반드시 포함
   - INNER JOIN, ORDER BY 구문 반드시 포함
   ※ SQL문에 상기 내용 미포함 시 SQL 작성 부분 0점 처리
2) 리스트박스 조회 시 작성된 SQL문이 작성되지 않을 경우에는 "03 조회 화면(SCREEN) 설계" 과제가 0점 처리됨을 반드시 유의하시오.
3) 목록 상자에 표시되어야 할 필수적인 필드명은 다음과 같다.
   - 문구코드, 문구명, 단가, 소매점, 구매수량, 반품수량
4) 폼 서식에 제반되는 폰트, 점선 등은 아래 [조회 화면 서식]에 보이는 대로 기재하시오.
5) 기타 사항은 "04 자료 처리 파일(FILE) 작성"의 [기타 조건]을 따르시오.

[조회 화면 서식]

문구코드가 "101" 또는 "401"이면서 소매점이 "서울문구"
인 현황

문구코드	문구명	단가	소매점	구매수량	반품수량

리스트박스 조회 시 작성된 SQL문

04 자료 처리 파일(FILE) 작성

[처리 조건]

1) 소매점(대전문구, 서울문구, 제주문구)별로 정리한 후 같은 소매점 안에서는 문구명의 오름차순으로 정렬(SORT)하시오.
2) 구매금액 : 구매수량 × 단가
3) 반품금액 : 반품수량 × 단가
4) 포인트적립액 : (구매수량 − 반품수량) × (단가의 1%)
5) 비고 : 포인트적립액이 80 이하인 경우 "관리요"로 표시하고, 그 외는 공란으로 처리
6) 합계 : 각 소매점별 구매금액, 반품금액, 포인트적립액의 합 산출
7) 총평균 : 구매금액, 반품금액, 포인트적립액의 전체 평균 산출
8) 작성일자는 수험일자로 하시오.

[기타 조건]

1) 입력 화면 및 보고서의 제목은 16 정도의 임의 서체로 하시오.
2) 금액에 대한 수치는 원화(₩) 표시를 하고 천 단위마다 ,(Comma)를 표시하시오(단, 금액 이외의 수치는 ,(Comma)를 표시하지 않도록 하시오.).
3) 모든 수치(숫자, 통화, 백분율 등)는 컨트롤의 속성을 설정하는 과정에서 소수 자릿수를 "0"으로 지정하여 정수로 표시하시오.
4) 데이터의 열과 간격은 일정하게 맞추도록 하시오.

소매점별 문구 판매 현황

작성일자 : YYYY-MM-DD

문구명	문구코드	단가	구매금액	반품금액	포인트적립액	비고
XXXX	XXXX	₩X,XXX	₩X,XXX	₩X,XXX	₩X,XXX	XXXX
–	–	–	–	–	–	–
대전문구 합계			₩X,XXX	₩X,XXX	₩X,XXX	
–	–	–	–	–	–	–
서울문구 합계			₩X,XXX	₩X,XXX	₩X,XXX	
–	–	–	–	–	–	–
제주문구 합계			₩X,XXX	₩X,XXX	₩X,XXX	
총평균			₩X,XXX	₩X,XXX	₩X,XXX	

주어진 2개의 슬라이드를 슬라이드 작성 조건에 따라 작업하여 인쇄합니다.

[슬라이드 작성 조건]
1) 각 슬라이드를 문제의 슬라이드 원안과 같이 인쇄하여 제출합니다.
   (특히 글자, 음영, 그림자, 도형 등 인쇄된 내용 그대로 작업함을 유의하시오.)
2) "주1)" 등 특수한 속성 지정이 되어 있는 경우 지시에 따라 작성하시오.
3) 글꼴은 문제 원안과 같거나 유사한 형태로 작업합니다.
4) 글자, 그림 및 도형 등의 크기와 모양은 문제 원안과 같거나 유사한 형태로 작업합니다.
5) 모든 글씨, 선 등은 흑백(그레이스케일)으로 작업하되, 글상자, 그림 및 도형 등에서 색 채우기가 있는 경우 색 채우기는 회색 40% 정도, 투명도 0%를 기준으로 작업합니다.
6) 각 슬라이드는 원안과 같이 외곽선 테두리가 인쇄되도록 인쇄합니다.
7) 각 슬라이드 크기는 A4 용지의 1/2 범위 내에 인쇄가 가능한 크기가 되도록 조정하여, 슬라이드 2개를 A4 용지 1매 안에 모두 인쇄합니다.
8) 비번호, 수험번호, 성명, 페이지 번호 등은 반드시 자필로 기재합니다.

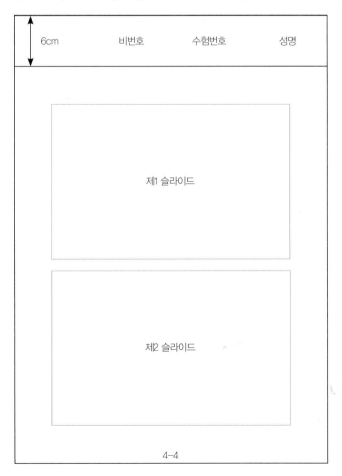

01 제1 슬라이드

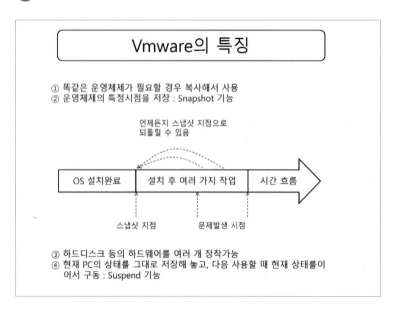

02 제2 슬라이드

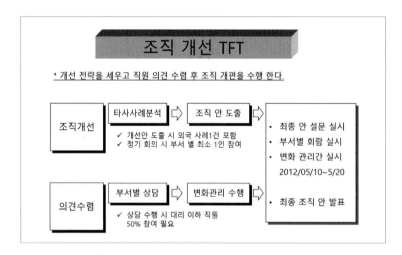

| 작업 표(WORK SHEET) 작성 |

자동차 렌트 관리

대여자	코드	차종	대여일	기본요금	부가요금	합계금액	종합
최경주	C-7	승용차	1	₩150,000	₩10,000	₩160,000	최경주:C:1일
김종서	A-5	버스	2	₩400,000	₩160,000	₩560,000	김종서:A:2일
이승엽	B-1	승합차	3	₩200,000	₩150,000	₩350,000	이승엽:B:3일
이종범	A-6	버스	4	₩400,000	₩320,000	₩720,000	이종범:A:4일
유남규	A-7	버스	5	₩400,000	₩400,000	₩800,000	유남규:A:5일
원미경	B-1	승합차	6	₩200,000	₩300,000	₩500,000	원미경:B:6일
김동렬	C-5	승용차	7	₩150,000	₩70,000	₩220,000	김동렬:C:7일
박세리	C-6	승용차	8	₩150,000	₩80,000	₩230,000	박세리:C:8일
김명호	C-3	승용차	9	₩150,000	₩90,000	₩240,000	김명호:C:9일
이경호	B-2	승합차	9	₩200,000	₩450,000	₩650,000	이경호:B:9일
윤나영	B-4	승합차	10	₩200,000	₩500,000	₩700,000	윤나영:B:10일
이수현	B-3	승합차	12	₩200,000	₩600,000	₩800,000	이수현:B:12일
한기주	B-7	승합차	13	₩200,000	₩650,000	₩850,000	한기주:B:13일
이봉주	B-6	승합차	14	₩200,000	₩700,000	₩900,000	이봉주:B:14일
이수경	A-1	버스	15	₩400,000	₩1,200,000	₩1,600,000	이수경:A:15일
권은경	A-4	버스	20	₩400,000	₩1,600,000	₩2,000,000	권은경:A:20일
이나요	C-1	승용차	21	₩150,000	₩210,000	₩360,000	이나요:C:21일
박호호	C-4	승용차	22	₩150,000	₩220,000	₩370,000	박호호:C:22일
서영준	C-2	승용차	41	₩150,000	₩410,000	₩560,000	서영준:C:41일
조성진	A-2	버스	43	₩400,000	₩3,440,000	₩3,840,000	조성진:A:43일
요금합계		승용차	109	₩1,050,000	₩1,090,000	₩2,140,000	
		승합차	67	₩1,400,000	₩3,350,000	₩4,750,000	
		버스	89	₩2,400,000	₩7,120,000	₩9,520,000	
"이"씨 성이면서 코드에 "1"을 포함한 합					₩1,560,000	₩2,310,000	
"김"씨 성이면서 코드에 "5"를 포함한 합					₩230,000	₩780,000	
종합 열에 사용된 함수식(조성진 기준)					=CONCATENATE(A23,":",LEFT(B23,1),":",F23,"일")		
					=SUMIF($C$4:$C$23,$C26,I$4:I$23)		

| 그래프(GRAPH) 작성 |

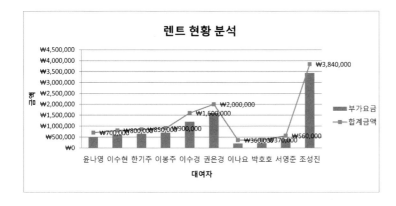

| 조회 화면 설계 |

문구코드가 "101"또는 "401"이면서 소매점이 "서울문구"
인 현황

문구코드	문구명	단가	소매점	구매수량	반품수량
401	지우개	₩300	서울문구	66	25
101	노트	₩700	서울문구	99	26

리스트박스 조회 시 작성된 SQL문

```
SELECT 테이블2.문구코드, 테이블2.문구명, 테이블2.단가, 테이블1.구매수량, 테이블1.반
품수량, 테이블1.소매점
FROM 테이블1 INNER JOIN 테이블2 ON 테이블1.문구코드 = 테이블2.문구코드
WHERE (((테이블2.문구코드)=101 Or (테이블2.문구코드)=401) AND ((테이블1.소매점
)="서울문구"))
ORDER BY 테이블1.반품수량;
```

| 자료 처리 파일 |

소매점별 문구 판매 현황

작성일자 : 2021-12-06

문구명	문구코드	단가	구매금액	반품금액	포인트적립액	비고
노트	101	₩700	₩6,300	₩0	₩63	관리요
볼펜	201	₩500	₩7,500	₩5,000	₩25	관리요
스케치	301	₩1,000	₩87,000	₩15,000	₩720	
지우개	401	₩300	₩10,500	₩3,900	₩66	관리요
대전문구 합계			₩111,300	₩23,900	₩874	
노트	101	₩700	₩69,300	₩18,200	₩511	
볼펜	201	₩500	₩10,000	₩1,500	₩85	
스케치	301	₩1,000	₩10,000	₩5,000	₩50	관리요
지우개	401	₩300	₩19,800	₩7,500	₩123	
서울문구 합계			₩109,100	₩32,200	₩769	
노트	101	₩700	₩16,100	₩0	₩161	
볼펜	201	₩500	₩8,500	₩4,500	₩40	관리요
스케치	301	₩1,000	₩50,000	₩20,000	₩300	
지우개	401	₩300	₩21,000	₩2,100	₩189	
제주문구 합계			₩95,600	₩26,600	₩690	
총평균			₩26,333	₩6,892	₩194	

01 제1 슬라이드

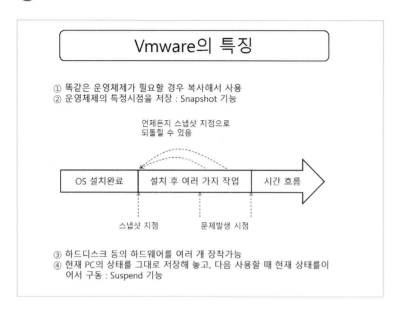

02 제2 슬라이드

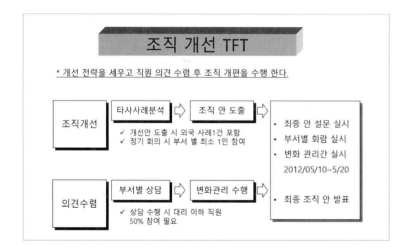

01 EXCEL 표 계산(SP) 작업 풀이

01. 자료(DATA) 입력 및 작성 조건 처리하기

① Excel을 실행한다.

> Ⓐ "작업 표 형식"에서 행과 열에 관계된 음영 처리 표시된 부분은 작성하지 않음을 유의하고 반드시 제시된 행/열에 맞추도록 하시오.
> Ⓑ 제목 서식 : 20포인트 크기로 하고 가운데 표시, 임의 글꼴.
> Ⓒ 글꼴 서식 : 임의 선정하시오.

② 1. 자료(DATA)를 참고하여 [A3] 셀부터 [E23] 셀까지 문제에 제시된 행/열에 맞게 자료를 입력한다.

	A	B	C	D	E	F	G
1				✎			
2							
3	대여자	코드		대여일자	반납일자		
4	권은경	A-4		05월 09일	05월 28일		
5	김명호	C-3		10월 06일	10월 14일		
6	이명진	C-1		07월 08일	07월 28일		
7	서영준	C-2		05월 20일	05월 29일		
8	원미경	B-1		04월 24일	04월 29일		
9	윤나영	B-4		05월 16일	05월 25일		
10	이경호	B-2		03월 11일	03월 19일		
11	이수현	B-3		04월 04일	04월 15일		
12	조성진	A-2		08월 18일	08월 29일		
13	이수경	A-1		09월 16일	09월 20일		
14	김재해	A-5		08월 13일	08월 15일		
15	박한상	C-4		09월 17일	09월 25일		
16	김동렬	C-5		08월 17일	08월 23일		
17	이승엽	B-1		09월 16일	09월 18일		
18	이종범	A-6		09월 24일	09월 27일		
19	박세리	C-6		07월 06일	07월 13일		
20	최경주	C-7		07월 07일	07월 10일		
21	이봉주	B-6		09월 16일	09월 20일		
22	유남규	A-7		06월 07일	06월 11일		
23	한기주	B-7		06월 16일	06월 21일		
24							

③ 2. 작업 표 형식을 참고하여 [A2] 셀에 "자동차 렌트 관리" 제목을 작성한다.

④ [A2]~[J2] 셀까지 블록 선택한 뒤 [홈] 탭-[병합하고 가운데 맞춤]( )과 글꼴 크기 20을 차례대로 적용한다. 1행 머리글을 선택하고 마우스 우클릭을 눌러 [숨기기]를 적용한다.

⑤ 2. 작업 표 형식을 참고하여 나머지 계산 결과 항목을 제시된 해당 열에 입력하고, 하단 제시된 자료를 입력하고, 병합하여야 할 셀은 [홈] 탭-[병합하고 가운데 맞춤]( )을 이용하여 작업 표 형식과 같이 작성한다.

⑥ 입력 범위에 [홈] 탭-[글꼴] 그룹-[모든 테두리] ( )를 적용한 뒤, 3행~30행까지 행 머리글을 선택하고 [홈] 탭-[글꼴] 그룹-글꼴 크기를 9로 변경하여 행 높이와 글꼴 크기를 동시에 줄여준다.

⑦ 자료 입력을 완료한 다음 [빠른 실행 도구 모음]의 [저장]( )을 클릭하여 시험 위원이 지정한 폴더에 지정된 파일명으로 저장한다. (예 : A019)

02. 원문자(함수) 작성 조건 처리하기

함수식 작성 시에는 아래 문제에 제시된 조건에 맞게 식을 작성하도록 한다.

> ※ 함수식을 기재하는 ⑫~⑬란은 반드시 해당 항목에 제시된 함수의 작성 조건에 따라 도출된 함수식을 기재하여야 하며, 작성 조건을 위배하여 임의로 작성할 시 해당 답이 맞더라도 틀린 항목으로 채점됨을 유의하시오. 또한 함수식을 작성할 때는 라) 작업 표의 정렬 순서(SORT)에 따른 조건에 맞게 정렬 후 도출된 결과에 따른 함수식을 기재하시오.

❶ 차종 : 코드의 첫문자가 "A"이면 "버스", "B"이면 "승합차", "C"이면 "승용차"로 표시하시오.

=IF(LEFT(B4,1)="A","버스",IF(LEFT(B4,1)="B","승합차","승용차"))

❷ 대여일 : 반납일자 – 대여일자 + 1

=E4–D4+1

❸ 기본요금 : 차종이 승용차이면 150,000원, 승합차이면 200,000원, 버스이면 400,000원으로 하시오.

=IF(C4="승용차",150000,IF(C4="승합차",200000,400000))

❹ 부가요금 : 대여일 × 부가세(단, 부가세 : 승용차이면 10,000원, 승합차이면 50,000원, 버스이면 80,000원이다.)

=F4*IF(C4="승용차",10000,IF(C4="승합차",50000,80000))

❺ 합계금액 = 기본요금 + 부가요금

=G4+H4

❻ 종합 : 대여자, 코드 맨 앞 1자리, 대여일을 CONCATENATE, LEFT 함수를 사용하여 예와 같이 표시하시오. (예 : 이나요:C:21일 형태로 하시오.)

=CONCATENATE(A4,":",LEFT(B4,1),":",F4,"일")

각 식을 입력하고 자동 채우기를 하여 답을 완성한다.

❼ 승용차의 요금합계 : 차종이 승용차인 항목별 합계를 산출하시오(단, SUMIF 또는 SUMIFS 함수 사용).
❽ 승합차의 요금합계 : 차종이 승합차인 항목별 합계를 산출하시오(단, SUMIF 또는 SUMIFS 함수 사용).
❾ 버스의 요금합계 : 차종이 버스인 항목별 합계를 산출하시오(단, SUMIF 또는 SUMIFS 함수 사용).

=SUMIF($C$4:$C$23,$C24,F$4:F$23)

❿ "이"씨 성이면서 코드에 "1"을 포함한 항목별 합계를 산출하시오(단, SUMPRODUCT 함수 사용).

=SUMPRODUCT((LEFT($A$4:$A$23,1)="이")*(RIGHT($B$4:$B$23,1)="1"),H4:H23)

⓫ "김"씨 성이면서 코드에 "5"를 포함한 항목별 합계를 산출하시오(단, SUMPRODUCT 함수 사용).

=SUMPRODUCT((LEFT($A$4:$A$23,1)="김")*(RIGHT($B$4:$B$23,1)="5"),H4:H23)

⓬ 항목 ❻에 사용된 함수식을 기재하시오(단, 조성진을 기준으로 하십시오.).

'=CONCATENATE(A23,":",LEFT(B23,1),":",F23,"일")

⓭ 항목 ❾에 사용된 함수식을 기재하시오(단, 합계금액을 기준으로 하십시오.).

'=SUMIF($C$4:$C$23,$C26,I$4:I$23)

각 식을 입력하고 자동 채우기를 하여 답을 완성한다.

🅑 기적의 TIP

⓬번처럼 함수식 작성 대상이 명시된 경우 정렬 후 식을 작성하도록 합니다. 다음 단계에서 정렬 작업을 하고 나서 식을 붙여 넣어도 됩니다.

03. 작업 표 정렬하기

라) 작업 표의 정렬 순서(SORT)는 대여일 오름차순으로 정렬하고, 대여일이 같으면 합계금액의 오름차순으로 정렬한다.

① [A3:J23] 셀 범위를 마우스로 블록 선택한다.

② [데이터] 탭–[정렬]을 클릭하고 지시사항과 같이 정렬 기준을 설정한다.
③ D:E 열머리글을 선택하고 마우스 우클릭–[숨기기]를 적용한다.

04. 기타 작업으로 형식 적용하기

(1) 금액에 대한 수치는 원화(₩) 표시를 하고 천 단위마다 ','(Comma)를 표시한다(단, 금액 이외의 수치는 ','(Comma)를 표시하지 않는다.).
(2) 모든 수치(숫자, 통화, 회계, 백분율 등)는 셀 서식의 속성을 설정하는 과정에서 소수 자릿수를 "0"으로 지정하여 정수로 표시한다.
(3) 음수는 "–"가 나타나도록 한다.
(4) 숫자 셀은 우측을 수직으로 맞추고, 문자 셀은 수평 중앙으로 맞추며 이외 사항은 작업 표 형식에 따른다. 특히, 단서 조항이 있을 경우는 단서 조항을 우선으로 하고, 인쇄 출력 시 판독 불가능이 발생되지 않도록 인쇄 미리 보기 등을 통하여 셀의 크기를 적당히 조정하시오.

[형식 지정하기]

통화	G열, H열, I열
정수	F열
가운데 정렬	모든 문자열
테두리	• 모든 테두리 : [A3:J30] • 중간 선 해제 : [A4:J23]

05. 그래프 작성하기

🄾 그래프(GRAPH) 작성

작성한 작업 표에서 대여일이 10일 이상인 경우의 대여자별 부가요금과 합계금액을 나타내는 그래프를 작성하시오.

[작성 조건]
1) 그래프 형태
   부가요금(묶은 세로 막대형), 합계금액(데이터 표식이 있는 꺾은 선형) : 혼합형 단일축 그래프
   (단, 합계금액만 데이터 레이블의 값이 표시된 혼합형 단일축 그래프로 하시오.)
2) 그래프 제목 : 렌트 현황 분석 –––– (확대 출력)
3) X축 제목 : 대여자
4) Y축 제목 : 금액
5) X축 항목 단위 : 해당 문자열
6) Y축 눈금 단위 : 임의
7) 범례 : 부가요금, 합계금액
8) 출력물 크기 : A4 용지 1/2장 범위 내
9) 기타 : 작성 조건에 없는 형식이나 모양은 기본 설정 값에 따르며, 그래프 너비는 작업 표 너비에 맞추도록 하십시오.

① 문제에서 요구한 데이터 범위를 [Ctrl]을 이용하여 연속 선택한다.

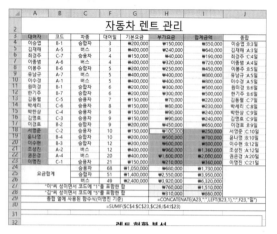

② [삽입] 탭-[세로 막대형]-[묶은 세로 막대형](📊)을 클릭하여 차트를 워크시트에 삽입한다.

③ 차트를 선택하고 [디자인] 탭-[차트 레이아웃]-[레이아웃 9](📈)를 적용한다.

④ 그림 영역의 [합계금액] 임의 계열을 클릭하여 선택한 뒤 마우스 우클릭-[데이터 레이블 추가]를 선택한다.

⑤ 범례 클릭 후 시간차를 두고 [합계금액] 계열을 클릭하고 마우스 우클릭을 눌러 [계열 차트 종류 변경]-[차트 종류 변경]-[표식이 있는 꺾은 선형](📈)을 선택하고 [확인]을 클릭하여 계열의 차트 종류를 [표식이 있는 꺾은 선형]으로 변경한다.

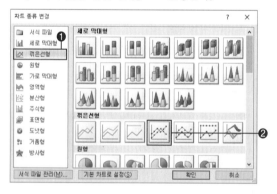

⑥ 인쇄 경계선이 표시되지 않는 경우 [빠른 실행 도구]-[인쇄 및 인쇄 미리 보기](🔍) 도구를 한 번 눌렀다가 [홈] 탭을 클릭하여 인쇄 경계선을 활성화한다.

⑦ 차트를 인쇄 경계선 안쪽 작업 표 하단에 배치하고 차트 제목(글꼴 크기 : 16), 가로축, 세로축 이름을 문제 제시대로 입력한다. 인쇄 시 차트가 잘리는 것을 방지하기 위하여 인쇄 경계선과 약 1행 정도 여백을 배치하도록 한다.

01. Access 파일 만들기

Access 파일 만들기 단계는 모든 문제가 같은 방식으로 작업한다. 따라서 앞 회의 해설로 대신한다.

02. 테이블1 만들기

① [만들기]−[테이블 디자인] 클릭하여 새로운 [테이블 디자인 보기] 창을 실행한다.

② 테이블의 필드와 형식을 다음과 같이 설정한다.

필드 이름	데이터 형식	일반
문구코드	숫자	
소매점	텍스트	
구매수량	숫자	• 필드크기 : 정수(Long) • 형식 : 0 • 소수 자릿수 : 0
반품수량	숫자	• 필드크기 : 정수(Long) • 형식 : 0 • 소수 자릿수 : 0

③ [닫기](⊠)를 클릭하여 테이블을 저장한다. 테이블 이름은 임의로 지정한다.

④ 테이블1에는 기본 키를 지정하지 않으므로, '기본 키를 정의하지 않았습니다.' 대화상자에서 [아니오]를 클릭한다.

03. 테이블2 만들기

① [만들기]−[테이블 디자인] 클릭하여 새로운 [테이블 디자인 보기] 창을 실행한다.

② 테이블의 필드와 형식을 다음과 같이 설정한다.

필드 이름	데이터 형식	일반
문구코드	숫자	기본 키
문구명	텍스트	
단가	통화	소수 자리수 : 0

③ 문구코드 필드의 [필드 선택기]를 클릭하고 [디자인] 탭−[기본 키]를 클릭하여 문구코드 필드에 기본 키를 적용한다.

④ [닫기](⊠)를 클릭하여 테이블을 저장한다. 테이블 이름은 임의로 지정한다.

04. 테이블에 데이터 입력

① Access 개체 창에서 테이블1, 테이블2를 각각 더블 클릭하여 실행한 뒤 문제의 '**02** 입력 자료'를 참고하여 데이터를 입력한다.

05. 전체 쿼리 만들기

① [만들기] 탭−[쿼리] 그룹−[쿼리 디자인]을 클릭한다.

② [테이블 표시] 대화상자에서 테이블1, 테이블2를 각각 더블 클릭하여 쿼리 디자인 영역에 추가한다.

③ 테이블2의 전체 필드를 추가하기 위하여 테이블2의 '*'를 더블 클릭하여 아래 필드 구성에 추가한다. (테이블1의 '*'를 추가해도 된다.)

④ 테이블2에 중복되지 않는 테이블1의 나머지 필드를 더블 클릭하여 필드 구성에 추가한다.

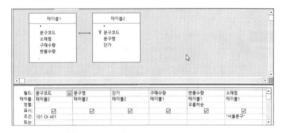

⑤ '04 자료 처리 파일(FILE) 작성'의 [처리 조건]에 따라 나머지 필드에 식을 입력한다. 또한 새로 추가되는 식 필드의 경우 필드 선택–마우스 우클릭–[속성]을 클릭하고, [속성] 시트–[형식]에 다음과 같이 설정하도록 한다.

구분	필드	형식
테이블1	*	
식	구매금액 : [구매수량]*[단가]	통화
	반품금액 : [반품수량]*[단가]	통화
	포인트적립액 : ([구매수량]–[반품수량])*([단가]*0.01)	통화
	비고 : IIf([포인트적립액]<=80,"관리요","")	

⑥ '쿼리1 닫기'(✕)를 클릭하여 쿼리1을 저장한다.

06. 폼용 조건 검색 쿼리 만들기

① [만들기] 탭–[쿼리] 그룹–[쿼리 디자인]을 클릭한다.
② [테이블 표시] 대화상자에서 테이블1, 테이블 2를 더블 클릭하여 쿼리 디자인 영역에 추가한다.
③ '03 조회 화면(SCREEN) 설계'의 [조회 화면 서식] 그림을 보고 폼에 추가될 필드를 '쿼리1'에서 더블 클릭하여 추가한다.
④ '03 조회 화면(SCREEN) 설계'에 따라 아래와 같이 조건을 입력한다.

※ 다음 조건에 따라 문구코드가 "101" 또는 "401"이면서 소매점이 "서울문구"인 현황을 조회할 수 있는 화면을 설계하고 해당 데이터를 출력하시오.
1) 해당 현황은 목록 상자(리스트박스)에 상자(리스트박스)에서 반품수량 오름차순으로 출력하고, 화면 아래에 조회 시 작성한 SQL문을 복사하시오.
　– WHERE 조건절에 문구코드, 소매점 반드시 포함
　– INNER JOIN, ORDER BY 구문 반드시 포함
　※ SQL문에 상기 내용 미포함 시 SQL 작성 부분 0점 처리
2) 리스트박스 조회 시 작성된 SQL문이 작성되지 않을 경우에는 "03 조회 화면(SCREEN) 설계" 과제가 0점 처리됨을 반드시 유의하시오.
3) 목록 상자에 표시되어야 할 필수적인 필드명은 다음과 같다.
　– 문구코드, 문구명, 단가, 소매점, 구매수량, 반품수량
4) 폼 서식에 제반되는 폰트, 점선 등은 아래 [조회 화면 서식]에 보이는 대로 기재하시오.
5) 기타 사항은 "04 자료 처리 파일(FILE) 작성"의 [기타 조건]을 따르시오.

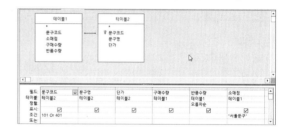

필드	조건/정렬
문구코드	101 or 401
문구명	
단가	
소매점	
구매수량	
반품수량	오름차순 정렬
소매점	"서울문구"

⑤ [쿼리2 닫기](✕)를 클릭하여 쿼리2를 저장한다.
⑥ [개체] 창에서 쿼리2를 더블 클릭하여 실행한 뒤 검색 결과와 각 필드의 형식을 검토한다.

문구코드	문구명	단가	구매수량	반품수량	소매점
401	지우개	₩300	66	25	서울문구
101	노트	₩700	99	26	서울문구
*					

⑦ [닫기]([×])를 클릭하여 쿼리2를 닫는다. 만약 검토 결과 오류가 발견되었다면 [개체] 창에서 쿼리2 선택-마우스 우클릭-[디자인 보기]를 선택하여 오류를 수정하도록 한다.

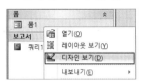

07. ⑬ 조회 화면(SCREEN) 설계 작업하기

(1) 폼 만들고 제목 입력하기

① [만들기] 탭-[폼] 그룹-[폼 디자인]을 클릭한다.

② 본문의 너비를 약 '15'cm 정도로 늘려준다.

③ [디자인] 탭-[컨트롤] 그룹-[레이블](𝑎𝑎)을 순서대로 클릭하여 문제 지시와 같이 제목 위치에 그려 넣는다.

④ 레이블에 "문구코드가 "101" 또는 "401"이면서 소매점이 "서울문구"인 현황"을 입력한 뒤 글꼴 크기 : 16으로 변경한다.

> **기적의 TIP**
>
> 제목 레이블을 두 줄로 입력(강제 개행) 시에 [Shift]+[Enter]를 누릅니다.

(2) 목록 상자 추가하기

① [디자인] 탭-[컨트롤]-[목록 상자](▦)를 클릭하고 폼 본문 제목 아래 그려 넣는다.

② [목록 상자 마법사]에서 "목록 상자에 다른 테이블이나 쿼리에 있는 값을 가져옵니다."를 선택하고 [다음]을 클릭한다.

③ [보기]에서 [쿼리]를 선택하고 [쿼리: 쿼리2]를 선택한 뒤 [다음]을 클릭한다.

④ [사용 가능한 필드]에서 문제에 제시된 필드를 [선택한 필드]에 추가한다.

⑤ 앞서 쿼리 디자인에서 정렬을 지정했으므로 정렬 탭에서는 바로 [다음]을 클릭한다.

⑥ 목록 상자의 열 너비 조정 창에서 필드 간 간격을 맞추고 마지막 필드의 오른쪽 경계가 넘어가 스크롤이 생기지 않도록 설정하고 [마침]을 클릭한다.

⑦ 목록 상자와 함께 추가된 레이블을 선택하고 [Delete]를 눌러 삭제한다.

⑧ 목록 상자의 너비를 약 16cm 정도로 조절한 뒤 목록상자 선택-마우스 우클릭-[속성]을 선택하고 [속성] 시트-[형식] 탭-[열 이름]-[예]로 변경한다.

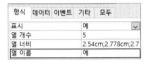

⑨ [디자인] 탭-[컨트롤]에서 선을 선택하고 [Shift]를 누르고 목록 상자 하단 너비에 맞게 선을 그려 넣는다.

⑩ 선을 선택하고 [속성] 시트-[형식]-[테두리 두께]를 3pt로 변경한 뒤 목록 상자 아래에 방향키를 이용해서 적당히 배치한다.

⑪ 마우스로 드래그하여 목록 상자와 선을 같이 선택하고 [정렬] 탭-[크기 및 순서 지정] 그룹-[크기/공간]-[가장 넓은 너비에]를 선택해 목록 상자와 선의 너비를 맞춰준다.

⑫ [정렬] 탭-[크기 및 순서 지정] 그룹-[맞춤]-[왼쪽]을 선택하여 선과 목록 상자의 위치를 맞춰준다.

(3) SQL 식 복사하기

① 목록 상자 하단에 레이블을 삽입하고 "리스트박스 조회 시 작성된 SQL문" 입력한다.

② 개체 창에서 [쿼리2]를 더블 클릭하여 실행하고 [홈] 탭-[보기] 그룹-[SQL 보기]를 클릭한다.

③ SQL 보기 창에 표시된 식을 [Ctrl]+[C]로 복사하고 [쿼리2. 닫기]([×])를 클릭해 창을 닫는다.

④ "리스트박스 조회 시 작성된 SQL문" 하단에 레이블을 삽입하고 Ctrl+V를 눌러 앞서 복사한 SQL 식을 붙여 넣는다.

⑤ Ctrl+A를 눌러 폼 내 모든 컨트롤을 선택하고 [홈] 탭-[텍스트 서식] 그룹-[글꼴 색]-[검정, 텍스트1]로 변경한다.

(4) 폼 디자인 각 컨트롤 속성 변경

① 속성 설정

컨트롤	속성
제목 레이블	글꼴 크기 : 16
목록 상자	열 이름 : 예
목록 상자 아래 선	두께 : 3pt
리스트박스 조회 시 작성된 SQL문 레이블	• 글꼴 크기 : 16 • 테두리 스타일 : 투명
SQL 식 작성 레이블	테두리 스타일 : 파선
폼 전체 글꼴 색	검정

② 폼 하단 중앙에 레이블을 삽입하고 출력 페이지 번호 "4-2"를 입력하고 [폼1. 닫기](☒)를 클릭해 폼 디자인을 저장한다.

③ [인쇄 미리 보기]-[페이지 설정]에서 아래와 같이 설정한다.

항목	여백
위쪽	60
아래쪽	6.35 (기본 값)
왼쪽	20~25
오른쪽	6.35 (기본 값)

④ [인쇄 미리 보기]를 클릭하여 디자인한 폼이 문제 지시사항과 일치하는지 확인한다.

08. 보고서 만들기

(1) 보고서 마법사로 보고서 만들기

① [만들기] 탭-[보고서 마법사]를 클릭한다.

② 보고서 마법사 단계별 작업

[처리 조건]
1) 소매점(대전문구, 서울문구, 제주문구)별로 정리한 후 같은 소매점 안에서는 문구명의 오름차순으로 정렬(SORT)하시오.
6) 합계 : 각 소매점별 구매금액, 반품금액, 포인트적립액의 합 산출
7) 총평균 : 구매금액, 반품금액, 포인트적립액의 전체 평균 산출
8) 작성일자는 수험일자로 하시오.

단계	작업
보고서에 어떤 필드를 넣으시겠습니까?	[테이블/쿼리] : 쿼리1 선택
	보고서 그림에 표시된 필드 추가
그룹 수준을 지정하시겠습니까?	[처리 조건]에 따라 소매점 필드 추가
정렬 순서와 요약 정보	정렬 : 문구명, 오름차순
	요약 옵션 : 구입금액, 반품금액, 포인트적립액
보고서에 어떤 모양을 지정하시겠습니까?	모양 : 단계, 용지 방향 : 세로
보고서 제목을 지정하십시오.	쿼리1 (임의로 수정 가능)
	보고서 디자인 수정 선택

(2) 보고서 디자인에서 컨트롤 배치하기

① 보고서 디자인 흰 바탕(인쇄 영역)의 경계를 16 이하로 줄여준다.

② 문제 보고서를 보고 필드의 순서를 배치한다. 배치 시 [정렬] 탭의 정렬 및 순서 조정의 [크기/공간], [맞춤]을 충분히 활용하도록 한다.

③ 보고서 머리글을 제외한 나머지 범위를 마우스로 드래그하여 선택하고 글꼴 크기 : 9, 글꼴 색 : 검정으로 변경한다.

④ 컨트롤 이동 및 수정

구역	작업
보고서 머리글	• 제목 : 소매점별 문구 판매 현황 • 글꼴 : 16
	• 레이블 삽입 : 작성일자: • 텍스트 상자 삽입 : =NOW() (형식 : yyyy-mm-dd)
페이지 머리글	각 레이블 크기 조절 및 배치
	선 삽입 : 테두리 두께 1pt, 아래쪽 배치
그룹 머리글	[소매점] 텍스트 상자 그룹 바닥글로 이동
	높이 : 0으로 설정하여 숨김
본문	페이지 머리글 레이블과 위치 크기 맞추어 배치
	높이 : 0.7으로 최소한 줄여준다.
그룹 바닥글	• "="에 대한 요약 " ~~ " 레이블 삭제 • 그룹 머리글에서 가져온 텍스트 상자 배치 • 요약 =sum() 텍스트 상자 페이지 머리글 레이블과 위치 맞추어 배치
	선 삽입 : 테두리 두께 1pt, 위쪽/아래쪽 배치
페이지 바닥글	• "=[Page]~" 등의 텍스트 상자 모두 삭제 • 높이 : 0으로 설정하여 숨김

보고서 바닥글	총 합계 레이블 총 평균으로 수정하여 페이지 머리글 필드에 맞게 배치
	=SUM([필드명]) → AVG([필드명])으로 변경
	선 삽입 : 테두리 두께 1pt, 아래쪽 배치

해당 컨트롤	속성 설정 값
제목 레이블	글꼴 크기 : 16
직선	• 테두리 두께 : 1pt • 테두리 색 : 검정, 텍스트1
모든 텍스트 상자	테두리 : 투명
금액 텍스트 상자	형식 : 통화, 소수 자릿수 : 0
정수 텍스트 상자	형식 : 0
보고서 머리글	배경색 : 흰색, 배경1
본문	• 배경색 : 흰색, 배경1 • 다른 배경색 : 흰색, 배경1
그룹 바닥글	• 배경색 : 흰색, 배경1 • 다른 배경색 : 흰색, 배경1

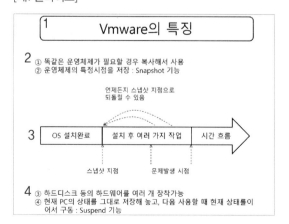

⑤ 보고서 컨트롤 속성 조정

[보고서 디자인 보기]를 닫고(✕) [인쇄 미리 보기](🔍)를 통하여 텍스트 상자의 형식에 문제가 있는 경우 속성 값을 변경한다.

09. 보고서 페이지 설정

① [인쇄 미리 보기]-[페이지 설정]에서 여백을 설정한다. (위쪽 : 60, 아래쪽 : 6.35, 왼쪽 : 25, 오른쪽 : 6.35)

---

01. 전체적인 작업 순서

[제1 슬라이드]

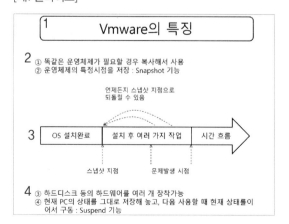

[제2 슬라이드]

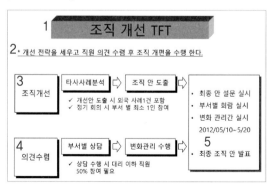

02. 제1 슬라이드 작성하기

① [홈] 탭-[새 슬라이드]-[빈 화면]을 클릭하여 2번째 슬라이드를 추가한다.

② [도형]-[사각형]-[둥근 직사각형](□)을 제목위치에 삽입하고 텍스트를 입력한다. (글꼴 크기 : 36)

③ 직사각형을 선택하고 [홈] 탭-[그리기] 그룹-[도형 채우기], [도형 윤곽선] 도구를 이용하여 아래와 같이 속성을 변경한다.

항목	속성
채우기	단색 채우기 : 흰색, 배경1
선색	검정, 텍스트1

④ [도형]-[기본 도형]-[텍스트 상자](가)를 슬라이드 상단에 삽입하고 글꼴 크기 : 18pt로 텍스트를 입력한다. '원문자'는 한글 'ㅇ' → [한자키] → 원문자 목록에서 선택하여 입력한다.

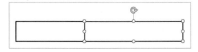

⑤ [도형]-[기본 도형]-[텍스트 상자](가)를 중간 부분에 삽입하고 글꼴 크기 : 16pt로 텍스트를 입력한다.

⑥ [도형]-[사각형]-[직사각형](□)을 아래 삽입하고 Ctrl+Shift를 누른 상태로 오른쪽으로 끌어 도형을 복사한 뒤 도형의 폭을 문제와 같이 늘려준다.

⑦ [도형]-[블록 화살표]-[오른쪽 화살표]를 직사각형 오른쪽에 붙여 그려넣는다. 화살표의 도형 높이를 직사각형과 맞게 조정한다.

⑧ 직사각형과 화살표를 모두 선택하고 [도형 채우기]-[흰색, 배경1], [도형 윤곽선]-[검정, 텍스트1]을 적용한다.

⑨ 도형에 텍스트를 입력하고 글꼴 색 : 검정, 텍스트1로 변경한다.

⑩ [도형]-[선]-[곡선](ᄼ)을 이용하여 위쪽 화살표 2개를 그려 넣는다. 시작점 클릭 → 꺾을 위치 클릭 → 끝부분 클릭 → 방향 맞추고 Esc를 눌러 마무리한다.

⑪ [도형]-[선]-[화살표](╲)를 이용하여 아래 쪽 화살표도 그려넣는다. 왼쪽 화살표를 먼저 그리고 Ctrl+Shift를 누른 채 오른쪽으로 드래그하여 복사하면 빠르게 작업할 수 있다.

⑫ 삽입한 선을 모두 선택하고 [도형 윤곽선]-[검정, 텍스트1], [대시]-[파선], [화살표]-[화살표 스타일 2], [두께]-[1pt]를 적용한다.

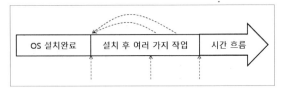

⑬ [도형]-[기본 도형]-[텍스트 상자](가)를 슬라이드 하단에 삽입하고 텍스트를 입력한다.

⑭ Ctrl+A를 눌러 전체 개체를 선택하고 글꼴 : 굴림으로 변경하고 마무리한다.

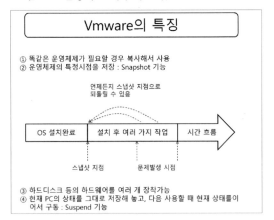

03. 제2 슬라이드 작성하기

① [디자인] 탭-[페이지 설정]-[슬라이드 크기]-[화면 슬라이드 쇼 16:9]를 선택하고 [확인]을 클릭하여 슬라이드 크기를 변경한다. [홈] 탭-[도형]-[사각형]-[직사각형](□)을 제목 위치에 삽입하고 텍스트를 입력한다. (글꼴 크기 : 36, 글꼴 색 : 검정, 텍스트1)

기적의 TIP

이번 슬라이드도 앞선 슬라이드와 같이 4:3으로 작업해도 됩니다. 하지만 작업 중 좌우 공간 부족이 발생할 수 있어 16:9로 변경해서 작업하도록 합니다. 앞선 회차도 작업에 어려움이 있다면 16:9로 작성해도 됩니다.

② 직사각형을 선택하고 마우스 오른쪽 버튼[개체 서식] 클릭 후 [도형 서식] 대화상자에서 아래와 같이 속성을 변경한다.

항목	속성
채우기	단색 채우기 : 흰색, 배경1 35%
선색	선 없음
3차원 서식	• 깊이–색 : 검정, 텍스트1 35% • 깊이–깊이 : 70 • 표면–조명 : 균형 있게 • 표면–각도 : 40
3차원 회전	미리 설정 : 오른쪽 위 오블 링크

③ [도형]–[기본 도형]–[텍스트 상자](🗎)를 삽입하고 텍스트를 입력한다.

④ [도형]–[사각형]–[직사각형](▭)을 이용하여 정사각형을 삽입하고 옆에 직사각형 2개와 큰 직사각형을 그려 넣는다.

⑤ [도형]–[블록 화살표]–[오른쪽 화살표]를 도형 사이에 그려 넣은 뒤 전체적인 도형 비율, 배치 등을 조절한다.

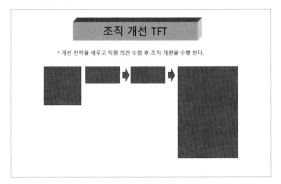

⑥ [도형]–[기본 도형]–[텍스트 상자](🗎)를 이용해 직사각형 아래 텍스트를 입력하고, 입력한 텍스트를 모두 선택하고 마우스 우클릭–[글머리 기호]–[대조표 글머리 기호]를 적용한다.

⑦ 위 5개 도형과 텍스트 상자를 마우스로 선택하고 Ctrl + Shift 를 누른 채로 아래 방향으로 드래그하여 복사한 뒤 텍스트 입력 및 텍스트 수정을 완료한다.

⑧ 오른쪽 큰 사각형의 경우 입력 후 전체 범위 선택하고 [속이 찬 둥근 글머리 기호]를 적용한다. [홈] 탭–[단락] 그룹–[줄간격](☰▾)–1.5로 변경한다.

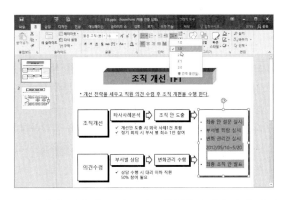

⑨ 그림자 적용할 도형 7개를 Shift 를 이용하여 선택하고 마우스 우클릭–[개체 서식]–[도형 서식] 대화상자에서 아래와 같이 그림자를 적용한다.

항목	속성
미리 설정	[바깥쪽]–오프셋 대각선 오른쪽 아래
색	검정, 텍스트1
투명도	0%
흐리게	0pt
간격	7pt
채우기	단색채우기–채우기색–흰색
선색	실선–색–검정, 텍스트1

⑩ 오른쪽 큰 사각형만 선택하고 [색]–[흰색, 배경1, 50%]로 그림자 색을 변경하고 [닫기]를 클릭하여 종료한다.

⑪ 도형이 선택된 상태로 글꼴 색을 [검정, 텍스트1]으로 변경한다.

⑫ 화살표를 선택하고 [도형 채우기]–[흰색], [도형 윤곽선]–[검정, 텍스트1]로 변경한다.

⑬ Ctrl + A 로 모든 개체 선택 후 글꼴 : 돋움체로 변경한다.

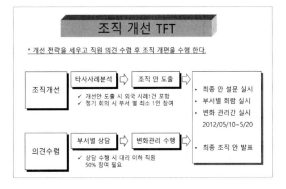

04. 비번호와 출력 페이지 번호 작성하기

① [보기] 탭-[유인물 마스터]를 클릭한다.

② 오른쪽 상단 머리글에 비번호, 수험번호를 작성한다.

③ 왼쪽 바닥글 텍스트 상자를 삭제하고 오른쪽 텍스트 상자를 페이지 가운데로 배치한 뒤 '4-4'를 입력한다. [홈] 탭-[단락]-[가운데 정렬](를)을 클릭한다.

④ [유인물 마스터] 탭-[마스터 보기 닫기](×)를 클릭하여 마스터를 종료한다.

05. 인쇄하기

① 엑셀, 액세스, 파워포인트 작업을 모두 완료 후 시험 위원 지시에 따라 답안 파일을 전송하고 출력하도록 한다. 파워포인트는 페이지 설정 사항이 파일에 저장되지 않으므로 출력할 때마다 설정해 주어야 하니 주의하도록 한다.

② [빠른 실행 도구]-[인쇄 미리 보기 및 인쇄](🔍) 도구를 클릭하고, 그림과 같이 설정한다.

공단 공개문제 04회

01 EXCEL 표 계산(SP) 작업

가나다정보기술에서는 컴퓨터 부품별 매출실적 현황을 분석하고자 한다. 다음 자료(DATA)를 이용하여 작성 조건에 따라 작업 표와 그래프를 작성하고, 그 인쇄 출력물을 제출하시오.

01 작업 표(WORK SHEET) 작성

1. 자료(DATA)

입출고 현황

행\열	A	B	C	E
3	품목코드	품목이름	출고량	입고가
4	SS-218	스캐너	31	437,000
5	SS-219	스캐너	38	320,000
6	LM-229	모니터	68	240,000
7	PT-202	프린터	31	165,000
8	LM-227	모니터	39	150,000
9	PT-205	프린터	36	190,000
10	PT-204	프린터	48	180,000
11	LM-228	모니터	46	210,000
12	PT-203	프린터	57	170,000
13	MS-214	마우스	25	15,400
14	MS-215	마우스	43	6,800
15	SS-220	스캐너	34	480,000
16	LM-239	모니터	48	340,000
17	PT-232	프린터	21	130,000
18	LM-237	모니터	27	120,000
19	PT-235	프린터	22	210,000
20	PT-234	프린터	45	170,000
21	LM-238	모니터	23	210,000
22	PT-233	프린터	28	110,000
23	MS-234	마우스	22	6,200

※ 자료(DATA) 부분에서 음영 처리 표시된 부분은 행/열의 기준을 나타내며 이는 작성 (입력)하지 않음을 반드시 유의하시오.

2. 작업 표 형식

거래 이익금 현황

행＼열	A	D	E	F	G	H	I	J
3	품목코드	품목명	입고가	출고가	거래금액	이익금액	평가	순위
4 ⋮ 23	−	❶	−	❷	❸	❹	❺	❻
24	품목별 합계		프린터		❼	❼		
25			모니터		❽	❽		
26	품목이름이 마우스이고 출고가가 7,000 이상인 품목들의 합					❾		
27	평가가 A급인 제품의 이익금액 합계					❿		
28	이익금액이 1,000,000 이상 2,000,000 미만 품목들의 합					⓫		
29	⓬							
30	⓭							

※ 음영 처리 표시된 부분은 작성하지 않습니다.

3. 작성 조건

가) 작성 시 유의 사항

Ⓐ 작업 표의 작성은 "나)~라)" 항에 제시된 내용을 따르고 반드시 제시된 조건(함수 적용, 기재된 단서 조항 등)에 따라 처리하시오.

Ⓑ 제시된 작성 조건을 따르지 아니하고 여타의 방법 일체(제시된 함수 이외 다른 함수 적용, 함수 미적용, 별도 전자계산기 사용 등)를 사용하여 도출된 결과는 그 답이 맞더라도 정답으로 인정되지 않음을 반드시 유의하시오.

나) 작업 표의 구성 및 서식

Ⓐ "작업 표 형식"에서 행과 열에 관계된 음영 처리 표시된 부분은 작성하지 않음을 유의하고 반드시 제시된 행/열에 맞추도록 하시오.

Ⓑ 제목 서식 : 폰트는 20포인트 크기로 하고 가운데 정렬하시오.

Ⓒ 글꼴 및 크기: 이외 기타 글꼴 및 크기는 임의 선정하시오.

다) 원문자가 표시된 셀은 아래의 방법을 이용하여 작성하시오.

❶ 품목명은 품목코드 앞 2개의 문자와 품목이름을 텍스트 함수 "CONCATENATE", 문자열 함수 LEFT 함수를 조합하여 작성하시오(예 : 품목코드 "SS-218", 품목이름이 "스캐너" 인 경우 "SS#스캐너"로 표시).

❷ 출고가 = 입고가 + (입고가 × 28%)

❸ 거래금액 = 출고가 × 출고량

❹ 이익금액 = (출고가 − 입고가) × 출고량

❺ 평가 : 이익금액이 2,500,000 이상이면 "A급", 2,500,000 미만 1,000,000 이상이면 "B급", 그렇지 않으면 "C급"으로 표시하시오(단, IF 함수 사용).

❻ 순위 : 거래금액을 기준으로 순위를 산정하시오(단, RANK 함수를 사용하고 순위 산정 기준은 내림차순으로).

❼ 프린터의 품목별 합계 : 품목이름이 프린터인 각 항목별 합계를 산출하시오(단, SUMIF 또는 SUMIFS 함수 사용).

❽ 모니터의 품목별 합계 : 품목이름이 모니터인 각 항목별 합계를 산출하시오(단, SUMIF 또는 SUMIFS 함수 사용).

❾ 품목이름이 마우스이고 출고가가 7,000 이상인 품목들의 합계를 산출하시오(단, SUMIFS 함수 사용).

❿ 평가가 A급에 해당하는 품목의 이익금액의 합계를 산출하시오(단, SUMIF 또는 SUMIFS 함수 사용).

⓫ 이익금액이 1,000,000 이상 2,000,000 미만 품목들의 합계를 산출하시오(단, SUMIF 또는 SUMIFS 함수 사용).

⓬ "⓫"에 사용된 수식을 기재하시오.

⓭ "❶"에 사용된 수식을 기재하시오(단, 품목코드 LM−228을 기준으로).

> ※ 함수식을 기재하는 ⓬〜⓭란은 반드시 해당 항목에 제시된 함수의 작성 조건에 따라 도출된 함수식을 기재하여야 하며, 작성 조건을 위배하여 임의로 작성할 시 해당 답이 맞더라도 틀린 항목으로 채점됨을 유의하시오. 또한 함수식을 작성할 때는 라) 작업 표의 정렬 순서(SORT)에 따른 조건에 맞게 정렬 후 도출된 결과에 따른 함수식을 기재하시오.

라) 작업 표의 정렬 순서(SORT)는 평가의 오름차순으로 정렬, 같은 평가 안에서는 이익금액의 오름차순으로 하시오.

마) 기타

(1) 금액에 대한 수치는 원화(₩) 표시를 하고 천 단위마다 ,(Comma)를 표시하시오(단, 금액 이외의 수치는 ,(Comma)를 표시하지 않도록 하시오.).

(2) 모든 수치(숫자, 통화, 회계, 백분율 등)는 셀 서식의 속성을 설정하는 과정에서 소수 자릿수를 "0"으로 지정하여 정수로 표시하시오.

(3) 음수는 "−"가 나타나도록 하시오.

(4) 숫자 셀은 우측을 수직으로 맞추고, 문자 셀은 수평 중앙으로 맞추며 기타는 작업 표 형식에 따르도록 하시오. 특히, 인쇄 출력 시 판독 불가능이 발생되지 않도록 인쇄 미리 보기 등을 통하여 셀의 크기를 적당히 조정하시오.

02 그래프(GRAPH) 작성

작성한 작업 표에서 평가가 A급인 경우의 품목코드별 입고가와 출고가를 나타내는 그래프를 작성하시오.

[작성 조건]

1) 그래프 형태 : 혼합형 단일축 그래프
   입고가(묶은 세로 막대형), 출고가(데이터 표식이 있는 꺾은 선형)
   (단, 입고가만 데이터 레이블의 값이 표시된 혼합형 단일축 그래프로 하시오.)
2) 그래프 제목 : 제품별 입출고가 현황 −− (글자크기 : 18, 글꼴 서체 임의)
3) X축 제목 : 품목코드   4) Y축 제목 : 금액
5) X축 항목 단위 : 해당 문자열   6) Y축 눈금 단위 : 임의
7) 범례 : 입고가, 출고가
8) 출력물 크기 : A4 용지 1/2장 범위 내로 하시오.
9) 기타 : 작성 조건에 없는 형식이나 모양 등은 기본 설정 값에 따르며, 그래프 너비는 작업 표 너비에 맞추도록 하시오.

> ※ 그래프는 반드시 작성된 작업 표와 연동하여 작업하여야 하며, 그래프의 영역(범위) 설정 오류로 인한 불이익은 전적으로 수험자 본인에게 있습니다.

한국과학연구소에서 신입 직원 교육 현황을 전산화하려고 한다. 다음의 입력 자료를 이용하여 DB를 설계하고 작성 조건에 따라 처리 파일을 작성한 후 인쇄 출력물을 제출하시오.

01 자료 처리(DBMS) 작업 작성 조건

1) 자료 처리(DBMS) 작업은 조회 화면(SCREEN) 설계와 자료 처리 보고서의 2가지 작업을 수행하여야 하며, 그 결과물은 수험자 유의사항 [3] 자료 처리(DBMS) 작업]을 참고하여 작업하시오.
2) 반드시 인쇄 작업 수행 전 미리보기 등을 통해 여백을 조정하고, 수치, 문자 등 구성 요소가 누락되지 않도록 주의하시오. 구성 요소가 누락되어 인쇄되지 않은 결과로 인한 모든 책임은 전적으로 수험자 본인에게 있음을 반드시 유의하시오.
3) 문제지에 기재된 작성 조건에 따라 처리하고, 조회 화면 및 자료 처리 보고서의 서식이 작성 조건과 상이할 경우에는 시험 위원의 지시에 따라 작업하시오.

02 입력 자료

직원교육현황

직원번호	구분코드	교육월수	연수비
1010	C	11	200,000
1340	A	7	60,000
3674	A	7	60,000
4233	C	9	100,000
3452	S	5	130,000
5664	S	3	200,000
7355	A	4	70,000
7626	S	12	190,000
3847	S	9	200,000
9907	C	10	110,000
1102	S	5	180,000
3212	A	3	60,000
2433	C	12	220,000
3012	C	5	80,000
4310	A	10	150,000

직원구분

구분코드	종류
A	파견직
C	경력직
S	전산직

03 조회 화면(SCREEN) 설계

※ 다음 조건에 따라 구분코드가 A 또는 S이면서 연수비가 200,000원 미만인 데이터 현황을 조회할 수 있는 화면을 설계하고 해당 데이터를 출력하시오.

1) 해당 현황은 목록 상자(리스트박스)에서 필드명 "직원번호"의 오름차순으로 출력하고, 화면 아래에 조회 시 작성한 SQL문을 복사하시오.
   - WHERE 조건절에 구분코드, 연수비 반드시 포함
   - INNER JOIN, ORDER BY 구문 반드시 포함
   ※ SQL문에 상기 내용 미포함 시 SQL 작성 부분 0점 처리
2) 리스트박스 조회 시 작성된 SQL문이 작성되지 않을 경우에는 "03 조회 화면(SCREEN) 설계" 과제가 0점 처리됨을 반드시 유의하시오.
3) 목록 상자에 표시되어야 할 필수적인 필드명은 다음과 같습니다.
   - 직원번호, 구분코드, 연수비, 교육월수, 종류
4) 폼 서식에 제반되는 폰트, 점선 등은 아래 [조회 화면 서식]에 보이는 대로 기재하시오.
5) 기타 사항은 "04 자료 처리 파일(FILE) 작성"의 [기타 조건]을 따르시오.

[조회 화면 서식]

직원구분 코드가 A또는 S이면서 연수비가 200,000원
미만인 데이터 현황

직원번호	구분코드	연수비	교육월수	종류

리스트박스 조회 시 작성된 SQL문

04 자료 처리 파일(FILE) 작성

[처리 조건]

1) 구분코드별 오름차순으로 정렬한 후, 같은 구분코드 안에서는 직원번호 오름차순으로 정렬(SORT)한다.

2) 기본교육비는 직원종류에 따라 다르게 적용한다(파견직은 150,000원, 경력직은 200,000원, 전산직은 300,000원).

3) 총교육비 = 기본교육비 × 교육월수(기본 교육비는 2번 항목을 참고하여 산정한다.)

4) 교육비할인액 : 교육월수가 12개월 이상이면 300,000원 할인, 교육월수가 6개월 이상 12개월 미만이면 200,000원 할인, 교육월수가 6개월 미만이면 50,000원 할인

5) 최종 납부액 = 총교육비 − 교육비할인액 − 연수비

6) 직원 구분별 합계 : 총교육비, 교육비할인액, 최종 납부액의 합 산출(zzzz 합계 : zzzz에는 직원구분코드에 해당하는 종류가 출력되도록 한다.)

7) 총평균 : 총교육비, 교육비할인액, 최종 납부액의 전체 평균 산출

8) 작성일자는 오늘 날짜(수험일자)로 한다.

[기타 조건]

1) 입력 화면 및 보고서의 제목은 16 정도의 임의 서체로 하시오.

2) 금액에 대한 수치는 원화(₩) 혹은 달러($) 표시를 하고 천 단위마다 ,(Comma)를 표시하시오(단, 금액 이외의 수치는 ,(Comma)를 표시하지 않도록 하시오.).

3) 모든 수치(숫자, 통화, 백분율 등)는 컨트롤의 속성을 설정하는 과정에서 소수 자릿수를 "0"으로 지정하여 정수로 표시하시오.

4) 데이터의 열과 간격은 일정하게 맞추도록 하시오.

직원 교육비 산출 현황

작성일자 : YYYY-MM-DD

구분코드	직원번호	교육월수	연수비	총교육비	교육비할인액	최종 납부액
XXXX	XXXX	XX	₩X,XXX	₩X,XXX	₩X,XXX	₩X,XXX
	YYYY	YY	₩Y,YYY	₩Y,YYY	₩Y,YYY	₩Y,YYY
ZZZZ 합계				₩X,XXX	₩X,XXX	₩X,XXX
−	−	−	−	−	−	−
ZZZZ 합계				₩X,XXX	₩X,XXX	₩X,XXX
−	−	−	−	−	−	−
ZZZZ 합계				₩X,XXX	₩X,XXX	₩X,XXX
총평균				₩X,XXX	₩X,XXX	₩X,XXX

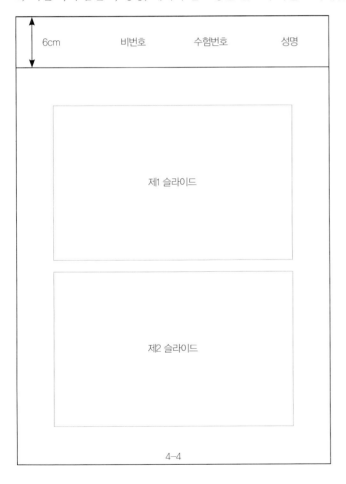

03 POWERPOINT 시상(PT) 작업

주어진 2개의 슬라이드를 슬라이드 작성 조건에 따라 작업하여 인쇄합니다.

[슬라이드 작성 조건]

1) 각 슬라이드를 문제의 슬라이드 원안과 같이 인쇄하여 제출합니다.

  (특히 글자, 음영, 그림자, 도형 등 인쇄된 내용 그대로 작업함을 유의하시오.)

2) "주1)" 등 특수한 속성 지정이 되어 있는 경우 지시에 따라 작성하시오.

3) 글꼴은 문제 원안과 같거나 유사한 형태로 작업합니다.

4) 글자, 그림 및 도형 등의 크기와 모양은 문제 원안과 같거나 유사한 형태로 작업합니다.

5) 모든 글씨, 선 등은 흑백(그레이스케일)으로 작업하되, 글상자, 그림 및 도형 등에서 색 채우기가 있는 경우 색 채우기는 회색 40% 정도, 투명도 0%를 기준으로 작업합니다.

6) 각 슬라이드는 원안과 같이 외곽선 테두리가 인쇄되도록 인쇄합니다.

7) 각 슬라이드 크기는 A4 용지의 1/2 범위 내에 인쇄가 가능한 크기가 되도록 조정하여, 슬라이드 2개를 A4 용지 1매 안에 모두 인쇄합니다.

8) 비번호, 수험번호, 성명, 페이지 번호 등은 반드시 자필로 기재합니다.

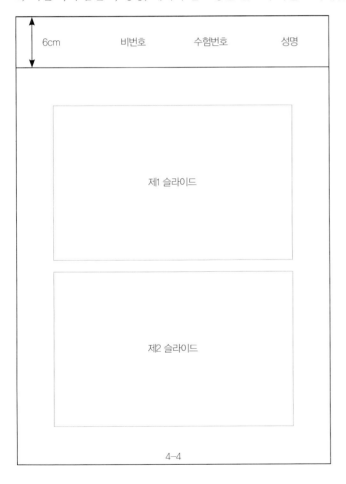

01 제1 슬라이드

비디오와 애니메이션의 비교

- ▣ 비디오 : 실 세계를 촬영한 결과
- ▣ 애니메이션 : 컴퓨터를 이용하여 일련의 장면을 인공적으로 생성

구분	비디오	애니메이션
공통점	-인간의 감성에 직접적인 자극을 주는 방식 -흥미를 유발, 어떤 과정을 보이기에 적합	
차이점	-과도한 정보를 동시에 제공 -실 예를 들어 보일 경우에 적절 -제작비용이 많이 듦	-주제에 초점을 맞추고 특징을 강조 -제작비용이 비디오에 비해 저렴 -이미지나 그래픽보다는 고비용

비디오		플래시, 스위시
카메라, 사진		고전 기법

02 제2 슬라이드

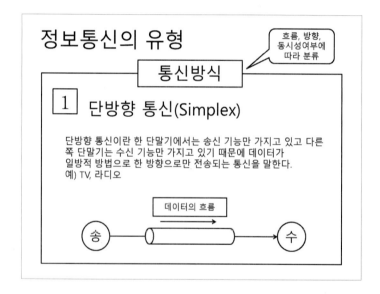

정보통신의 유형

흐름, 방향,
동시성여부에
따라 분류

통신방식

1 단방향 통신(Simplex)

단방향 통신이란 한 단말기에서는 송신 기능만 가지고 있고 다른
쪽 단말기는 수신 기능만 가지고 있기 때문에 데이터가
일방적 방법으로 한 방향으로만 전송되는 통신을 말한다.
예) TV, 라디오

데이터의 흐름

송 ───────→ 수

작업 표(WORK SHEET) 작성

거래 이익금 현황

품목코드	품목명	입고가	출고가	거래금액	이익금액	평가	순위
LM-228	LM#모니터	₩210,000	₩268,800	₩12,364,800	₩2,704,800	A급	7
PT-203	PT#프린터	₩170,000	₩217,600	₩12,403,200	₩2,713,200	A급	6
SS-219	SS#스캐너	₩320,000	₩409,600	₩15,564,800	₩3,404,800	A급	5
SS-218	SS#스캐너	₩437,000	₩559,360	₩17,340,160	₩3,793,160	A급	4
LM-229	LM#모니터	₩240,000	₩307,200	₩20,889,600	₩4,569,600	A급	1
SS-220	SS#스캐너	₩480,000	₩614,400	₩20,889,600	₩4,569,600	A급	1
LM-239	LM#모니터	₩340,000	₩435,200	₩20,889,600	₩4,569,600	A급	1
PT-235	PT#프린터	₩210,000	₩268,800	₩5,913,600	₩1,293,600	B급	14
LM-238	LM#모니터	₩210,000	₩268,800	₩6,182,400	₩1,352,400	B급	13
PT-202	PT#프린터	₩165,000	₩211,200	₩6,547,200	₩1,432,200	B급	12
LM-227	LM#모니터	₩150,000	₩192,000	₩7,488,000	₩1,638,000	B급	11
PT-205	PT#프린터	₩190,000	₩243,200	₩8,755,200	₩1,915,200	B급	10
PT-234	PT#프린터	₩170,000	₩217,600	₩9,792,000	₩2,142,000	B급	9
PT-204	PT#프린터	₩180,000	₩230,400	₩11,059,200	₩2,419,200	B급	8
MS-234	MS#마우스	₩6,200	₩7,936	₩174,592	₩38,192	C급	20
MS-215	MS#마우스	₩6,800	₩8,704	₩374,272	₩81,872	C급	19
MS-214	MS#마우스	₩15,400	₩19,712	₩492,800	₩107,800	C급	18
PT-232	PT#프린터	₩130,000	₩166,400	₩3,494,400	₩764,400	C급	17
PT-233	PT#프린터	₩110,000	₩140,800	₩3,942,400	₩862,400	C급	16
LM-237	LM#모니터	₩120,000	₩153,600	₩4,147,200	₩907,200	C급	15
품목별 합계		프린터		₩61,907,200	₩13,542,200		
		모니터		₩71,961,600	₩15,741,600		
품목이름이 마우스이고 출고가가 7,000이상인 품목들의 합					₩227,864		
평가가 A급인 제품의 이익금액 합계					₩26,324,760		
이익금액이 1,000,000 이상 2,000,000 미만 품목들의 합					₩7,631,400		
=SUMIFS(H4:H23,"> =1000000",H4:H23,"<2000000")							
=CONCATENATE(LEFT(A4,2),"#",B4)							

그래프(GRAPH) 작성

제품별 입출고가 현황

조회 화면 설계

직원구분 코드가 A또는 S이면서 연수비가 200,000원
미만인 데이터 현황

직원번호	구분코드	연수비	교육월수	종류
1102	S	₩180,000	5	전산직
1340	A	₩60,000	7	파견직
3212	A	₩60,000	3	파견직
3452	S	₩130,000	5	전산직
3674	A	₩60,000	7	파견직
4310	A	₩150,000	10	파견직
7355	A	₩70,000	4	파견직
7626	S	₩190,000	12	전산직

리스트박스 조회 시 작성된 SQL문

```
SELECT 테이블1.직원번호, 테이블1.구분코드, 테이블1.연수비, 테이블1.교육월수, 테이블
2.종류
FROM 테이블1 INNER JOIN 테이블2 ON (테이블2.구분코드 = 테이블1.구분코드) AND (
테이블2.구분코드 = 테이블1.구분코드) AND (테이블1.구분코드 = 테이블2.구분코드)
WHERE (((테이블1.구분코드)="A" Or (테이블1.구분코드)="S") AND ((테이블1.연수비
)<200000))
ORDER BY 테이블1.직원번호;
```

자료 처리 파일

직원 교육비 산출 현황

작성일자:　　2021-11-19

구분코드	직원번호	교육월수	연수비	총교육비	교육비할인액	최종 납부액
A	1340	7	₩60,000	₩1,050,000	₩200,000	₩790,000
	3212	3	₩60,000	₩450,000	₩50,000	₩340,000
	3674	7	₩60,000	₩1,050,000	₩200,000	₩790,000
	4310	10	₩150,000	₩1,500,000	₩200,000	₩1,150,000
	7355	4	₩70,000	₩600,000	₩50,000	₩480,000
파견직 합계				₩4,650,000	₩700,000	₩3,550,000
C	1010	11	₩200,000	₩2,200,000	₩200,000	₩1,800,000
	2433	12	₩220,000	₩2,400,000	₩300,000	₩1,880,000
	3012	5	₩80,000	₩1,000,000	₩50,000	₩870,000
	4233	9	₩100,000	₩1,800,000	₩200,000	₩1,500,000
	9907	10	₩110,000	₩2,000,000	₩200,000	₩1,690,000
경력직 합계				₩9,400,000	₩950,000	₩7,740,000
S	1102	5	₩180,000	₩1,500,000	₩50,000	₩1,270,000
	3452	5	₩130,000	₩1,500,000	₩50,000	₩1,320,000
	3847	9	₩200,000	₩2,700,000	₩200,000	₩2,300,000
	5664	3	₩200,000	₩900,000	₩50,000	₩650,000
	7626	12	₩190,000	₩3,600,000	₩300,000	₩3,110,000
전산직 합계				₩10,200,000	₩650,000	₩8,650,000
총평균				₩1,616,667	₩153,333	₩1,329,333

01 제1 슬라이드

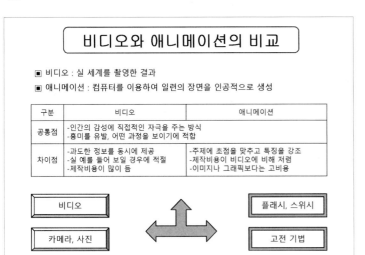

02 제2 슬라이드

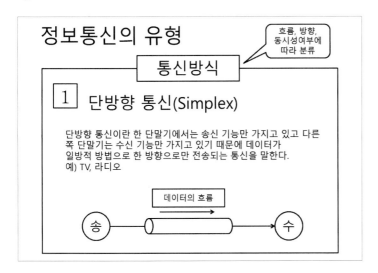

01 EXCEL 표 계산(SP) 작업 풀이

01. 자료(DATA) 입력 및 작성 조건 처리하기

① Excel을 실행한다.

> Ⓐ "작업 표 형식"에서 행과 열에 관계된 음영 처리 표시된 부분은 작성하지 않음을 유의하고 반드시 제시된 행/열에 맞추도록 하시오.
> Ⓑ 제목 서식 : 20 포인트 크기로 하고 가운데 정렬하시오.
> Ⓒ 글꼴 및 크기 : 이외 기타 글꼴 및 크기는 임의 선정하시오.

② 1. 자료(DATA)를 참고하여 [A3] 셀부터 [D23] 셀까지 문제에 제시된 행/열에 맞게 자료를 입력한다.

③ 2. 작업 표 형식을 참고하여 [A2] 셀에 "거래 이익금 현황" 제목을 작성한다.

④ [A2]~[J2] 셀까지 블록 선택한 뒤 [홈] 탭-[병합하고 가운데 맞춤](圖▾)과 글꼴 크기 20을 차례대로 적용한다. 1행 머리글을 선택하고 마우스 우클릭을 하고 [숨기기]를 적용한다.

⑤ 2. 작업 표 형식을 참고하여 나머지 계산 결과 항목을 제시된 해당 열에 입력하고, 하단 제시된 자료를 입력한 후 병합하여야 할 셀은 [홈] 탭-[병합하고 가운데 맞춤](圖▾)을 이용하여 작업 표 형식과 같이 작성한다.

⑥ 입력 범위에 [홈] 탭-[글꼴] 그룹-[모든 테두리](田)를 적용한 뒤, 3행~30행까지 행 머리글을 선택하고 [홈] 탭-[글꼴] 그룹-글꼴 크기를 9로 변경하여 행 높이와 글꼴 크기를 동시에 줄여준다.

⑦ 1행 머리글을 선택하고 마우스 우클릭-[숨기기]를 적용한다.

⑧ 자료 입력을 완료한 다음 [빠른 실행 도구 모음]의 [저장](▮)을 클릭하여 시험 위원이 지정한 폴더에 지정된 파일명으로 저장한다. (예 : A019)

02. 원문자(함수) 작성 조건 처리하기

> ※ 함수식을 기재하는 ⑫~⑬란은 반드시 해당 항목에 제시된 함수의 작성 조건에 따라 도출된 함수식을 기재하여야 하며, 작성조건을 위배하여 임의로 작성할 시 해당 답이 맞더라도 틀린 항목으로 채점됨을 유의하시오. 또한 함수식을 작성할 때는 라) 작업 표의 정렬 순서(SORT)에 따른 조건에 맞게 정렬 후 도출된 결과에 따른 함수식을 기재하시오.

❶ 품목명은 품목코드 앞 2개의 문자와 품목이름을 텍스트 함수 "CONCATENATE", 문자열 함수 LEFT 함수를 조합하여 작성하시오 (예를 들어, 품목코드 "SS-218", 품목이름이 "스캐너"인 경우 "SS#스캐너"로 표시).

=CONCATENATE(LEFT(A4,2),"#",B4)

❷ 출고가 = 입고가 + (입고가 × 28%)

=E4+(E4*28%)

❸ 거래금액 = 출고가 × 출고량

=F4*C4

❹ 이익금액 = (출고가 – 입고가) × 출고량

=(F4-E4)*C4

❺ 평가 : 이익금액이 2,500,000 이상이면 "A급", 2,500,000 미만 1,000,000 이상이면 "B급", 그렇지 않으면 "C급"으로 표시하시오. (단, IF 함수 사용)

=IF(H4>=2500000,"A급",IF(H4>=1000000,"B급","C급"))

❻ 순위 : 거래금액을 기준으로 순위를 산정하시오(단, RANK 함수를 사용하고 순위 산정 기준은 내림차순으로).

=RANK(G4,$G$4:$G$23)

각 식을 입력하고 자동 채우기를 하여 답을 완성한다.

❼ 프린터의 품목별 합계 : 품목이름이 프린터인 각 항목별 합계를 산출하시오(단, SUMIF 또는 SUMIFS 함수 사용).
❽ 모니터의 품목별 합계 : 품목이름이 모니터인 각 항목별 합계를 산출하시오(단, SUMIF 또는 SUMIFS 함수 사용).

=SUMIF($B$4:$B$23,$E24,G4:G$23)

❾ 품목이름이 마우스이고 출고가가 7,000 이상인 품목들의 합계를 산출하시오(단, SUMIFS 함수 사용).

=SUMIFS(H4:H23,B4:B23,"마우스",F4:F23,">=7000")

❿ 평가가 A급에 해당하는 품목의 이익금액의 합계를 산출하시오.
(단, SUMIF 또는 SUMIFS 함수 사용)

=SUMIF(I4:I23,"A급",H4:H23)

⓫ 이익금액이 1,000,000 이상 2,000,000 미만 품목들의 합계를 산출하시오(단, SUMIF 또는 SUMIFS 함수 사용).

=SUMIFS(H4:H23,H4:H23,">=1000000",H4:H23,"<2000000")

⓬ "⓫"에 사용된 수식을 기재하시오.

'=SUMIFS(H4:H23,H4:H23,">=1000000",H4:H23,"<2000000")

⓭ "⓫"에 사용된 수식을 기재하시오(단, 품목코드 LM-228을 기준으로).

'=CONCATENATE(LEFT(A4,2),"#",B4)

각 식을 입력하고 자동 채우기를 하여 답을 완성한다.

03. 작업 표 정렬하기

라) 작업 표의 정렬 순서(SORT)는 평가의 오름차순으로 정렬, 같은 평가 안에서는 이익금액의 오름차순으로 하시오.

① [A3:J23] 셀 범위를 마우스로 블록 선택한다.
② [데이터] 탭-[정렬]을 클릭하고 지시사항과 같이 정렬 기준을 설정한다.

③ B:C열 머리글 선택-마우스 우클릭-[숨기기] 적용하여 숨겨준다.

04. 기타 작업으로 형식 적용하기

(1) 금액에 대한 수치는 원화(₩) 표시를 하고 천 단위마다 ,(Comma)를 표시합니다(단, 금액 이외의 수치는 ,(Comma)를 표시하지 않도록 하시오.).
(2) 모든 수치(숫자, 통화, 회계, 백분율 등)는 셀 서식의 속성을 설정하는 과정에서 소수 자릿수를 "0"으로 지정하여 정수로 표시하시오.
(3) 음수는 "-"가 나타나도록 하시오.
(4) 숫자 셀은 우측을 수직으로 맞추고, 문자 셀은 수평 중앙으로 맞추며 기타는 작업 표 형식에 따르도록 하시오. 특히, 인쇄 출력 시 판독 불가능이 발생되지 않도록 인쇄 미리 보기 등을 통하여 셀의 크기를 적당히 조정하시오.

[형식 지정하기]

통화	E열~H열
가운데 정렬	모든 문자열
테두리	• 모든 테두리 : [A3:J30] • 중간 선 해제 : [A4:J23]

05. 그래프 작성하기

⓶ 그래프(GRAPH) 작성

작성한 작업 표에서 평가가 A급인 경우의 품목코드별 입고가와 출고가를 나타내는 그래프를 작성하시오.

[작성 조건]
1) 그래프 형태 : 혼합형 단일축 그래프
   입고가(묶은 세로 막대형), 출고가(데이터 표식이 있는 꺾은 선형)
   (단, 입고가만 데이터 레이블의 값이 표시된 혼합형 단일축 그래프로 하십시오.)
2) 그래프 제목 : 제품별 입출고가 현황 -- (글자크기 : 18, 글꼴 서체 임의)
3) X축 제목 : 품목코드
4) Y축 제목 : 금액
5) X축 항목 단위: 해당 문자열
6) Y축 눈금 단위 : 임의
7) 범례 : 입고가, 출고가
8) 출력물 크기 : A4 용지 1/2장 범위 내로 하시오.
9) 기타 : 작성 조건에 없는 형식이나 모양 등은 기본 설정 값에 따르며, 그래프 너비는 작업 표 너비에 맞추도록 하시오.

① 문제에서 요구한 데이터 범위를 Ctrl 을 이용하여 연속 선택한다.

② [삽입] 탭-[세로 막대형]-[묶은 세로 막대형](📊)을 클릭하여 차트를 워크시트에 삽입한다.
③ 차트를 선택하고 [디자인] 탭-[차트 레이아웃]-[레이아웃 9](📊)를 적용한다.

④ 범례 클릭 후 시간차를 두고 [출고가] 계열을 클릭하고 마우스 우클릭을 하고 [계열 차트 종류 변경]–[차트 종류 변경]–[표식이 있는 꺾은 선형](📈)을 선택하고 [확인]을 클릭하여 계열의 차트 종류를 [표식이 있는 꺾은 선형]으로 변경한다.

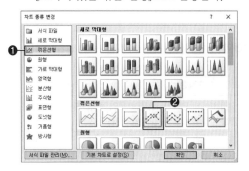

⑤ 인쇄 경계선이 표시되지 않는 경우 [빠른 실행 도구]–[인쇄 및 인쇄 미리 보기](🔍) 도구를 한 번 눌렀다가 [홈] 탭을 클릭하여 인쇄 경계선을 활성화한다.

⑥ 차트를 인쇄 경계선 안쪽 작업 표 하단에 배치하고 차트 제목(글꼴 크기 : 16), 가로축, 세로축 이름을 문제 제시대로 입력한다. 인쇄 시 차트가 잘리는 것을 방지하기 위하여 인쇄 경계선과 약 1행 정도 여백을 두고 배치하도록 한다.

⑦ 그림 영역의 [입고가] 임의 계열을 클릭하여 선택한 뒤 [마우스 우클릭]–[데이터 레이블 추가]를 선택한다.

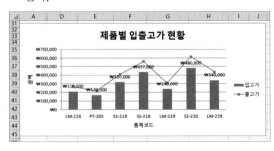

01. 테이블1 만들기

① [만들기]–[테이블 디자인] 클릭하여 새로운 [테이블 디자인 보기] 창을 실행한다.

② 테이블의 필드와 형식을 다음과 같이 설정한다.

필드 이름	데이터 형식	일반
직원번호	숫자	• 필드크기 : 정수(Long) • 형식 : 0 • 소수 자릿수 : 0
구분코드	텍스트	
교육월수	숫자	• 필드크기 : 정수(Long) • 형식 : 0 • 소수 자릿수 : 0
연수비	통화	

③ [닫기](×)를 클릭하여 테이블을 저장한다. 테이블 이름은 임의로 지정한다.

④ 테이블1에는 기본 키를 지정하지 않으므로, '기본 키를 정의하지 않았습니다.' 대화상자에서 [아니오]를 클릭한다.

02. 테이블2 만들기

① [만들기]–[테이블 디자인] 클릭하여 새로운 [테이블 디자인 보기] 창을 실행한다.

② 테이블의 필드와 형식을 다음과 같이 설정한다.

필드 이름	데이터 형식	일반
구분코드	텍스트	기본 키
종류	텍스트	

③ 구분코드 필드의 [필드 선택기]를 하고 [디자인] 탭–[기본 키]를 클릭하여 기본 키를 적용한다.

④ [닫기](×)를 클릭하여 테이블을 저장한다. 테이블 이름은 임의로 지정한다.

03. 테이블에 데이터 입력

① Access 개체 창에서 테이블1, 테이블2를 각각 더블 클릭하여 실행한 뒤 문제의 '❷ 입력 자료'를 참고하여 데이터를 입력한다.

04. 전체 쿼리 만들기

① [만들기] 탭–[쿼리] 그룹–[쿼리 디자인]을 클릭한다.

② [테이블 표시] 대화상자에서 테이블1을 더블 클릭하여 쿼리 디자인 영역에 추가한다.

③ 테이블1의 전체 필드를 추가하기 위하여 테이블1의 '*'를 더블 클릭하여 아래 필드 구성에 추가한다.

④ '❹ 자료 처리 파일(FILE) 작성'의 [처리 조건]에 따라 나머지 필드에 식을 입력한다. 또한 새로 추가되는 식 필드의 경우 필드 선택–마우스 우클릭–[속성]을 클릭하고, [속성] 시트–[형식]에 다음과 같이 설정하도록 한다.

> **[처리 조건]**
> 2) 기본교육비는 직원종류에 따라 다르게 적용한다.
> (파견직은 150,000원, 경력직은 200,000원, 전산직은 300,000원)
> 3) 총교육비 = 기본교육비 x 교육월수
> (기본 교육비는 2번 항목을 참고하여 산정한다.)
> 4) 교육비할인액 : 교육월수가 12개월 이상이면 300,000원 할인,
> 교육월수가 6개월 이상 12개월 미만이면 200,000원 할인,
> 교육월수가 6개월 미만이면 50,000원 할인
> 5) 최종 납부액 = 총교육비 – 교육비할인액 – 연수비

구분	필드	형식
테이블1	*	
테이블2	종류	
식	기본교육비 : IIf([종류]="파견직",150000,IIf([종류]="경력직",200000,300000))	통화
	총교육비 : [기본교육비]*[교육월수]	통화
	교육비할인액 : IIf([교육월수]>=12,300000,IIf([교육월수]>=6,200000,50000))	통화
	최종 납부액 : [총교육비]–[교육비할인액]–[연수비]	통화

05. 폼용 조건검색 쿼리 만들기

① [만들기] 탭–[쿼리] 그룹–[쿼리 디자인]을 클릭한다.

② [테이블 표시] 대화상자에서 테이블1, 테이블 2를 더블 클릭하여 쿼리 디자인 영역에 추가한다.

③ '❸ 조회 화면(SCREEN) 설계'의 [조회 화면 서식] 그림을 보고 폼에 추가될 필드를 '쿼리1'에서 더블 클릭하여 추가한다.

④ '❸ 조회 화면(SCREEN) 설계'의 조건에 따라 아래와 같이 조건을 입력한다.

※ 다음 조건에 따라 구분코드가 A 또는 S이면서 연수비가 200,000원 미만인 데이터 현황을 조회할 수 있는 화면을 설계하고 해당 데이터를 출력하시오.

1) 해당 현황은 목록 상자(리스트박스)에서 필드명 "직원번호"의 오름차순으로 출력하고, 화면 아래에 조회 시 작성한 SQL문을 복사하시오.
   - WHERE 조건절에 구분코드, 연수비 반드시 포함
   - INNER JOIN, ORDER BY 구문 반드시 포함
   ※ SQL문에 상기 내용 미포함 시 SQL 작성 부분 0점 처리
2) 리스트박스 조회 시 작성된 SQL문이 작성되지 않을 경우에는 "❸ 조회 화면(SCREEN) 설계" 과제가 0점 처리됨을 반드시 유의하시오.
3) 목록 상자에 표시되어야 할 필수적인 필드명은 다음과 같습니다.
   - 직원번호, 구분코드, 연수비, 교육월수, 종류
4) 폼 서식에 제반되는 폰트, 점선 등은 아래 [조회 화면 서식]에 보이는 대로 기재하시오.
5) 기타 사항은 "❹ 자료 처리 파일(FILE) 작성"의 [기타 조건]을 따르시오.

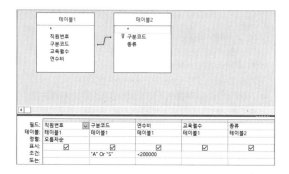

필드	조건/정렬
직원번호	오름차순
구분코드	"A" Or "S"
연수비	<200000
교육월수	
종류	

⑤ [쿼리2 닫기](✕)를 클릭하여 '쿼리2'를 저장한다.
⑥ [개체] 창 '쿼리2'를 더블 클릭하여 실행한 뒤 검색 결과와 각 필드의 형식을 검토한다.

직원번호	구분코드	연수비	교육월수	종류
1105	S	180,000	5	전산직
1340	A	60,000	7	파견직
3212	A	60,000	3	파견직
3452	S	130,000	5	전산직
3674	A	60,000	7	파견직
4310	A	150,000	10	파견직
7355	A	70,000	4	파견직
7626	S	190,000	12	전산직

⑦ [닫기](✕)를 클릭하여 '쿼리2'를 닫는다. 만약 검토 결과 오류가 발견되었다면 [개체] 창에서 '쿼리2' 선택-마우스 우클릭-[디자인 보기]를 선택하여 오류를 수정하도록 한다.

06. ❸ 조회 화면(SCREEN) 설계 작업하기

(1) 폼 만들고 제목 입력하기

① [만들기] 탭-[폼] 그룹-[폼 디자인]을 클릭한다.
② 본문의 너비를 약 '16'cm 정도로 늘려준다.
③ [디자인] 탭-[컨트롤] 그룹-[레이블](𝑔𝑎)을 순서대로 클릭하여 문제 지시와 같이 제목 위치에 그려 넣고 레이블에 "직원구분 코드가 A또는 S이면서 연수비가 200,000원 미만인 데이터 현황"을 입력한 뒤 글꼴 크기 : 16으로 변경한다.

(2) 목록 상자 추가하기

① [디자인] 탭-[컨트롤]-[목록 상자](▦)를 클릭하고 폼 본문 제목 아래 그려 넣는다.
② [목록 상자 마법사]에서 "목록 상자에 다른 테이블이나 쿼리에 있는 값을 가져옵니다."를 선택하고 [다음]을 클릭한다.
③ [보기]에서 [쿼리]를 선택하고 [쿼리: 쿼리2]를 선택한 뒤 [다음]을 클릭한다.

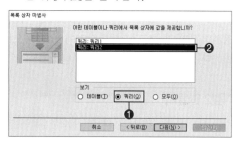

④ [사용가능한 필드]에서 문제에 제시된 필드를 [선택한 필드]에 추가한다.
⑤ 앞서 쿼리 디자인에서 정렬을 지정했으므로 정렬 탭에서는 바로 [다음]을 클릭한다.
⑥ 목록 상자의 열 너비 조정 창에서 필드 간 간격을 맞추고 마지막 필드의 오른쪽 경계가 넘어가 스크롤이 생기지 않도록 설정하고 [마침]을 클릭한다.
⑦ 목록 상자와 함께 추가된 레이블을 선택하고 Delete 를 눌러 삭제한다.
⑧ 목록 상자의 너비를 약 16cm 정도로 조절한 뒤 목록 상자 선택-마우스 우클릭-[속성]을 선택하고 [속성] 시트-[형식] 탭-[열 이름]-[예]로 변경한다.

형식	데이터	이벤트	기타	모두
표시		예		
열 개수		5		
열 너비		2.54cm;2.778cm;2.7		
열 이름		예		

⑨ [디자인] 탭–[컨트롤]에서 선을 선택하고 Shift 를 누르고 목록 상자 하단 너비에 맞게 선을 그려 넣는다.

⑩ 선을 선택하고 [속성] 시트–[형식]–[테두리 두께]를 3pt로 변경한 뒤 목록 상자 아래에 방향키를 이용해서 적당히 배치한다.

⑪ 마우스로 드래그하여 목록 상자와 선을 같이 선택하고 [정렬] 탭–[크기 및 순서 지정] 그룹–[크기/공간]–[가장 넓은 너비에]를 선택해 목록 상자와 선의 너비를 맞춰준다.

⑫ [정렬] 탭–[크기 및 순서 지정] 그룹–[맞춤]–[왼쪽]을 선택하여 선과 목록 상자의 위치를 맞춰준다.

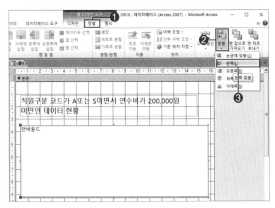

07. 보고서 만들기

(1) 보고서 마법사로 보고서 만들기

① [만들기] 탭–[보고서 마법사]를 클릭한다.
② 보고서 마법사 단계별 작업

[처리 조건]
1) 구분코드별 오름차순으로 정렬한 후, 같은 구분코드 안에서는 직원번호 오름차순으로 정렬(SORT)한다.
6) 직원 구분별 합계 : 총교육비, 교육비할인액, 최종 납부액의 합 산출(zzzz 합계 : zzzz에는 직원구분코드에 해당하는 종류가 출력되도록 한다.)
7) 총평균 : 총교육비, 교육비할인액, 최종 납부액의 전체 평균 산출
8) 작성일자는 오늘 날짜(수험일자)로 한다.

단계	작업
보고서에 어떤 필드를 넣으시겠습니까?	[테이블/쿼리] : 쿼리1 선택
	보고서 그림에 표시된 필드 추가
그룹 수준을 지정하시겠습니까?	[처리 조건]에 따라 [구분코드] 필드 추가

정렬 순서와 요약 정보	정렬 : 직원번호, 오름차순
	요약 옵션 : 총교육비, 교육비할인액, 최종 납부액
보고서에 어떤 모양을 지정하시겠습니까?	모양 : 단계, 용지 방향 : 세로
보고서 제목을 지정하십시오.	쿼리1 (임의로 수정 가능)
	보고서 디자인 수정 선택

(2) 보고서 디자인에서 컨트롤 배치하기

① 보고서 디자인 흰 바탕(인쇄 영역)의 경계를 16 이하로 줄여준다.
② 문제 제시 보고서를 보고 필드의 순서를 배치한다. 배치 시 [정렬] 탭의 정렬 및 순서 조정의 [크기/공간], [맞춤]을 충분히 활용하도록 한다.
③ 보고서 머리글을 제외한 나머지 범위를 마우스로 드래그하여 선택하고 글꼴 크기 : 9, 글꼴 색 : 검정으로 변경한다.
④ 컨트롤 이동 및 수정

구역	작업
보고서 머리글	• 제목 : 직원 교육비 산출 현황 • 글꼴 : 20
페이지 머리글	각 레이블 크기 조절 및 배치
	선 삽입 : 테두리 두께 1pt, 아래쪽 배치
그룹 머리글	[구분코드] 텍스트 상자 본문 이동. [구분코드] 텍스트상자 그룹 바닥글 복사 및 '합계' 레이블 뒤에 붙임
	높이 : 0으로 설정하여 숨김
본문	페이지 머리글 레이블과 위치 크기 맞추어 배치
	높이 : 0.7으로 최소한으로 줄여준다.
그룹 바닥글	• "="에 대한 요약 " ~~" 레이블 삭제 • 그룹 머리글에서 가져온 텍스트 상자 배치 • 요약 =SUM() 텍스트 상자 페이지 머리글 레이블과 세로 방향 열에 맞추어 배치
	선 삽입 : 테두리 두께 1pt, 위쪽/아래쪽 배치
페이지 바닥글	• "=[Page]~ " 등의 텍스트 상자 모두 삭제 • 높이 : 0으로 설정하여 숨김
보고서 바닥글	• 총 합계 레이블 '총 평균'으로 수정하여 필드별 세로 정렬 맞춤 • SUM → AVG 로 함수명 변경
	선 삽입 : 테두리 두께 1pt, 아래쪽 배치

⑤ 보고서 컨트롤 속성 조정

[보고서 디자인 보기]를 닫고(⊠) [인쇄 미리 보기](🔍)를 통하여 텍스트 상자의 속성 값을 변경한다.

해당 컨트롤	속성 설정 값
제목 레이블	글꼴 크기 : 16
직선	• 테두리 두께 : 1pt • 테두리 색 : 검정, 텍스트1
모든 텍스트 상자	테두리 : 투명
금액 텍스트 상자	형식 : 통화, 소수 자릿수 : 0
정수 텍스트 상자	형식 : 0
보고서 머리글	배경색 : 흰색, 배경1
본문	• 배경색 : 흰색, 배경1 • 다른 배경색 : 흰색, 배경1
그룹 바닥글	다른 배경색 : 흰색, 배경1

01. 전체적인 작업 순서

[제1 슬라이드]

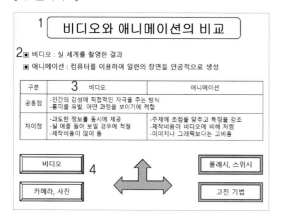

[제2 슬라이드]

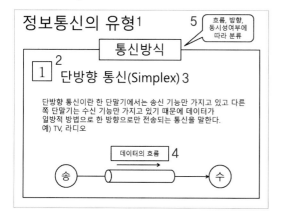

02. 제1 슬라이드 작성하기

① [홈] 탭-[도형]-[사각형]-[모서리가 둥근 직사각형](▢)을 제목위치에 삽입하고 텍스트를 입력한후 도형 선택-마우스 우클릭-[도형 서식]-[도형서식] 대화상자에서 아래와 같이 속성을 변경한다.(글꼴 크기 : 36, 글꼴 색 : 검정,텍스트1, 글꼴 : 맑은 고딕)

항목		속성
그림자	미리 설정	[바깥쪽]-오프셋 대각선 오른쪽 아래
	색	검정, 텍스트1
	투명도	0%
	흐리게	10pt
	간격	7pt
채우기		단색채우기-흰색, 배경1
선색		실선-색-검정, 텍스트1

② [도형]-[기본 도형]-[텍스트 상자](가)를 제목 아래 삽입하고 텍스트를 입력한다. 글머리 기호 기능을 사용하지 말고 한글 'ㅁ' → [한자] 키 → 특수문자 목록에서 찾아 앞에 입력한다.

③ [삽입] 탭-[표]-3×3 표를 슬라이드에 추가한다.

④ 표를 배치하고 크기를 적당히 조정한 뒤 표 전체 셀 선택 후 [디자인] 탭-[표 스타일]-[스타일 없음]을 적용한다.

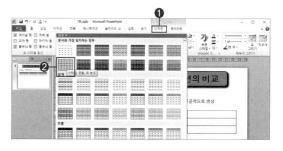

⑤ 표의 열폭을 문제와 비슷하게 경계를 마우스로 끌어 조절하고 2행 2열, 3열을 마우스로 블록 선택하고 [레이아웃] 탭-[셀병합](▦)을 이용하여 셀을 병합한다.

기적의 TIP

병합할 셀을 선택하고 마우스 우클릭 – [셀 병합]을 선택해도 됩니다.

⑥ 표에 텍스트를 입력 후 글꼴 크기 : 16으로 변경하고, 문제와 동일하게 문자열 정렬을 적용한다. 텍스트가 위쪽으로 붙는다면 표 전체 내용을 선택하고 세로 맞춤 정렬도 적용해준다.

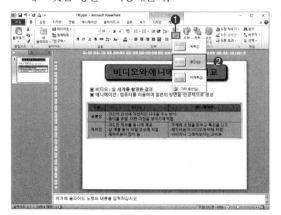

⑦ [도형]-[기본 도형]-[빗면](▱), [액자](▭), [블록 화살표]-[왼쪽/오른쪽/위쪽 화살표](⬆)를 이용하여 슬라이드 하단 도형을 완성하고 아래와 같이 속성을 변경한다.

항목	속성
빗면 화살표	[도형 채우기] : 흰색, 배경1
액자	[도형 윤곽선] : 검정, 텍스트1

03. 제2 슬라이드 작성하기

① [홈] 탭-[새 슬라이드]-[빈 화면]을 클릭하여 2번째 슬라이드를 추가한다.
② [도형]-[기본 도형]-[텍스트 상자](가)를 제목위치에 삽입하고 텍스트를 입력한다. (글꼴 크기 : 44, 글꼴 : 돋움)
③ [도형]-[사각형]-[직사각형](▭), [타원](◯)을 이용하여 큰 직사각형과 '통신방식', '1', '데이터의 흐름', '송', '수' 도형을 삽입하고 텍스트를 입력한다.

항목	형식	공통속성
통신방식	• 글꼴 크기 : 36 • 글꼴 : 맑은 고딕	
송, 수	• 글꼴 크기 : 28 • 글꼴 : 맑은 고딕	• [도형 채우기]-[흰색, 배경1] • [도형 윤곽선]-[검정, 텍스트1] • [글꼴 색] : 검정
1	• 글꼴 크기 : 28 • 글꼴 : 바탕체	
데이터의 흐름	• 글꼴 크기 : 18 • 글꼴 : 굴림	
통신방식	• 글꼴 크기 : 32 • 글꼴 : 맑은 고딕	

④ [도형]-[기본 도형]-[텍스트 상자](가), [원통](🛢) [설명선]-[모서리가 둥근 사각형 설명선](💬)를 슬라이드에 삽입하고 노란점을 마우스로 끌어 적당히 배치한 후, 텍스트를 입력한다. [원통]은 [정렬]-[회전] 도구를 이용하여 회전시킨다.

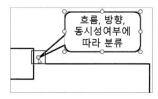

⑤ [도형]-[선]-[화살표]를 이용하여 '데이터의 흐름' 아래 선을 삽입하고 마무리한다.

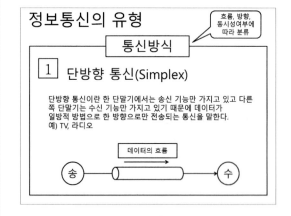

04. 비번호와 출력 페이지 번호 작성하기

① [보기] 탭-[유인물 마스터]를 클릭한다.

② 오른쪽 상단 머리글에 비번호, 수험번호를 작성한다.

③ 왼쪽 바닥글 텍스트 상자를 삭제하고 오른쪽 텍스트 상자를 페이지 가운데로 배치한 뒤 '4-4'를 입력한다. [홈] 탭-[단락]-[가운데 정렬](￪)을 클릭한다.

④ [유인물 마스터] 탭-[마스터 보기 닫기](￩)를 클릭하여 마스터를 종료한다.

05. 인쇄하기

① 엑셀, 액세스, 파워포인트 작업을 모두 완료 후 시험 위원 지시에 따라 답안 파일을 전송하고 출력하도록 한다. 파워포인트는 페이지 설정 사항이 파일에 저장되지 않으므로 출력할 때마다 설정해 주어야 하니 주의하도록 한다.

② [빠른 실행 도구]-[인쇄 미리 보기 및 인쇄](￩) 도구를 클릭하고, 그림과 같이 설정한다.

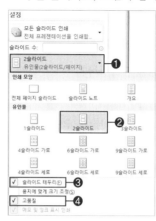

공단 공개문제 05회

시험 시간	풀이 시간
120분	분

01 EXCEL 표 계산(SP) 작업

웨스터항공에서는 항공운영 수입내역을 작성하여 분석하고자 한다. 다음 자료(DATA)를 이용하여 작성 조건에 따라 작업 표와 그래프를 작성하고, 그 인쇄 출력물을 제출하시오.

01 작업 표(WORK SHEET) 작성

1. 자료(DATA)

항공사 운영 현황

열 행	A	B	C	D	E
3	국가	관광객	수익	운영비	사고여객기
4	미국	10	130,000	20,000	7
5	한국	4	70,000	8,000	3
6	베트남	15	200,000	26,000	9
7	러시아	3	70,000	6,000	1
8	영국	2	70,000	4,000	1
9	일본	1	10,000	2,000	7
10	덴마크	7	130,000	14,000	4
11	프랑스	8	130,000	16,000	5
12	중국	6	130,000	1,000	1
13	홍콩	12	200,000	5,000	2
14	필리핀	11	200,000	3,000	3
15	호주	5	70,000	18,000	1
16	뉴질랜드	9	130,000	13,000	1
17	독일	7	260,000	15,000	1
18	스위스	8	130,000	4,000	1
19	벨기에	12	190,000	19,000	1
20	네덜란드	9	170,000	11,000	2
21	체코	6	130,000	3,000	1
22	폴란드	15	90,000	5,000	1
23	대만	12	170,000	8,000	3

※ 자료(DATA) 부분에서 음영 처리 표시된 부분은 행/열의 기준을 나타내며 이는 작성(입력)하지 않음을 반드시 유의하시오.

2. 작업 표 형식

항공 운영 수입 현황

행＼열	A	B	C	F	G	H	I	J
3	국가	관광객	수익	세금	순이익금	신뢰도	항로폐쇄여부	순위
4 ⋮ 23	–	–	–	❶	❷	❸	❹	❺
24	평균			❻	❻			
25	신뢰도별 합계	A	❼	❼	❼			
26		B	❽	❽	❽			
27		C	❾	❾	❾			
28	관광객이 10 이상 15 미만인 합			❿	❿			
29	항로폐쇄여부에서 "폐쇄"인 개수				⓫개			
30	⓬							
31	⓭							

※ 음영 처리 표시된 부분은 작성하지 않습니다.

3. 작성 조건

가) 작성 시 유의 사항

Ⓐ 작업 표의 작성은 "나)~라)" 항에 제시된 내용을 따르고 반드시 제시된 조건(함수 적용, 기재된 단서 조항 등)에 따라 처리하시오.

Ⓑ 제시된 작성 조건을 따르지 아니하고 여타의 방법 일체(제시된 함수 이외 다른 함수 적용, 함수 미적용, 별도 전자계산기 사용 등)를 사용하여 도출된 결과는 그 답이 맞더라도 정답으로 인정되지 않음을 반드시 유의하시오.

나) 작업 표의 구성 및 서식

Ⓐ "작업 표 형식"에서 행과 열에 관계된 음영 처리 표시된 부분은 작성하지 않음을 유의하고 반드시 제시된 행/열에 맞추도록 하시오.

Ⓑ 제목 서식 : 20포인트 크기로 하고 가운데 정렬하시오.

Ⓒ 글꼴 서식 : 임의 선정하시오.

다) 원문자가 표시된 셀은 아래의 방법을 이용하여 작성하시오.

❶ 세금 : 수익 × 1%

❷ 순이익금 : 수익 – 세금 – 운영비

❸ 신뢰도 : 사고여객기의 수가 7 이상은 "D", 4 이상 7 미만은 "C", 2 이상 4 미만은 "B", 나머지는 "A"로 표시하시오.

❹ 항로폐쇄여부 : 순이익금이 100,000원 이하이면 "폐쇄"로 표시하고, 나머지는 공란으로 하시오.

❺ 순위 : 관광객이 가장 많은 수를 1로 순위를 나타내시오(단, RANK 함수 사용).

❻ 평균 : 각 해당 항목별 평균을 산출하시오(단, AVERAGE 함수 사용).

❼ 신뢰도별 합계 A : 신뢰도가 "A"인 항목별 합계를 산출하시오(단, SUMIF 또는 SUMIFS 함수사용).

❽ 신뢰도별 합계 B : 신뢰도가 "B"인 항목별 합계를 산출하시오(단, SUMIF 또는 SUMIFS 함수 사용).

❾ 신뢰도별 합계 C : 신뢰도가 "C"인 항목별 합계를 산출하시오(단, SUMIF 또는 SUMIFS 함수 사용).

❿ 관광객이 10 이상 15 미만인 합 : 항목별 합계를 산출하시오(단, SUMIF 또는 SUMIFS 함수 사용).

⓫ 항목 ❹를 처리한 결과 "폐쇄"인 셀의 개수를 산출하시오(단, COUNTIF 또는 COUNTIFS 함수 사용, 결과 값 뒤에 "개"가 출력되도록 하시오.).

⓬ 항목 ❿에 사용한 함수식을 기재하시오(단, 순이익금을 기준으로 하시오.).

⓭ 항목 ❹에 사용한 함수식을 기재하시오(단, 국가가 일본인 행을 기준으로, IF 함수 사용).

※ 함수식을 기재하는 ⓬~⓭란은 반드시 해당 항목에 제시된 함수의 작성 조건에 따라 도출된 함수식을 기재하여야 하며, 작성 조건을 위배하여 임의로 작성할 시 해당 답이 맞더라도 틀린 항목으로 채점됨을 유의하시오. 또한 함수식을 작성할 때는 "라) 작업 표의 정렬 순서(SORT)"에 따른 조건에 맞게 정렬 후 도출된 결과에 따른 함수식을 기재하시오.

라) 작업 표의 정렬 순서(SORT)는 항로폐쇄여부의 오름차순으로 하고, 항로폐쇄여부가 같으면 순이익금의 오름차순으로 정렬하시오.

마) 기타

(1) 금액에 대한 수치는 원화(₩) 표시를 하고 천 단위마다 ,(Comma)를 표시한다. 단, 금액 이외의 수치는 ,(Comma)를 표시하지 않는다.

(2) 모든 수치(숫자, 통화, 회계, 백분율 등)는 셀 서식의 속성을 설정하는 과정에서 소수 자릿수를 "0"으로 지정하여 정수로 표시하시오.

(3) 음수는 "-"가 나타나도록 한다.

(4) 숫자 셀은 우측을 수직으로 맞추고, 문자 셀은 수평 중앙으로 맞추며 기타는 작업 표 형식에 따르도록 하시오. 특히, 인쇄 출력 시 판독 불가능이 발생되지 않도록 인쇄 미리 보기 등을 통하여 셀의 크기를 적당히 조정하시오.

02 그래프(GRAPH) 작성

작성한 작업 표에서 항로폐쇄여부가 폐쇄인 국가별 수익과 순이익금을 나타내는 그래프를 작성하시오.

[작성 조건]

1) 그래프 형태

순이익금(묶은 세로 막대형), 수익(데이터 표식이 있는 꺾은 선형) : 혼합형 단일축 그래프

(단, 수익만 데이터 레이블의 값이 표시된 혼합형 단일축 그래프로 하시오.)

2) 그래프 제목 : 폐쇄항로 국가의 이익금 현황 ---- (확대 출력)

3) X축 제목 : 국가

4) Y축 제목 : 금액

5) X축 항목 단위 : 해당 문자열

6) Y축 눈금 단위 : 임의

7) 범례 : 순이익금, 수익

8) 출력물 크기 : A4 용지 1/2장 범위 내

9) 기타 : 작성 조건에 없는 형식이나 모양 등은 기본 설정 값에 따르며, 그래프 너비는 작업 표 너비에 맞추도록 하시오.

※ 그래프는 반드시 작성된 작업 표와 연동하여 작업하여야 하며, 그래프의 영역(범위) 설정 오류로 인한 불이익은 전적으로 수험자 본인에게 있습니다.

DIXE 음반기획사에서는 음반 판매 관리를 전산화하려고 한다. 다음의 입력 자료를 이용하여 DB를 설계하고 작성 조건에 따라 처리 파일을 작성하고, 그 인쇄 출력물을 제출하시오.

01 자료 처리(DBMS) 작업 작성 조건

1) 자료 처리(DBMS) 작업은 조회 화면(SCREEN) 설계와 자료 처리 보고서의 2가지 작업을 수행하여야 하며, 그 결과물은 수험자 유의 사항 [3] 자료 처리(DBMS) 작업]을 참고하여 작업하시오.
2) 반드시 인쇄 작업 수행 전 미리보기 등을 통해 여백을 조정하고, 수치, 문자 등 구성 요소가 누락되지 않도록 주의하시오. 구성 요소가 누락되어 인쇄되지 않은 결과로 인한 모든 책임은 전적으로 수험자 본인에게 있음을 반드시 유의하시오.
3) 문제지에 기재된 작성 조건에 따라 처리하고, 조회 화면 및 자료 처리 보고서의 서식이 작성 조건과 상이할 경우에는 시험 위원의 지시에 따라 작업하시오.

02 입력 자료

음반 판매 내역

가수이름	음반코드	공급단가	판매수량	판매일
박성철	C33	23,000	5700	2014-09-03
김만종	B22	22,000	6200	2014-09-25
임창종	A11	21,000	3800	2014-08-15
조성모	C33	23,000	8100	2014-07-14
김건우	D44	24,000	1900	2014-07-21
유정순	D44	24,000	8300	2014-08-06
엄장화	A11	21,000	4400	2014-09-23
윤희열	C33	23,000	9200	2014-08-30
이수라	D44	24,000	6600	2014-09-01
김성민	B22	22,000	2800	2014-07-12
최정수	B22	22,000	7800	2014-07-12
유창호	A11	21,000	5300	2014-08-28
김수만	C33	23,000	1800	2014-08-05
김경숙	B22	22,000	4200	2014-08-05
이기선	A11	21,000	5000	2014-07-11
엄희영	C33	23,000	3300	2014-07-19
최준우	D44	24,000	2300	2014-08-30
형미림	A11	21,000	1500	2014-07-24
홍경순	A11	21,000	8000	2014-06-21
이광식	A11	21,000	7000	2014-06-22

음반코드표

음반코드	음반명	원가
A11	4집	8,200
B22	3집	8,700
C33	2집	9,300
D44	1집	9,800

03 조회 화면(SCREEN) 설계

> ※ 다음 조건에 따라 음반코드가 A나 B로 시작하면서 판매수량이 4000 이상인 현황을 조회할 수 있는 화면을 설계하고 해당 데이터를 출력
> 하시오.

1) 해당 현황은 목록 상자(리스트박스)에서 판매수량 오름차순으로 출력하고, 화면 아래에 조회 시 작성한 SQL문을
   복사하시오.
   - WHERE 조건절에 음반코드, 판매수량, LIKE 연산 반드시 포함
   - INNER JOIN, ORDER BY 구문 반드시 포함
   ※ SQL문에 상기 내용 미포함 시 SQL 작성 부분 0점 처리
2) 리스트박스 조회 시 작성된 SQL문이 작성되지 않을 경우에는 "03 조회 화면(SCREEN) 설계" 과제가 0점 처리됨
   을 반드시 유의하시오.
3) 목록 상자에 표시되어야 할 필수적인 필드명은 다음과 같습니다.
   - 음반코드, 음반명, 원가, 가수이름, 공급단가, 판매수량
4) 폼 서식에 제반되는 폰트, 점선 등은 아래 [조회 화면 서식]에 보이는 대로 기재하시오.
5) 기타 사항은 "04 자료 처리 파일(FILE) 작성"의 [기타 조건]을 따르시오.

[조회 화면 서식]

음반코드가 A나 B로 시작하면서
판매수량이 4000 이상인 현황

음반코드	음반명	원가	가수이름	공급단가	판매수량

리스트박스 조회 시 작성된 SQL문

04 자료 처리 파일(FILE) 작성

※ 다음 조건에 따라 아래 양식과 같이 작성하시오.

[처리 조건]
1) 판매일 중에서 월(6월, 7월, 8월, 9월)별로 정리한 후, 같은 월에서는 판매이윤의 오름차순으로 정렬(SORT)하시오.
2) 판매금액 : 판매수량 × 공급단가
3) 판매이윤 : 판매금액 − (원가 × 판매수량)
4) 판매일은 MM−DD 형식으로 한다.
5) 월별소계 : 월별 판매수량, 판매금액, 판매이윤의 합 산출
6) 총평균 : 판매수량, 판매금액, 판매이윤의 전체 평균 산출

[기타 조건]
1) 조회 화면 및 보고서의 제목은 16 정도의 임의 서체로 하시오.
2) 금액에 대한 수치는 원화(₩) 혹은 달러($) 표시를 하고 천 단위마다 ,(Comma)를 표시하시오(단, 금액 이외의 수치는 ,(Comma)를 표시하지 않도록 하시오.).
3) 모든 수치(숫자, 통화, 백분율 등)는 컨트롤의 속성을 설정하는 과정에서 소수 자릿수를 "0"으로 지정하여 정수로 표시하시오.
4) 데이터의 열과 간격은 일정하게 맞추도록 하시오.

월별 음반 판매 현황

판매일	가수이름	음반명	공급단가	판매수량	판매금액	판매이윤
MM−DD	XXXX	XXXX	₩X,XXX	XXXX	₩X,XXX	₩X,XXX
−	−	−	−	−	−	−
	6월 소계			XXXX	₩X,XXX	₩X,XXX
MM−DD	XXXX	XXXX	₩X,XXX	XXXX	₩X,XXX	₩X,XXX
−	−	−	−	−	−	−
	7월 소계			XXXX	₩X,XXX	₩X,XXX
MM−DD	XXXX	XXXX	₩X,XXX	XXXX	₩X,XXX	₩X,XXX
−	−	−	−	−	−	−
	8월 소계			XXXX	₩X,XXX	₩X,XXX
MM−DD	XXXX	XXXX	₩X,XXX	XXXX	₩X,XXX	₩X,XXX
−	−	−	−	−	−	−
	9월 소계			XXXX	₩X,XXX	₩X,XXX
	총평균			XXXX	₩X,XXX	₩X,XXX

03 POWERPOINT 시상(PT) 작업

주어진 2개의 슬라이드를 슬라이드 작성 조건에 따라 작업하여 인쇄합니다.

[슬라이드 작성 조건]

1) 각 슬라이드를 문제의 슬라이드 원안과 같이 인쇄하여 제출합니다.
 (특히 글자, 음영, 그림자, 도형 등 인쇄된 내용 그대로 작업함을 유의하시오.)
2) "주1)" 등 특수한 속성 지정이 되어 있는 경우 지시에 따라 작성하시오.
3) 글꼴은 문제 원안과 같거나 유사한 형태로 작업합니다.
4) 글자, 그림 및 도형 등의 크기와 모양은 문제 원안과 같거나 유사한 형태로 작업합니다.
5) 모든 글씨, 선 등은 흑백(그레이스케일)으로 작업하되, 글상자, 그림 및 도형 등에서 색 채우기가 있는 경우 색 채우기는 회색 40% 정도, 투명도 0%를 기준으로 작업합니다.
6) 각 슬라이드는 원안과 같이 외곽선 테두리가 인쇄되도록 인쇄합니다.
7) 각 슬라이드 크기는 A4 용지의 1/2 범위 내에 인쇄가 가능한 크기가 되도록 조정하여, 슬라이드 2개를 A4 용지 1매 안에 모두 인쇄합니다.
8) 비번호, 수험번호, 성명, 페이지 번호 등은 반드시 자필로 기재합니다.

01 제1 슬라이드

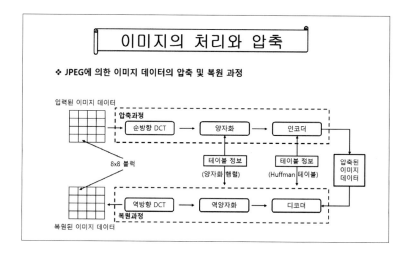

02 제2 슬라이드

5) 망의 형태에 의한 통신망 구분

- **스타(STAR)형**
  - **중앙에 컴퓨터가 있고 이를 중심으로 단말기들이 연결되는형태**
  - **중앙 집중식**
  - **장점**
    - 각 장치는 하나의 링크와 하나의 I/O 포트만 필요로 하므로 설치와 재구성이 쉽다.
    - 하나의 링크에 문제가 발생하면 해당 링크만 영향을 받는다.
    - 그물형(망형)보다는 비용이 적게 든다.
    - 네트워크의 오류진단이 용이하다.
  - **단점**
    - 추가 비용이 많이 들며 컴퓨터와 단말기간의 통신회선의 수가 많이 필요하다.

스타형 통신망

| 작업 표(WORK SHEET) 작성 |

항공 운영 수입 현황

국가	관광객	수익	세금	순이익금	신뢰도	항로폐쇄여부	순위
미국	10	₩130,000	₩1,300	₩108,700	D		7
프랑스	8	₩130,000	₩1,300	₩112,700	C		10
덴마크	7	₩130,000	₩1,300	₩114,700	C		12
뉴질랜드	9	₩130,000	₩1,300	₩115,700	A		8
스위스	8	₩130,000	₩1,300	₩124,700	A		10
체코	6	₩130,000	₩1,300	₩125,700	A		14
중국	6	₩130,000	₩1,300	₩127,700	A		14
네덜란드	9	₩170,000	₩1,700	₩157,300	B		8
대만	12	₩170,000	₩1,700	₩160,300	B		3
벨기에	12	₩190,000	₩1,900	₩169,100	A		3
베트남	15	₩200,000	₩2,000	₩172,000	D		1
홍콩	12	₩200,000	₩2,000	₩193,000	B		3
필리핀	11	₩200,000	₩2,000	₩195,000	B		6
독일	7	₩260,000	₩2,600	₩242,400	A		12
일본	1	₩10,000	₩100	₩7,900	D	폐쇄	20
호주	5	₩70,000	₩700	₩51,300	A	폐쇄	16
한국	4	₩70,000	₩700	₩61,300	B	폐쇄	17
러시아	3	₩70,000	₩700	₩63,300	A	폐쇄	18
영국	2	₩70,000	₩700	₩65,300	A	폐쇄	19
폴란드	15	₩90,000	₩900	₩84,100	A	폐쇄	1
평균			₩1,340	₩122,610			
신뢰도별 합계	A	₩1,270,000	₩12,700	₩1,169,300			
	B	₩810,000	₩8,100	₩766,900			
	C	₩260,000	₩2,600	₩227,400			
관광객이 10 이상 15 미만인 합			₩8,900	₩826,100			
항로폐쇄여부에서 "폐쇄"인 개수					6 개		
=SUMIFS(G4:G23,$B$4:$B$23,">=10",$B$4:$B$23,"<15")							
=IF(G18<=100000,"폐쇄","")							

| 그래프(GRAPH) 작성 |

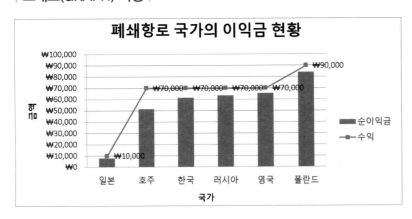

| 조회 화면 설계 |

음반코드가 A 나 B로 시작하면서
판매수량이 4000 이상인 현황

음반코드	음반명	원가	가수이름	공급단가	판매수량
B22	3집	₩8,700	김경숙	₩22,000	4200
A11	4집	₩8,200	엄장화	₩21,000	4400
A11	4집	₩8,200	이기선	₩21,000	5000
A11	4집	₩8,200	유창호	₩21,000	5300
B22	3집	₩8,700	김만중	₩22,000	6200
A11	4집	₩8,200	이광식	₩21,000	7000
B22	3집	₩8,700	최정수	₩22,000	7800
A11	4집	₩8,200	홍경순	₩21,000	8000

리스트박스 조회 시 작성된 SQL문

SELECT 테이블2.음반코드, 테이블2.음반명, 테이블2.원가, 테이블1.[가수이름], 테이블1.[공급단가], 테이블1.[판매수량]
FROM 테이블1 INNER JOIN 테이블2 ON 테이블1.[음반코드] = 테이블2.음반코드
WHERE (((테이블2.음반코드) Like "A*" Or (테이블2.음반코드) Like "B*") AND ((테이블1.[판매수량])>=4000))
ORDER BY 테이블1.[판매수량]

| 자료 처리 파일 |

월별 음반 판매 현황

판매일	가수이름	음반명	공급단가	판매수량	판매금액	판매이윤
06-22	이광식	4집	₩21,000	7000	₩147,000,000	₩89,600,000
06-21	홍경순	4집	₩21,000	8000	₩168,000,000	₩102,400,000
		6 월 합계		15000	₩315,000,000	₩192,000,000
07-24	형미림	4집	₩21,000	1500	₩31,500,000	₩19,200,000
07-21	김건우	1집	₩24,000	1900	₩45,600,000	₩26,980,000
07-12	김성민	3집	₩22,000	2800	₩61,600,000	₩37,240,000
07-19	엄희영	2집	₩23,000	3300	₩75,900,000	₩45,210,000
07-11	이기선	4집	₩21,000	5000	₩105,000,000	₩64,000,000
07-12	최정수	3집	₩22,000	7800	₩171,600,000	₩103,740,000
07-14	조성묘	2집	₩23,000	8100	₩186,300,000	₩110,970,000
		7 월 합계		30400	₩677,500,000	₩407,340,000
08-05	김수만	2집	₩23,000	1800	₩41,400,000	₩24,660,000
08-30	최준우	1집	₩24,000	2300	₩55,200,000	₩32,660,000
08-15	임창홍	4집	₩21,000	3800	₩79,800,000	₩48,640,000
08-05	김경숙	3집	₩22,000	4200	₩92,400,000	₩55,860,000
08-28	유창호	4집	₩21,000	5300	₩111,300,000	₩67,840,000
08-06	유정순	1집	₩24,000	8300	₩199,200,000	₩117,860,000
08-30	윤회열	2집	₩23,000	9200	₩211,600,000	₩126,040,000
		8 월 합계		34900	₩790,900,000	₩473,560,000
09-23	엄장화	4집	₩21,000	4400	₩92,400,000	₩56,320,000
09-03	박성철	2집	₩23,000	5700	₩131,100,000	₩78,090,000
09-25	김만중	3집	₩22,000	6200	₩136,400,000	₩82,460,000
09-01	이수라	1집	₩24,000	6600	₩158,400,000	₩93,720,000
		9 월 합계		22900	₩518,300,000	₩310,590,000
		총평균		5160	₩115,085,000	₩69,174,500

01 제1 슬라이드

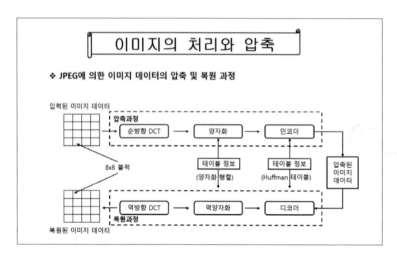

02 제2 슬라이드

5) 망의 형태에 의한 통신망 구분

- **스타(STAR)형**
  - **중앙에 컴퓨터가 있고 이를 중심으로 단말기들이 연결되는형태**
  - **중앙 집중식**
  - **장점**
    - 각 장치는 하나의 링크와 하나의 I/O 포트만 필요로 하므로 설치와 재구성이 쉽다.
    - 하나의 링크에 문제가 발생하면 해당 링크만 영향을 받는다.
    - 그물형(망형)보다는 비용이 적게 든다.
    - 네트워크의 오류진단이 용이하다.
  - **단점**
    - 추가 비용이 많이 들며 컴퓨터와 단말기간의 통신회선의 수가 많이 필요하다.

스타형 통신망

01 EXCEL 표 계산(SP) 작업 풀이

01. 자료(DATA) 입력 및 작성 조건 처리하기

① Excel을 실행한다.

> Ⓐ "작업 표 형식"에서 행과 열에 관계된 음영 처리 표시된 부분은 작성하지 않음을 유의하고 반드시 제시된 행/열에 맞추도록 하시오.
> Ⓑ 제목 서식 : 20포인트 크기로 하고 가운데 정렬하시오.
> Ⓒ 글꼴 서식 : 임의 선정하시오.

② 1. 자료(DATA)를 참고하여 [A3] 셀부터 [E23] 셀까지 문제에 제시된 행/열에 맞게 자료를 입력한다.

	A	B	C	D	E	F
1						
2						
3	국가	관광객	수익	운영비	사고여객기	
4	미국	10	130,000	20,000	7	
5	한국	4	70,000	8,000	3	
6	베트남	15	200,000	26,000	9	
7	러시아	3	70,000	6,000	1	
8	영국	2	70,000	4,000	1	
9	일본	1	10,000	2,000	7	
10	덴마크	7	130,000	14,000	4	
11	프랑스	8	130,000	16,000	5	
12	중국	6	130,000	1,000	1	
13	홍콩	12	200,000	5,000	2	
14	필리핀	11	200,000	3,000	1	
15	호주	5	70,000	18,000	1	
16	뉴질랜드	9	130,000	13,000	1	
17	독일	7	260,000	15,000	1	
18	스위스	8	130,000	4,000	1	
19	벨기에	12	190,000	19,000	1	
20	네덜란드	9	170,000	11,000	2	
21	체코	6	130,000	3,000	1	
22	폴란드	15	90,000	5,000	1	
23	대만	12	170,000	8,000	3	

③ 2. 작업 표 형식을 참고하여 [A1] 셀에 "항공 운영 수입 현황" 제목을 작성한다.

④ [A1]~[J1] 셀까지 블록 선택한 뒤 [홈] 탭-[병합하고 가운데 맞춤](🔲·)과 글꼴 20을 차례대로 적용한다. 2행 머리글을 선택하고 마우스 우클릭을 한 다음 [숨기기]를 적용한다.

⑤ 2. 작업 표 형식을 참고하여 나머지 계산결과 항목을 제시된 해당 열에 입력하고, 하단의 24행~31행에 제시된 자료를 입력하고, 병합하여야 할 셀은 [홈] 탭-[병합하고 가운데 맞춤](🔲·)을 이용하여 병합해준다.

⑥ 입력 범위에 [홈] 탭-[글꼴] 그룹-[모든 테두리](⊞)를 적용한 뒤, 3행~31행까지 행 머리글을 선택하고 [홈] 탭-[글꼴] 그룹-글꼴 크기를 9로 변경하여 행 높이와 글꼴 크기를 동시에 줄여준다.

⑦ 자료 입력을 완료한 다음 [빠른 실행 도구 모음]의 [저장](💾)을 클릭하여 시험 위원이 지정한 폴더에 지정된 파일명으로 저장한다. (예 : A019)

02. 원문자(함수) 작성 조건 처리하기

함수식 작성 시에는 아래 문제에 제시된 조건에 맞게 식을 작성하도록 한다.

> ※ 함수식을 기재하는 ⑫~⑬란은 반드시 해당 항목에 제시된 함수의 작성 조건에 따라 도출된 함수식을 기재하여야 하며, 작성조건을 위배하여 임의로 작성할 시 해당 답이 맞더라도 틀린 항목으로 채점됨을 유의하시오. 또한 함수식을 작성할 때는 "라) 작업 표의 정렬 순서(SORT)"에 따른 조건에 맞게 정렬 후 도출된 결과에 따른 함수식을 기재하시오.

❶ 세금 : 수익 × 1%

=C4*1%

❷ 순이익금 : 수익 − 세금 − 운영비

=C4−F4−D4

❸ 신뢰도 : 사고여객기의 수가 7 이상은 "D", 4 이상 7 미만은 "C", 2 이상 4 미만은 "B", 나머지는 "A"로 표시하시오.

=IF(E4>=7,"D",IF(E4>=4,"C",IF(E4>=2,"B","A")))

❹ 항로폐쇄여부 : 순이익금이 100,000원 이하이면 "폐쇄"로 표시하고, 나머지는 공란으로 하시오.

=IF(G4<=100000,"폐쇄","")

❺ 순위 : 관광객이 가장 많은 수를 1로 순위를 나타내시오(단, RANK 함수 사용).

=RANK(B4,$B$4:$B$23)

❻ 평균 : 각 해당 항목별 평균을 산출하시오(단, AVERAGE 함수 사용).

=AVERAGE(F4:F23)

각 식을 입력하고 자동 채우기를 하여 답을 완성한다.

❼ 신뢰도별 합계 A : 신뢰도가 "A"인 항목별 합계를 산출하시오(단, SUMIF 또는 SUMIFS 함수사용).

❽ 신뢰도별 합계 B : 신뢰도가 "B"인 항목별 합계 산출하시오(단, SUMIF 또는 SUMIFS 함수 사용).

❾ 신뢰도별 합계 C : 신뢰도가 "C"인 항목별 합계 산출하시오(단, SUMIF 또는 SUMIFS 함수 사용).

=SUMIF($H$4:$H$23,$B25,C$4:C$23)

⑩ 관광객이 10 이상 15 미만인 합 : 항목별 합계 산출하시오(단, SUMIF 또는 SUMIFS 함수 사용).

=SUMIFS(F4:F23,$B$4:$B$23,">=10",$B$4:$B$23,"<15")

⑪ 항목 **❹**를 처리한 결과 "폐쇄"인 셀의 개수를 산출하시오(단, COUNTIF 또는 COUNTIFS 함수 사용. 결과 값 뒤에 "개"가 출력되도록 하시오).

=COUNTIF($I$4:$I$23,"폐쇄")
Ctrl + 1 을 눌러 [표시 형식]-[사용자 정의] #개 입력

⑫ 항목 **⑩**에 사용한 함수식을 기재하시오(단, 순이익금을 기준으로 하시오).

'=SUMIFS(G4:G23,$B$4:$B$23,">=10",$B$4:$B$23,"<15")
[G28]셀의 식을 복사하여 [A30] 셀에 붙여넣기 한다.

⑬ 항목 **❹**에 사용한 함수식을 기재하시오(단, 국가가 일본인 행을 기준으로, IF 함수 사용).

'=IF(G18<=100000,"폐쇄","")
라) 작업 표의 정렬 순서를 적용하고, [I18] 셀의 식을 복사하여 [A31] 셀에 붙여넣기 한다.

03. 작업 표 정렬하기

> 라) 작업 표의 정렬 순서(SORT)는 항로폐쇄여부의 오름차순으로 하고, 항로폐쇄여부가 같으면 순이익금의 오름차순으로 정렬 하시오.

① [A3:J23] 범위를 선택한다.
② [데이터] 탭-[정렬]을 클릭하고 지시사항과 같이 정렬 기준을 설정한다.

③ 정렬 후 함수 작업 ⑬번 식을 작성한다.

04. 기타 작업으로 형식 적용하기

(1) 금액에 대한 수치는 원화(₩) 표시를 하고 천 단위마다 ,(Comma)를 표시한다(단, 금액 이외의 수치는 ,(Comma)를 표시하지 않는다.).
(2) 모든 수치(숫자, 통화, 회계, 백분율 등)는 셀 서식의 속성을 설정하는 과정에서 소수 자릿수를 "0"으로 지정하여 정수로 표시하시오.
(3) 음수는 "-"가 나타나도록 한다.
(4) 숫자 셀은 우측으로 수직으로 맞추고, 문자 셀은 수평 중앙으로 맞추며 기타는 작업 표 형식에 따르도록 하시오. 특히, 인쇄 출력 시 판독 불가능이 발생되지 않도록 인쇄 미리보기 등을 통하여 셀의 크기를 적당히 조정하시오.

[형식 지정하기]

통화	[C4:D23], [F24:G28], [C25:C27]
정수(숫자)	[B4:B23], [E4:E23], [J4:J23]
가운데 정렬	[A3:J3], [A4:A27], [H4:I23]
테두리	• [A3:J31] : 모든 테두리 • [A4:J23] : 가운데 테두리 해제

05. 페이지 설정하기

① [D:E] 열 머리글 선택-마우스 우클릭-열 숨기기를 선택하여 2. 작업 표 형식에 표시된 열만 표시하도록 한다.

② 빠른 실행 도구-[인쇄 미리 보기 및 인쇄](🔍) 클릭-[페이지 설정] 클릭 후 아래와 같이 여백을 설정한다. 위쪽 : 6, 아래쪽 : 1, 왼쪽 : 1, 오른쪽 : 1, 페이지 가운데 맞춤 : [가로]에 체크한다.

③ [페이지 설정] 대화상자 [머리글/바닥글] 탭을 클릭하고 [머리글 편집]을 클릭하고 오른쪽 구역에 수험번호, 비번호를 입력한 후 [확인]을 클릭한다.

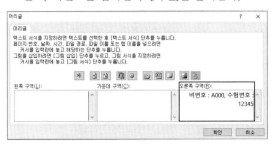

④ [바닥글 편집]을 클릭하고 가운데 구역에 인쇄물 페이지 번호 "4-1"을 입력한 뒤 [확인]을 클릭한다.

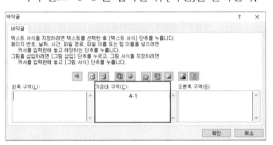

⑤ [홈] 탭을 눌러 워크시트로 되돌아 온 뒤 열 폭을 조절하여 인쇄 경계에 작업 표 마지막 열이 포함되도록 설정한다.

항로폐쇄여부	순위
	7
	10
	12
	8
	10
	14

기적의 TIP

인쇄 경계선은 작업에 따라 다른 열에 표시될 수 있습니다. 꼭 그림처럼 J열에 맞추는 것이 아니라 작업 표 마지막 열이 경계선에 닿도록 해야 합니다. 넘어가면 2페이지에 출력되고 부족하면 작업 표가 좌측으로 쏠리게 됩니다.

06. 그래프 작성하기

⑩2 그래프(GRAPH) 작성

작성한 작업 표에서 항로폐쇄여부가 폐쇄인 국가별 수익과 순이익금을 나타내는 그래프를 작성하시오.

[작성 조건]
1) 그래프 형태
   순이익금(묶은 세로 막대형), 수익(데이터 표식이 있는 꺾은 선형) : 혼합형 단일축 그래프
   (단, 수익만 데이터 레이블의 값이 표시된 혼합형 단일축 그래프로 하시오.)
2) 그래프 제목 : 폐쇄항로 국가의 이익금 현황 ---- (확대 출력)
3) X축 제목 : 국가
4) Y축 제목 : 금액
5) X축 항목 단위 : 해당 문자열
6) Y축 눈금 단위 : 임의
7) 범례 : 순이익금, 수익
8) 출력물 크기 : A4 용지 1/2장 범위 내
9) 기타 : 작성 조건에 없는 형식이나 모양 등은 기본 설정 값에 따르며, 그래프 너비는 작업 표 너비에 맞추도록 하시오.

① 작성 조건에 해당하는 범위를 [Ctrl]을 이용하여 연속 선택한다.
② [삽입] 탭-[세로 막대형]-[묶은 세로 막대형]을 클릭하여 차트를 워크시트에 삽입한다.
③ 차트를 선택하고 [디자인] 탭-[차트 레이아웃]-[레이아웃 9]를 적용한다.
④ 범례 클릭 후 시간차를 두고 [수익] 계열을 클릭하고 마우스 우클릭을 눌러 [계열 차트 종류 변경]을 클릭하여 [차트 종류 변경] 대화상자에서 [표식이 있는 꺾은 선]을 선택하고 [확인]을 클릭하여 [수익] 계열의 차트 종류를 표식이 있는 꺾은 선형으로 변경한다.
⑤ 그림 영역의 [수익] 임의 계열을 클릭하여 선택한 뒤 [마우스 우클릭]-[데이터 레이블 추가]를 선택한다.

⑥ 차트를 그림과 같이 인쇄 경계선 안쪽, 작업 표 하단에 배치하고 차트 제목(글꼴 크기 : 18), 가로축, 세로축 이름을 입력한다. 인쇄 시 차트가 잘리는 것을 방지하기 위하여 인쇄 경계선과 약 1행 정도 여백을 두고 배치하도록 한다.

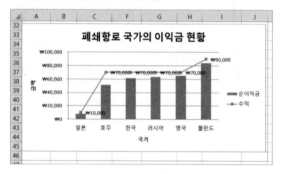

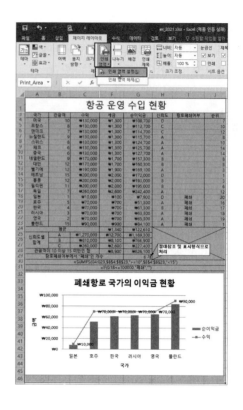

07. 인쇄 영역 설정하기

① 인쇄 경계선을 기준으로 범위를 선택한다(마지막 행은 글꼴 크기 행 높이에 따라 상이하므로 답안 파일과 작업자 파일이 상이할 수 있다.).

② [페이지 레이아웃]–[인쇄 영역]–[인쇄 영역 설정]을 클릭하여 인쇄 영역을 설정한다.

---

02 **ACCESS 자료 처리(DBMS) 작업 풀이**

01. 테이블1 만들기

① [만들기]–[테이블 디자인] 클릭하여 새로운 [테이블 디자인 보기] 창을 실행한다.

② 테이블의 필드와 형식을 다음과 같이 설정한다.

필드 이름	데이터 형식	일반
가수이름	텍스트	
음반코드	텍스트	
공급단가	통화	소수 자릿수 : 0
판매수량	숫자	• 필드 크기 : 정수(Long) • 형식 : 0 • 소수 자릿수 : 0
판매일	날짜/시간	yyyy–mm–dd

③ [닫기](×)를 클릭하여 테이블을 저장한다. 테이블 이름은 임의로 지정한다.
④ 테이블1에는 기본 키를 지정하지 않으므로 '기본 키를 정의하지 않았습니다.' 대화상자에서 [아니오]를 클릭한다.

02. 테이블2 만들기

① [만들기]-[테이블 디자인] 클릭하여 새로운 [테이블 디자인 보기] 창을 실행한다.
② 테이블의 필드와 형식을 다음과 같이 설정한다.

필드 이름	데이터 형식	일반
음반코드	텍스트	기본 키
음반명	텍스트	
원가	통화	소수 자릿수 : 0

③ 음반코드 필드의 [필드 선택기]를 클릭하고 [디자인] 탭-[기본 키]를 클릭하여 기본 키를 적용한다.
④ [닫기](×)를 클릭하여 테이블을 저장한다. 테이블 이름은 임의로 지정한다.

03. 테이블에 데이터 입력

① Access 개체 창에서 테이블1, 테이블2를 각각 더블 클릭하여 실행한 뒤 문제의 '❷ 입력 자료'를 참고하여 데이터를 입력한다.

가수이름	음반코드	공급단가	판매수량	판매일
박성철	C33	₩23,000	5700	2014-09-03
김만종	B22	₩22,000	6200	2014-09-25
임창종	A11	₩21,000	3800	2014-08-15
조성모	C33	₩23,000	8100	2014-07-14
김건우	D44	₩24,000	1900	2014-07-21
유정순	D44	₩24,000	8300	2014-08-06
엄장화	A11	₩21,000	4400	2014-09-23
윤희열	C33	₩23,000	9200	2014-08-30
이수라	D44	₩24,000	6600	2014-09-01
김성민	B22	₩22,000	2800	2014-07-12
최정수	B22	₩22,000	7800	2014-07-12
유창호	A11	₩21,000	5300	2014-08-28
김수만	C33	₩23,000	1800	2014-08-05
김경숙	B22	₩22,000	4200	2014-08-05
이기선	A11	₩21,000	5000	2014-07-11
엄희영	C33	₩23,000	3300	2014-07-19
최준우	D44	₩24,000	2300	2014-08-30
형미림	A11	₩21,000	1500	2014-07-24
홍경순	A11	₩21,000	8000	2014-06-21
이광식	A11	₩21,000	7000	2014-06-22

음반코드	음반명	원가	추가하려면 클릭
A11	4집	₩8,200	
B22	3집	₩8,700	
C33	2집	₩9,300	
D44	1집	₩9,800	

04. 전체 쿼리 만들기

① [만들기] 탭-[쿼리] 그룹-[쿼리 디자인]을 클릭한다.
② [테이블 표시] 대화상자에서 테이블1을 더블 클릭하여 쿼리 디자인 영역에 추가한다.
③ 테이블1의 전체 필드를 추가하기 위하여 테이블1의 '*'를 더블 클릭하여 아래 필드 구성에 추가한다.
④ '❹ 자료 처리 파일(FILE) 작성'의 [처리 조건]에 따라 나머지 필드에 식을 입력한다. 또한 새로 추가되는 식 필드의 경우 필드 선택-마우스 우클릭-[속성]을 클릭하고, [속성] 시트-[형식]에 다음과 같이 설정하도록 한다.

[처리 조건]
1) 판매일 중에서 월(6월, 7월, 8월, 9월)별로 정리한 후, 같은 월에서는 판매이윤의 오름차순으로 정렬(SORT)하시오.
2) 판매금액 : 판매수량 × 공급단가
3) 판매이윤 : 판매금액 - (원가 × 판매수량)
4) 판매일은 MM-DD 형식으로 한다.

구분	필드	형식
테이블1	*	
테이블2	음반명	
테이블2	원가	
식	판매금액 : [판매수량]*[공급단가]	통화
	판매이윤 : [판매금액]-([원가]*[판매수량])	통화
	판매월 : Month([판매일])	0

⑤ '쿼리1 닫기'(×)를 클릭하여 쿼리1을 저장한다.

05. 폼용 조건 검색 쿼리 만들기

① [만들기] 탭-[쿼리] 그룹-[쿼리 디자인]을 클릭한다.
② [테이블 표시] 대화상자에서 테이블1, 테이블2를 더블 클릭하여 쿼리 디자인 영역에 추가한다.
③ '❸ 조회 화면(SCREEN) 설계'의 [조회 화면 서식] 그림을 보고 폼에 추가될 필드를 '쿼리1'에서 더블 클릭하여 추가한다.

④ '**03** 조회 화면(SCREEN) 설계'의 조건에 따라 아래와 같이 조건을 입력한다.

> ※ 다음 조건에 따라 음반코드가 A나 B로 시작하면서 판매수량이 4000 이상인 현황을 조회할 수 있는 화면을 설계하고 해당 데이터를 출력하시오.
> 1) 해당 현황은 목록 상자(리스트박스)에서 판매수량 오름차순으로 출력하고, 화면 아래에 조회 시 작성한 SQL문을 복사하시오.
>   – WHERE 조건절에 음반코드, 판매수량, LIKE 연산 반드시 포함
>   – INNER JOIN, ORDER BY 구문 반드시 포함
>   ※ SQL문에 상기 내용 미포함 시 SQL 작성 부분 0점 처리
> 2) 리스트박스 조회 시 작성된 SQL문이 작성되지 않을 경우에는 "**03** 조회 화면(SCREEN) 설계" 과제가 0점 처리됨을 반드시 유의하시오.
> 3) 목록 상자에 표시되어야 할 필수적인 필드명은 다음과 같습니다.
>   – 음반코드, 음반명, 원가, 가수이름, 공급단가, 판매수량
> 4) 폼 서식에 제반되는 폰트, 점선 등은 아래 [조회 화면 서식]에 보이는 대로 기재하시오.
> 5) 기타 사항은 "**04** 자료 처리 파일(FILE) 작성"의 [기타 조건]을 따르시오.

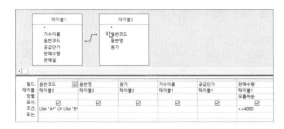

필드	조건/정렬
음반코드	Like "A*" Or Like "B*"
음반명	
원가	
가수이름	
공급단가	
판매수량	>=4000, 오름차순

⑤ [쿼리2 닫기](×)를 클릭하여 '쿼리2'를 저장한다.

⑥ [개체] 창 '쿼리2'를 더블 클릭하여 실행한 뒤 검색 결과와 각 필드의 형식을 검토한다.

음반코드	음반명	원가	가수이름	공급단가	판매수량
B22	3집	₩8,700	김경숙	₩22,000	4200
A11	4집	₩8,200	엄장화	₩21,000	4400
A11	4집	₩8,200	이기선	₩21,000	5000
A11	4집	₩8,200	유창호	₩21,000	5300
B22	3집	₩8,700	김만종	₩22,000	6200
A11	4집	₩8,200	이광식	₩21,000	7000
B22	3집	₩8,700	최정수	₩22,000	7800
A11	4집	₩8,200	홍경순	₩21,000	8000
*					

⑦ [닫기](×)를 클릭하여 '쿼리2'를 닫는다. 만약 검토 결과 오류가 발견되었다면 [개체] 창에서 '쿼리2' 선택–마우스 우클릭–[디자인 보기]를 선택하여 오류를 수정하도록 한다.

06. **04** 조회 화면(SCREEN) 설계 작업하기

(1) 폼 만들고 제목 입력하기

① [만들기] 탭–[폼] 그룹–[폼 디자인]을 클릭한다.

② 본문의 너비를 약 '15'cm 정도로 늘려준다.

③ [디자인] 탭–[컨트롤] 그룹–[레이블](가)을 순서대로 클릭하여 문제 지시와 같이 제목 위치에 그려 넣고 레이블에 "음반코드가 A 나 B로 시작하면서 판매수량이 4000 이상인 현황"을 입력한 뒤 글꼴 크기 : 16으로 변경한다.

> **B 기적의 TIP**
>
> 제목 레이블을 두 줄로 입력(강제 개행) 시에 Shift + Enter 를 누릅니다.

(2) 목록 상자 추가하기

① [디자인] 탭–[컨트롤]–[목록 상자](▦)를 클릭하고 폼 본문 제목 아래 넣는다.

② [목록 상자 마법사]에서 "목록 상자에 다른 테이블이나 쿼리에 있는 값을 가져옵니다."를 선택하고 [다음]을 클릭한다.

③ [보기]에서 [쿼리]를 선택하고 [쿼리: 쿼리2]를 선택한 뒤 [다음]을 클릭한다.

④ [사용가능한 필드]에서 문제에 제시된 필드를 [선택한 필드]에 추가한다.

⑤ 앞서 쿼리 디자인에서 정렬을 지정했으므로 정렬 탭에서는 바로 [다음]을 클릭한다.

⑥ 목록 상자의 열 너비 조정 창에서 필드 간 간격을 맞추고 마지막 필드의 오른쪽 경계가 넘어가 스크롤이 생기지 않도록 설정하고 [마침]을 클릭한다.

⑦ 목록 상자와 함께 추가된 레이블을 선택하고 Delete 를 눌러 삭제한다.

⑧ 목록 상자의 너비를 약 16cm 정도로 조절한 뒤 목록상자 선택-마우스 우클릭-[속성]을 선택하고 [속성] 시트-[형식] 탭-[열 이름]-[예]로 변경한다.

형식	데이터	이벤트	기타	모두
표시		예		∨
열 개수		5		
열 너비		2.54cm;2.778cm;2.7		
열 이름		예		

⑨ [디자인] 탭-[컨트롤]에서 선을 선택하고 Shift 를 누르고 목록 상자 하단 너비에 맞게 선을 그려 넣는다.
⑩ 선을 선택하고 [속성] 시트-[형식]-[테두리 두께]를 3pt로 변경한 뒤 목록 상자 아래에 방향키를 이용해서 적당히 배치한다.
⑪ 마우스로 드래그하여 목록 상자와 선을 같이 선택하고 [정렬] 탭-[크기 및 순서지정] 그룹-[크기/공간]-[가장 넓은 너비에]를 선택해 목록 상자와 선의 너비를 맞춰준다.
⑫ [정렬] 탭-[크기 및 순서지정] 그룹-[맞춤]-[왼쪽]을 선택하여 선과 목록 상자의 위치를 맞춰준다.

07. 보고서 만들기

(1) 보고서 마법사로 보고서 만들기

① [만들기] 탭-[보고서 마법사]를 클릭한다.
② 보고서 마법사 단계별 작업

[처리 조건]
1) 판매일 중에서 월(6월, 7월, 8월, 9월)별로 정리한 후, 같은 월에서는 판매이윤의 오름차순으로 정렬(SORT)하시오.
5) 월별소계 : 월별 판매수량, 판매금액, 판매이윤의 합 산출
6) 총평균 : 판매수량, 판매금액, 판매이윤의 전체 평균 산출

단계	작업
보고서에 어떤 필드를 넣으시겠습니까?	[테이블/쿼리] : 쿼리1 선택
	보고서 그림에 표시된 필드 추가
그룹 수준을 지정하시겠습니까?	[처리 조건]에 따라 [판매월] 필드 추가
정렬 순서와 요약 정보	정렬 : 판매이윤, 오름차순
	요약 옵션 : 판매수량, 판매금액, 판매이윤 선택
보고서에 어떤 모양을 지정하시겠습니까?	모양 : 단계, 용지 방향 : 세로
보고서 제목을 지정하십시오.	쿼리1 (임의로 수정 가능)
	보고서 디자인 수정 선택

(2) 보고서 디자인에서 컨트롤 배치하기

① 보고서 디자인 흰 바탕(인쇄 영역)의 경계를 16 이하로 줄여준다.
② 문제 제시 보고서를 보고 필드의 순서를 배치한다. 배치 시 [정렬] 탭의 정렬 및 순서 조정의 [크기/공간], [맞춤]을 충분히 활용하도록 한다.
③ 보고서 머리글을 제외한 나머지 범위를 마우스로 드래그하여 선택하고 글꼴 크기 : 9, 글꼴 색 : 검정으로 변경한다.
④ 컨트롤 및 수정

구역	작업
보고서 머리글	• 제목 : 월별 음반 판매 현황 • 글꼴 : 16
	오른쪽 위에 비번호, 수험번호 작성
페이지 머리글	각 레이블 크기 조절 및 배치
	선 삽입 : 테두리 두께 1pt, 아래쪽 배치
그룹 머리글	[판매월] 텍스트 상자 그룹바닥글 이동 및 '월합계' 레이블 뒤에 붙임
	높이 : 0으로 설정하여 숨김
본문	페이지 머리글 레이블과 위치 크기 맞추어 배치
	높이 : 0.7으로 최소한으로 줄여준다.
그룹 바닥글	• "="에 대한 요약 " ~~~" 레이블 삭제 • 그룹 머리글에서 가져온 텍스트 상자 배치 • 요약 =SUM() 텍스트 상자 페이지 머리글 레이블과 세로 방향 열에 맞추어 배치
	성별 필드 열에 =Count(*) & "명" 텍스트 상자 추가
	선 삽입 : 테두리 두께 1pt, 위쪽/아래쪽 배치
페이지 바닥글	• "=[Page]~ " 등의 텍스트 상자 모두 삭제 • 높이 : 0으로 설정하여 숨김
보고서 바닥글	• 총 합계 레이블 총 평균으로 수정하여 페이지 머리글 필드에 맞게 배치 • SUM → AVG 로 함수명 변경
	선 삽입 : 테두리 두께 1pt, 아래쪽 배치
	선 아래 인쇄 번호 "4-3" 레이블 삽입

⑤ 보고서 속성 조정

[보고서 디자인 보기]를 닫고(▣) [인쇄 미리 보기](🔍)
를 통하여 텍스트 상자의 형식에 문제가 있는 경우 속
성 값을 변경한다.

해당 컨트롤	속성 설정 값
제목 레이블	글꼴 크기 : 16
직선	• 테두리 두께 : 1pt • 테두리 색 : 검정, 텍스트1
모든 텍스트 상자	테두리 : 투명
금액 텍스트 상자	형식 : 통화, 소수 자릿수 : 0
정수 텍스트 상자	형식 : 0
보고서 머리글	배경색 : 흰색, 배경1
본문	• 배경색 : 흰색, 배경1 • 다른 배경색 : 흰색, 배경1
그룹 바닥글	• 배경색 : 흰색, 배경1 • 다른 배경색 : 흰색, 배경1

08. 보고서 페이지 설정

① [인쇄 미리 보기]−[페이지 설정]에서 여백을 설정한
   다(위쪽 : 60, 아래쪽 : 6.35, 왼쪽 : 25, 오른쪽 :
   6.35).

01. 전체적인 작업 순서

[제1 슬라이드]

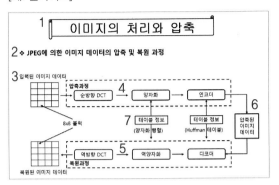

[제2 슬라이드]

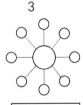

02. 제1 슬라이드 작성하기

① [디자인] 탭-[페이지 설정]-[슬라이드 크기]-[화면 슬라이드 16:9]로 설정하고 [확인] 클릭 후 [도형]-[별 및 현수막]-[가로로 말린 두루마리 모양](□)을 제목 위치에 삽입하고 텍스트를 입력한다. 글꼴 크기 : 36, 글꼴 색 : 검정, 텍스트1, 글꼴 : 굴림체, 굵게, [도형 채우기]-[흰색, 배경1], [도형 윤곽선]-[검정, 텍스트1]을 적용한다.

② [도형]-[기본 도형]-[텍스트 상자](□)를 이용하여 제목 아래 텍스트를 입력한다. 앞 글머리 기호는 [삽입] 탭-[기호]-[글꼴]-[Windings]에서 찾아 [삽입]한다.

③ [삽입] 탭-[표]-4×4 표를 슬라이드에 추가 후 크기 및 배치 설정 후, [디자인] 탭-[표 스타일] 그룹-[스타일 없음]을 적용한다.

④ 표 테두리를 선택하고 [홈] 탭-[글꼴 크기]-8로 변경한 뒤 차트 모양을 직사각형 형태로 조정한다.

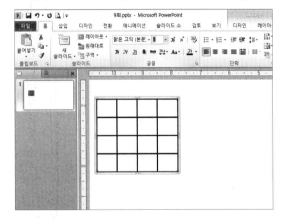

⑤ 표를 선택하고 Ctrl+Shift를 누르고 아래 방향으로 드래그하여 복사한다.

⑥ [도형]-[기본 도형]-[모서리가 둥근 직사각형](□), [직사각형](□), [선]-[화살표]을 이용하여 나머지 도형을 그려 넣는다. 모서리가 둥근 직사각형 3개를 먼저 삽입하고 복사하면 빠르게 작업이 가능하다. 화살표도 짧게 그려 넣고 Ctrl+Shift를 누른 채로 드래그하여 복사해 배치한다.

⑦ '테이블 정보' 직사각형은 뒤 화살표를 가리기 위하여 채우기 흰색을 적용한다.

⑧ 나머지 텍스트를 입력하고 본문의 도형 및 텍스트 글꼴 크기 : 14로 적용한 후 마무리한다.

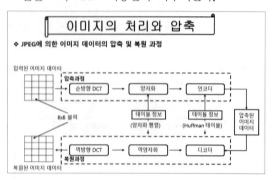

03. 제2 슬라이드 작성하기

① [홈] 탭–[새 슬라이드]–[제목 및 내용]을 클릭하여 2번째 슬라이드를 추가한다.

② '제목을 입력 하십시오' 텍스트 상자에 '5) 망의 형태에 의한 통신망 구분'을 입력하고 적당한 위치에 배치한다. [글꼴 크기]–[32], [글꼴]–[바탕]을 적용한다.

③ 하단의 텍스트 상자를 적당한 크기로 조절하고 배치한다.

④ 하단 텍스트 상자에 텍스트를 입력한다. 들여쓰기는 [Tab]을 누르면 된다. 텍스트 모두 입력 후 텍스트 상자 테두리 선택 → [글꼴 작게 하기]를 눌러 [글꼴 크기] : 18+로 변경한다.

5) 망의 형태에 의한 통신망 구분

- 스타(STAR)형
  - 중앙에 컴퓨터가 있고 이를 중심으로 단말기들이 연결되는형태
  - 중앙 집중식
  - 장점
    - 각 장치는 하나의 링크와 하나의 I/O 포트만 필요로 하므로 설치와 재구성이 쉽다.
    - 하나의 링크에 문제가 발생하면 해당 링크만 영향을 받는다.
    - 그물형(망형)보다는 비용이 적게 든다.
    - 네트워크의 오류진단이 용이하다.
  - 단점
    - 추가 비용이 많이 들며 컴퓨터와 단말기간의 통신회선의 수가 많이 필요하다.

🅱 기적의 TIP

- 하위 계열 들여쓰기는 [Tab], 반대로 상위 계열 내어 쓰기는 [Shift]+[Tab]을 사용합니다.
- 강제 개행 후 글머리 기호는 [Back Space]를 한 번 눌러 삭제 후 [Back Space]를 이용해 들여쓰기를 맞춥니다.

⑤ [도형]–[기본 도형]–[타원](⬭)을 이용하여 오른쪽 하단에 도형을 그려 넣는다. 작은 도형 4개를 복사하고 [정렬]–[맞춤]–[세로 간격을 동일하게], [가로 간격을 동일하게]를 이용하여 정렬한다.

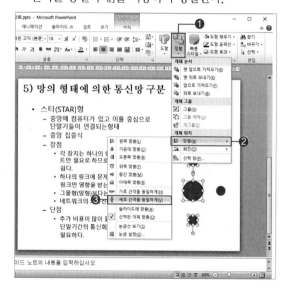

⑥ 나머지 대각선 타원을 [Ctrl]을 누르고 복사한다. 복사할 때 그림처럼 안내 선을 이용하여 정돈되게 복사한다.

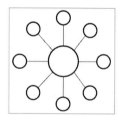

⑦ [도형]–[선]–[선](╲)을 이용하여 원을 연결해준다. 선이 삐뚤어진다면 중앙 큰 원을 선택하고 [Ctrl]을 누른 채 방향키로 조절하여 적당히 배치한다.

⑧ 원과 선을 블록 선택하고 [도형 채우기]–[흰색, 배경1], [도형 윤곽선]–[검정, 텍스트1]로 적용하고 하단에 [도형]–[직사각형](▢)을 이용하여 '스타형 통신망'을 입력한 뒤 [도형 채우기]–[흰색], [도형 윤곽선]–[검정, 텍스트1], [글꼴 색]–[검정, 텍스트1]을 적용하고 마무리한다.

5) 망의 형태에 의한 통신망 구분

- **스타(STAR)형**
  - **중앙에 컴퓨터가 있고 이를 중심으로 단말기들이 연결되는형태**
  - **중앙 집중식**
  - **장점**
    - 각 장치는 하나의 링크와 하나의 I/O 포트만 필요로 하므로 설치와 재구성이 쉽다.
    - 하나의 링크에 문제가 발생하면 해당 링크만 영향을 받는다.
    - 그물형(망형)보다는 비용이 적게 든다.
    - 네트워크의 오류진단이 용이하다.
  - **단점**
    - 추가 비용이 많이 들며 컴퓨터와 단말기간의 통신회선의 수가 많이 필요하다.

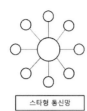

스타형 통신망

04. 비번호와 출력 페이지 번호 작성하기

① [보기] 탭-[유인물 마스터]를 클릭한다.

② 오른쪽 상단 머리글에 비번호, 수험번호를 작성한다.

③ 왼쪽 바닥글 텍스트 상자를 삭제하고 오른쪽 텍스트 상자를 페이지 가운데로 배치한 뒤 '4-4'를 입력한다. [홈] 탭-[단락]-[가운데 정렬](≡)을 클릭한다.

④ [유인물 마스터] 탭-[마스터 보기 닫기](✕)를 클릭하여 마스터를 종료한다.

05. 인쇄하기

① 엑셀, 액세스, 파워포인트 작업을 모두 완료 후 시험 위원 지시에 따라 답안 파일을 전송하고 출력하도록 한다. 파워포인트는 페이지 설정 사항이 파일에 저장되지 않으므로 출력할 때마다 설정해 주어야 하니 주의하도록 한다.

② [빠른 실행 도구]-[인쇄 미리 보기 및 인쇄](🔍) 도구를 클릭하고, 그림과 같이 설정한다.

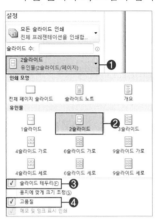

시험 시간	풀이 시간
120분	분

01 EXCEL 표 계산(SP) 작업

한국산업인력마트에서는 상품 매출의 할인 금액을 분석하고자 한다. 다음 자료(DATA)를 이용하여 작성 조건에 따라 작업 표와 그래프를 작성하고, 그 인쇄 출력물을 제출하도록 한다.

01 작업 표(WORK SHEET) 작성

1. 자료(DATA)

상품별 주문 할인 현황

행\열	B	C	D	E	F	G
4	상품명	성명	성별	주문수량	할인수량	재고금액
5	라면	김기철	1	30	3	1,003,000
6	과자	박철순	1	45	4	850,000
7	주스	권민자	0	67	7	1,120,000
8	라면	곽해남	1	32	4	720,000
9	과자	표진영	1	58	6	550,000
10	주스	황현철	1	21	3	985,000
11	라면	하석주	1	57	6	570,000
12	과자	박수진	1	39	4	853,000
13	주스	김천진	1	42	5	1,120,000
14	과자	김준희	0	33	6	660,000
15	라면	이남호	1	46	5	790,000
16	과자	임수영	0	75	8	460,000
17	주스	이수영	0	35	3	800,000
18	라면	조경태	1	46	3	790,000
19	주스	김동희	0	23	5	890,000
20	라면	이지성	1	38	2	720,000
21	과자	김성주	0	35	8	580,000
22	라면	서정만	1	58	7	640,000
23	주스	이지연	0	47	5	670,000
24	과자	김희숙	0	29	4	820,000

※ 자료(DATA) 부분에서 음영 처리 표시된 부분은 행/열의 기준을 나타내며 이는 작성(입력)하지 않음을 반드시 유의하시오.

2. 작업 표 형식

상품별 주문 금액 계산

행＼열	B	C	H	I	J	K	L
4	상품명	성명	성별	주문금액	할인금액	지급금액	합계금액
5 ∶ 24	−	−	❶	❷	❸	❹	❺
25	평균		❻	❻	❻	❻	
26	과자 또는 주스의 합계금액의 합						❼
27	❽						
28	남성이면서 라면 또는 주스를 주문한 금액의 합					❾	❾
29	성이 김씨이면서 라면 또는 주스를 주문한 금액의 합					❿	❿
30	할인금액이 20000 이상 30000 미만인 합					⓫	⓫
31	⓬						

※ 음영 처리 표시된 부분은 작성하지 않습니다.

3. 작성 조건

가) 작성 시 유의 사항

Ⓐ 작업 표의 작성은 "나)~라)" 항에 제시된 내용을 따르고 반드시 제시된 조건(함수 적용, 단서 조항 등)에 따라 처리하시오.

Ⓑ 제시된 작성 조건을 따르지 아니하고 여타의 방법 일체(제시된 함수 이외 다른 함수 적용, 함수 미적용, 별도 전자계산기 사용 등)를 사용하여 도출된 결과는 그 답이 맞더라도 정답으로 인정되지 않음을 반드시 유의하시오.

나) 작업 표의 구성 및 서식

Ⓐ "작업 표 형식"에서 행과 열에 관계된 음영 처리 표시된 부분은 작성하지 않음을 유의하고 반드시 제시된 행/열에 맞추도록 하시오.

Ⓑ 제목 서식 : 16포인트 크기로 하시오.

Ⓒ 글꼴 서체 : 임의 선정하시오.

다) 원문자가 표시된 셀은 아래의 방법을 이용하여 처리하시오.

❶ 성별 : "남성" 또는 "여성"으로 표기하시오(단, 주어진 자료(DATA)의 성별에서 남성은 1, 여성은 0으로 표시되어 있음.).

❷ 주문금액 : 주문수량 × 단가 (단, 단가 : 라면 − 3,500원, 과자 − 4,500원, 주스 − 7,800원)

❸ 할인금액 : 할인수량 × 단가

❹ 지급금액 : 주문금액 − 할인금액

❺ 합계금액 : 지급금액 + 재고금액

❻ 평균 : 각 항목별 평균을 산출하시오.

❼ 상품명이 과자 또는 주스인 합계금액의 합을 산출하시오(단, SUMPRODUCT, ISNUMBER, FIND 함수를 모두 조합한(사용한) 함수식을 기재하시오.).

❽ 항목 ❼ 산정 시 사용된 함수식을 기재하시오.

❾ 남성이면서 라면 또는 주스를 주문한 금액의 지급금액, 합계금액의 합을 각각 산출하시오.

❿ 성이 김씨이면서 라면 또는 주스를 주문한 금액의 지급금액, 합계금액의 합을 각각 산출하시오.

⓫ 할인금액이 20000 이상 30000 미만인 지급금액, 합계금액의 합을 각각 산출하시오(단, SUMIF 또는 SUMIFS 함수를 사용하시오.).

⓬ 작성 조건 ⓫에 사용된 함수식을 기재하시오(단, 합계금액을 기준으로 하시오.).

※ 함수식을 기재하는 셀과 연관된 지정 함수 조건(함수 지정)이 있을 경우 제시된 함수만을 사용해 함수식을 구성 및 작업하여야 하며, 작성 조건을 위배하여 임의로 작성할 시 해당 답이 맞더라도 틀린 항목으로 채점됨을 유의하시오. 만약, 구체적인 함수가 제시되지 않을 경우 수 험자가 스스로 적합한 함수를 선정하여 작업하시오.

※ 또한 함수를 작성할 때는 "라) 작업 표의 정렬 순서(SORT)"에 따라 조건에 맞게 정렬 후 도출된 결과에 의한 함수식을 기재하시오.

라) 작업 표의 정렬 순서(SORT)는 성별을 기준으로 "여성", "남성" 순서로 하고, 성별이 같으면 합계금액의 내림차순으로 정렬하시오.

마) 기타

(1) 금액에 대한 수치는 원화(₩) 표시를 하고 천 단위마다 ',' (Comma)를 표시하시오(단, 금액 이외의 수치는 ','(Comma)를 표시하지 않도록 하시오.).

(2) 모든 수치(숫자, 통화, 회계, 백분율 등)는 셀 서식의 속성을 설정하는 과정에서 소수 자릿수를 "0"으로 지정하여 정수로 표시토록 하시오.

(3) 음수는 "−"가 표시되도록 하시오.

(4) 숫자 셀은 우측을 수직으로 맞추고, 문자 셀은 수평 중앙으로 맞추며 이외 사항은 작업 표 형식에 따르도록 하시오. 특히, 단서 조항이 있을 경우는 단서 조항을 우선으로 하고, 인쇄 출력 시 판독 불가능이 발생되지 않도록 인쇄 미리 보기 등을 통하여 셀의 크기를 적당히 조정하시오.

02 그래프(GRAPH) 작성

작성한 작업 표에서 여성에 대한 성명별 합계금액과 주문금액을 나타내는 그래프를 작성하시오.

[작성 조건]

1) 그래프 형태 : 혼합형 단일축 그래프

합계금액(묶은 세로 막대형), 주문금액(데이터 표식이 있는 꺾은 선형)

(단, 합계금액만 데이터 레이블의 값이 표시된 혼합형 단일축 그래프로 하시오.)

2) 그래프 제목 : 여성 주문 금액 계산 ---- (확대 출력)

3) X축 제목 : 성명

4) Y축 제목 : 금액

5) X축 항목 단위 : 해당 문자열

6) Y축 눈금 단위 : 임의

7) 범례 : 합계금액, 주문금액

8) 출력물 크기 : A4 용지 1/2장 범위 내

9) 기타 : 작성 조건에 없는 형식이나 모양 등은 기본 설정 값에 따르며, 그래프 너비는 작업 표 너비에 맞추도록 하시오.

※ 그래프는 반드시 작성된 작업 표와 연동하여 작업하여야 하며, 그래프의 영역(범위) 설정 오류로 인한 불이익은 전적으로 수험자 본인에게 있습니다.

KST 텔레콤에서는 인터넷 회선사용료를 전산화하려고 한다. 다음의 입력 자료를 이용하여 DB를 설계하고 작성 조건에 따라 처리 파일을 작성하고, 그 인쇄 출력물을 제출하시오.

01 **자료 처리(DBMS) 작업 작성 조건**

1) 자료 처리(DBMS) 작업은 조회 화면(SCREEN) 설계와 자료 처리 보고서의 2가지 작업을 수행하여야 하며, 그 결과물은 수험자 유의 사항 [3) 자료 처리(DBMS) 작업]을 참고하여 작업하시오.
2) 반드시 인쇄 작업 수행 전 미리보기 등을 통해 여백을 조정하고, 수치, 문자 등 구성요소가 누락되지 않도록 주의하시오. 구성 요소가 누락되어 인쇄되지 않은 결과로 인한 모든 책임은 전적으로 수험자 본인에게 있음을 반드시 유의하시오.
3) 문제지에 기재된 작성 조건에 따라 처리하고, 조회 화면 및 자료 처리 보고서의 서식이 작성 조건과 상이할 경우에는 작성 조건을 기준으로 변경하여 작업하시오.

02 **입력 자료**

<table><tr><th colspan="4">인터넷 회선사용 내역</th></tr><tr><th>고객번호</th><th>가입일</th><th>설치장소</th><th>회선수</th></tr><tr><td>A-101</td><td>2008-08-14</td><td>아파트</td><td>312</td></tr><tr><td>O-101</td><td>2006-08-04</td><td>오피스텔</td><td>294</td></tr><tr><td>H-101</td><td>2013-08-30</td><td>일반주택</td><td>125</td></tr><tr><td>O-102</td><td>2014-08-10</td><td>오피스텔</td><td>225</td></tr><tr><td>A-102</td><td>1999-08-07</td><td>아파트</td><td>238</td></tr><tr><td>H-102</td><td>2012-08-21</td><td>일반주택</td><td>119</td></tr><tr><td>H-103</td><td>2002-08-11</td><td>일반주택</td><td>63</td></tr><tr><td>A-103</td><td>2013-08-25</td><td>아파트</td><td>331</td></tr><tr><td>O-103</td><td>2014-08-07</td><td>오피스텔</td><td>275</td></tr><tr><td>H-104</td><td>2013-08-04</td><td>일반주택</td><td>177</td></tr><tr><td>O-104</td><td>2014-03-12</td><td>오피스텔</td><td>214</td></tr><tr><td>A-104</td><td>2012-08-01</td><td>아파트</td><td>188</td></tr><tr><td>O-105</td><td>2010-08-16</td><td>오피스텔</td><td>233</td></tr><tr><td>A-105</td><td>2009-08-02</td><td>아파트</td><td>186</td></tr><tr><td>H-105</td><td>2010-08-25</td><td>일반주택</td><td>89</td></tr><tr><td>H-154</td><td>2008-07-14</td><td>일반주택</td><td>98</td></tr><tr><td>O-157</td><td>2006-06-10</td><td>오피스텔</td><td>130</td></tr><tr><td>H-133</td><td>1998-03-01</td><td>일반주택</td><td>182</td></tr><tr><td>A-110</td><td>2012-12-16</td><td>아파트</td><td>257</td></tr><tr><td>O-133</td><td>2014-04-01</td><td>오피스텔</td><td>120</td></tr></table>

<table><tr><th colspan="2">단가표</th></tr><tr><th>설치장소</th><th>단가</th></tr><tr><td>오피스텔</td><td>48,000</td></tr><tr><td>아파트</td><td>25,000</td></tr><tr><td>일반주택</td><td>30,000</td></tr></table>

03 조회 화면(SCREEN) 설계

※ 다음 조건에 따라 고객번호가 O 또는 H로 시작하면서 회선수가 200 이상인 고객 현황을 조회할 수 있는 화면을 설계하고 해당 데이터를 출력하시오.

1) 해당 현황은 목록 상자(리스트박스)에서 가입일 오름차순으로 출력하고, 화면 아래에 조회 시 작성한 SQL문을 복사하시오.
   - WHERE 조건절에 고객번호, 회선수 반드시 포함
   - INNER JOIN, ORDER BY 구문 반드시 포함
   ※ SQL문에 상기 내용 미포함 시 SQL 작성 부분 0점 처리
2) 리스트박스 조회 시 작성된 SQL문이 작성되지 않을 경우에는 "03 조회 화면(SCREEN) 설계" 과제가 0점 처리됨을 반드시 유의하시오.
3) 목록 상자에 표시되어야 할 필수적인 필드명은 다음과 같습니다.
   - 고객번호, 가입일, 설치장소, 회선수, 단가
4) 폼 서식에 제반되는 폰트, 점선 등은 아래 [조회 화면 서식]에 보이는 대로 기재하시오.
5) 기타 사항은 "04 자료 처리 파일(FILE) 작성"의 [기타 조건]을 따르시오.

[조회 화면 서식]

고객번호가 O또는 H로 시작하면서 회선수가
200이상인 고객 현황

고객번호	가입일	설치장소	회선수	단가

리스트박스 조회 시 작성된 SQL문

04 자료 처리 파일(FILE) 작성

[처리 조건]

1) 설치장소(아파트, 오피스텔, 일반주택)별로 정리한 후 같은 설치장소 안에서는 가입일의 오름차순으로 정렬(SORT)하시오.

2) 회선료 : 회선수 × 단가

3) 설치비 : 회선료 × 130%

4) 모뎀임대료 : (회선료 + 설치비) × 5%

5) 총액 : 회선료 + 설치비 + 모뎀임대료

6) 합계 : 설치장소별 설치비, 모뎀임대료, 총액의 합을 산출하시오.

7) 총평균 : 설치비, 모뎀임대료, 총액의 전체 평균을 산출하시오.

8) 가입일은 MM-DD 형식으로 표시하시오.

[기타 조건]

1) 입력 화면 및 보고서의 제목은 16 정도의 임의 서체로 하시오.

2) 금액에 대한 수치는 원화(₩) 혹은 달러($) 표시를 하고 천 단위마다 ,(Comma)를 표시하시오(단, 금액 이외의 수치는 ,(Comma)를 표시하지 않도록 하시오.).

3) 모든 수치(숫자, 통화, 백분율 등)는 컨트롤의 속성을 설정하는 과정에서 소수 자릿수를 "0"으로 지정하여 정수로 표시하시오.

4) 데이터의 열과 간격은 일정하게 맞추도록 하시오.

인터넷 회선 사용료 내역

가입일	회선수	단가	회선료	설치비	모뎀임대료	총액
MM-DD	XXXX	₩X,XXX	₩X,XXX	₩X,XXX	₩X,XXX	₩X,XXX
-	-	-	-	-	-	-
	아파트 합계			₩X,XXX	₩X,XXX	₩X,XXX
-	-	-	-	-	-	-
	오피스텔 합계			₩X,XXX	₩X,XXX	₩X,XXX
-	-	-	-	-	-	-
	일반주택 합계			₩X,XXX	₩X,XXX	₩X,XXX
	총평균			₩X,XXX	₩X,XXX	₩X,XXX

POWERPOINT 시상(PT) 작업

주어진 2개의 슬라이드를 슬라이드 작성 조건에 따라 작업하여 인쇄합니다.

[슬라이드 작성 조건]

1) 각 슬라이드를 문제의 슬라이드 원안과 같이 인쇄하여 제출합니다.

   (특히 글자, 음영, 그림자, 도형 등 인쇄된 내용 그대로 작업함을 유의하시오.)

2) "주1)" 등 특수한 속성 지정이 되어 있는 경우 지시에 따라 작성하시오.

3) 글꼴은 문제 원안과 같거나 유사한 형태로 작업합니다.

4) 글자, 그림 및 도형 등의 크기와 모양은 문제 원안과 같거나 유사한 형태로 작업합니다.

5) 모든 글씨, 선 등은 흑백(그레이스케일)으로 작업하되, 글상자, 그림 및 도형 등에서 색 채우기가 있는 경우 색 채우기는 회색 40% 정도, 투명도 0%를 기준으로 작업합니다.

6) 각 슬라이드는 원안과 같이 외곽선 테두리가 인쇄되도록 인쇄합니다.

7) 각 슬라이드 크기는 A4 용지의 1/2 범위 내에 인쇄가 가능한 크기가 되도록 조정하여, 슬라이드 2개를 A4 용지 1매 안에 모두 인쇄합니다.

8) 비번호, 수험번호, 성명, 페이지 번호 등은 반드시 자필로 기재합니다.

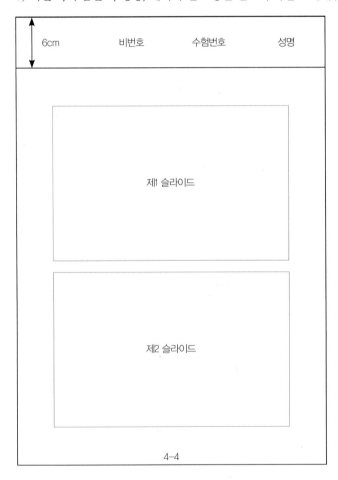

01 제1 슬라이드

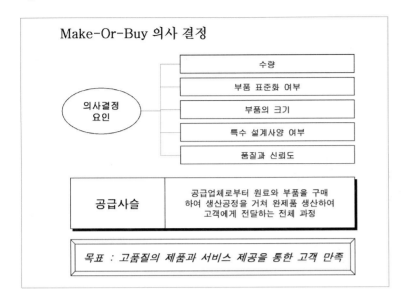

02 제2 슬라이드

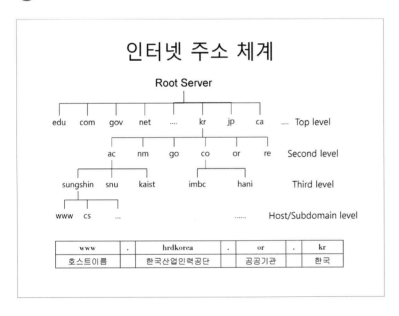

엑셀 작업 EXCEL 표 계산(SP) 작업 정답

| 작업 표(WORK SHEET) 작성 |

상품별 주문 금액 계산

상품명	성명	성별	주문금액	할인금액	지급금액	합계금액
주스	권민자	여성	₩522,600	₩54,600	₩468,000	₩1,588,000
주스	이수영	여성	₩273,000	₩23,400	₩249,600	₩1,049,600
주스	김동희	여성	₩179,400	₩39,000	₩140,400	₩1,030,400
주스	이지연	여성	₩366,600	₩39,000	₩327,600	₩997,600
과자	김희숙	여성	₩130,500	₩18,000	₩112,500	₩932,500
과자	김준희	여성	₩148,500	₩27,000	₩121,500	₩781,500
과자	임수영	여성	₩337,500	₩36,000	₩301,500	₩761,500
과자	김성주	여성	₩157,500	₩36,000	₩121,500	₩701,500
주스	김천진	남성	₩327,600	₩39,000	₩288,600	₩1,408,600
주스	황현철	남성	₩163,800	₩23,400	₩140,400	₩1,125,400
라면	김기철	남성	₩105,000	₩10,500	₩94,500	₩1,097,500
과자	박철순	남성	₩202,500	₩18,000	₩184,500	₩1,034,500
과자	박수진	남성	₩175,500	₩18,000	₩157,500	₩1,010,500
라면	조경태	남성	₩161,000	₩10,500	₩150,500	₩940,500
라면	이남호	남성	₩161,000	₩17,500	₩143,500	₩933,500
라면	이지성	남성	₩133,000	₩7,000	₩126,000	₩846,000
라면	서정만	남성	₩203,000	₩24,500	₩178,500	₩818,500
라면	곽해남	남성	₩112,000	₩14,000	₩98,000	₩818,000
과자	표진영	남성	₩261,000	₩27,000	₩234,000	₩784,000
라면	하석주	남성	₩199,500	₩21,000	₩178,500	₩748,500
평균			₩216,025	₩25,170	₩190,855	₩970,405
과자 또는 주스의 합계금액의 합						₩13,205,600
=SUMPRODUCT(ISNUMBER(FIND("과자",B5:B24))+ISNUMBER(FIND("주스",B5:B24)),L5:L24)						
남성이면서 라면 또는 주스를 주문한 금액의 합					₩1,398,500	₩8,736,500
성이 김씨이면서 라면 또는 주스를 주문한 금액의 합					₩523,500	₩3,536,500
할인금액이 20000 이상 30000 미만인 합					₩1,102,500	₩5,307,500
=SUMIFS(L5:L24,$J$5:$J$24,">=20000",$J$5:$J$24,"<30000")						

| 그래프(GRAPH) 작성 |

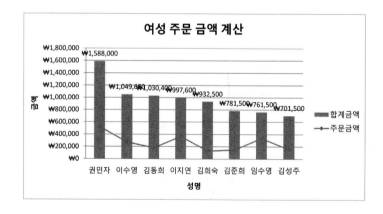

조회 화면 설계

고객번호가 O또는 H로 시작하면서 회선수가 200이상인 고객 현황

고객번호	가입일	설치장소	회선수	단가
O-101	2006-08-04	오피스텔	294	₩48,000
O-105	2010-08-16	오피스텔	233	₩48,000
O-104	2014-03-12	오피스텔	214	₩48,000
O-103	2014-08-07	오피스텔	275	₩48,000
O-102	2014-08-10	오피스텔	225	₩48,000

리스트박스 조회 시 작성된 SQL문

```
SELECT 테이블1.고객번호, 테이블1.가입일, 테이블1.설치장소, 테이블1.회선수, 테이블2.
단가
FROM 테이블1 INNER JOIN 테이블2 ON 테이블1.설치장소 = 테이블2.설치장소
WHERE (((테이블1.고객번호) Like "O*" Or (테이블1.고객번호) Like "H*") AND ((테이블
1.회선수)>=200))
ORDER BY 테이블1.가입일;
```

자료 처리 파일

인터넷 회선 사용료 내역

가입일	회선수	단가	회선료	설치비	모뎀임대료	총액
08-07	238	₩25,000	₩5,950,000	₩7,735,000	₩684,250	₩14,369,250
08-14	312	₩25,000	₩7,800,000	₩10,140,000	₩897,000	₩18,837,000
08-02	186	₩25,000	₩4,650,000	₩6,045,000	₩534,750	₩11,229,750
08-01	188	₩25,000	₩4,700,000	₩6,110,000	₩540,500	₩11,350,500
12-16	257	₩25,000	₩6,425,000	₩8,352,500	₩738,875	₩15,516,375
08-25	331	₩25,000	₩8,275,000	₩10,757,500	₩951,625	₩19,984,125
	아파트 합계			₩49,140,000	₩4,347,000	₩91,287,000
06-10	130	₩48,000	₩6,240,000	₩8,112,000	₩717,600	₩15,069,600
08-04	294	₩48,000	₩14,112,000	₩18,345,600	₩1,622,880	₩34,080,480
08-16	233	₩48,000	₩11,184,000	₩14,539,200	₩1,286,160	₩27,009,360
03-12	214	₩48,000	₩10,272,000	₩13,353,600	₩1,181,280	₩24,806,880
04-01	120	₩48,000	₩5,760,000	₩7,488,000	₩662,400	₩13,910,400
08-07	275	₩48,000	₩13,200,000	₩17,160,000	₩1,518,000	₩31,878,000
08-10	225	₩48,000	₩10,800,000	₩14,040,000	₩1,242,000	₩26,082,000
	오피스텔 합계			₩93,088,400	₩8,230,320	₩172,836,720
03-01	182	₩30,000	₩5,460,000	₩7,098,000	₩627,900	₩13,185,900
08-11	63	₩30,000	₩1,890,000	₩2,457,000	₩217,350	₩4,564,350
07-14	98	₩30,000	₩2,940,000	₩3,822,000	₩338,100	₩7,100,100
08-25	89	₩30,000	₩2,670,000	₩3,471,000	₩307,050	₩6,448,050
08-21	119	₩30,000	₩3,570,000	₩4,641,000	₩410,550	₩8,621,550
08-04	177	₩30,000	₩5,310,000	₩6,903,000	₩610,650	₩12,823,650
08-30	125	₩30,000	₩3,750,000	₩4,875,000	₩431,250	₩9,056,250
	일반주택 합계			₩33,267,000	₩2,942,850	₩61,799,850
	총 평균			₩8,772,270	₩776,009	₩16,296,179

01 제1 슬라이드

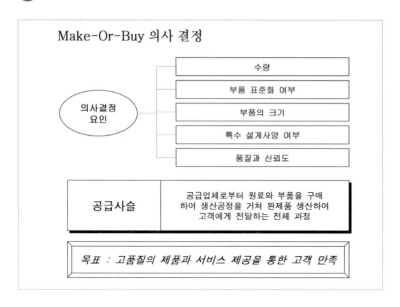

02 제2 슬라이드

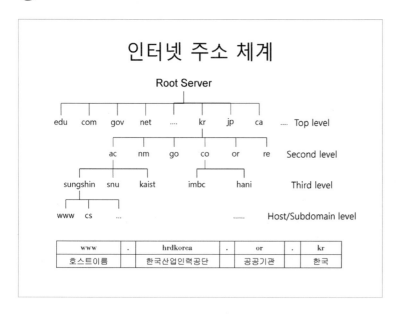

01 EXCEL 표 계산(SP) 작업 풀이

01. 자료(DATA) 입력 및 작성 조건 처리하기

① Excel을 실행한다.

> Ⓐ "작업 표 형식"에서 행과 열에 관계된 음영 처리 표시된 부분은 작성하지 않음을 유의하고 반드시 제시된 행/열에 맞추도록 하시오.
> Ⓑ 제목 서식 : 16포인트 크기로 하시오.
> Ⓒ 글꼴 서체 : 임의 선정하시오.

② 1. 자료(DATA)를 참고하여 [B4] 셀부터 [G24] 셀까지 문제에 제시된 행/열에 맞게 자료를 입력한다.

③ 2. 작업 표 형식을 참고하여 [B3] 셀에 "상품별 주문 금액 계산" 제목을 작성한다.

④ [B3]~[L3] 셀까지 블록 선택한 뒤 [홈] 탭-[병합하고 가운데 맞춤](🔲▾)과 글꼴 크기 16을 차례대로 적용한다. 1:2행 머리글을 선택하고 마우스 우클릭을 눌러 [숨기기]를 적용한다.

⑤ 2. 작업 표 형식을 참고하여 나머지 계산결과 항목을 제시된 해당 열에 입력하고, 하단 제시된 자료를 입력하고, 병합하여야 할 셀은 [홈] 탭-[병합하고 가운데 맞춤](🔲▾)을 이용하여 작업 표 형식과 같이 작성한다.

⑥ 입력 범위에 [홈] 탭-[글꼴] 그룹-[모든 테두리](⊞)를 적용한 뒤, 4행~31행까지 행 머리글을 선택하고 [홈] 탭-[글꼴] 그룹-글꼴 크기를 9로 변경하여 행 높이와 글꼴 크기를 동시에 줄여준다.

⑦ 자료 입력을 완료한 다음 [빠른 실행 도구 모음]의 [저장](💾)을 클릭하여 시험 위원이 지정한 폴더에 지정된 파일명으로 저장한다. (예 : A019)

02. 원문자(함수) 작성 조건 처리하기

> ※ 함수식을 기재하는 셀과 연관된 지정 함수 조건(함수 지정)이 있을 경우 제시된 함수만을 사용해 함수식을 구성 및 작업하여야 하며, 작성 조건을 위배하여 임의로 작성할 시 해당 답이 맞더라도 틀린 항목으로 채점됨을 유의하시오. 만약, 구체적인 함수가 제시되지 않을 경우 수험자가 스스로 적합한 함수를 선정하여 작업하시오.
> ※ 또한 함수식을 작성할 때는 "라) 작업 표의 정렬 순서(SORT)"에 따라 조건에 맞게 정렬 후 도출된 결과에 의한 함수식을 기재하시오.

❶ 성별 : "남성" 또는 "여성"으로 표기하시오(단, 주어진 자료(DATA)의 성별에서 남성은 1, 여성은 0으로 표시되어 있음.).

=IF(D5=1,"남성","여성")

❷ 주문금액 : 주문수량 × 단가 (단, 단가 : 라면 – 3,500원, 과자 – 4,500원, 주스 – 7,800원)

=E5*IF(B5="라면",3500,IF(B5="과자",4500,7800))

❸ 할인금액 : 할인수량 × 단가

=F5*IF(B5="라면",3500,IF(B5="과자",4500,7800))

❹ 지급금액 : 주문금액 – 할인금액

=I5–J5

❺ 합계금액 : 지급금액 + 재고금액

=K5+G5

각 식을 입력하고 자동 채우기를 하여 답을 완성한다.

❻ 평균 : 각 항목별 평균을 산출하시오.

=AVERAGE(I5:I24)

❼ 상품명이 과자 또는 주스인 합계금액의 합을 산출하시오(단, SUMPRODUCT, ISNUMBER, FIND 함수를 모두 조합한(사용한) 함수식을 기재하시오.).

=SUMPRODUCT(ISNUMBER(FIND("과자",B5:B24))+ISNUMBER(FIND("주스",B5:B24)),L5:L24)

❽ 항목 ❼ 산정 시 사용된 함수식을 기재하시오.

=SUMPRODUCT(ISNUMBER(FIND("과자",B5:B24))+ISNUMBER(FIND("주스",B5:B24)),L5:L24)

❾ 남성이면서 라면 또는 주스를 주문한 금액의 지급금액, 합계금액의 합을 각각 산출하시오.

=SUMPRODUCT(($H$5:$H$24="남성")*(($B$5:$B$24="라면")+($B$5:$B$24="주스")),K5:K24)

⑩ 성이 김씨이면서 라면 또는 주스를 주문한 금액의 지급금액, 합계금액의 합을 각각 산출하시오.

=SUMPRODUCT((LEFT($C$5:$C$24,1)="김")*(($B$5:$B$24="라면")+($B$5:$B$24="주스")),K5:K24)

⑪ 할인금액이 20000 이상 30000 미만인 지급금액, 합계금액의 합을 각각 산출하시오(단, SUMIF 또는 SUMIFS 함수를 사용하시오.).

=SUMIFS(K5:K24,$J$5:$J$24,">=20000",$J$5:$J$24,"<30000")

⑫ 작성 조건 **⑪**에 사용된 함수식을 기재하시오(단, 합계금액을 기준으로 하시오.).

'=SUMIFS(K5:K24,$J$5:$J$24,">=20000",$J$5:$J$24,"<30000")

각 식을 입력하고 자동 채우기를 하여 답을 완성한다.

03. 작업 표 정렬하기

> 라) 작업 표의 정렬 순서(SORT)는 성별을 기준으로 "여성", "남성" 순서로 하고, 성별이 같으면 합계금액의 내림차순으로 정렬하시오.

① [B4:L31] 셀 범위를 마우스로 블록 선택한다.
② [데이터] 탭-[정렬]을 클릭하고 지시사항과 같이 정렬 기준을 설정한다.

③ A열, D:G 열머리글을 선택하고 마우스 우클릭-[숨기기]를 적용한다.

04. 기타 작업으로 형식 적용하기

> (1) 금액에 대한 수치는 원화(₩) 표시를 하고 천단위마다 ','(Comma)를 표시하시오(단, 금액 이외의 수치는 ','(Comma)를 표시하지 않도록 하시오.).
> (2) 모든 수치(숫자, 통화, 회계, 백분율 등)는 셀 서식의 속성을 설정하는 과정에서 소수 자릿수를 "0"으로 지정하여 정수로 표시토록 하시오.
> (3) 음수는 "-"가 표시되도록 하시오.
> (4) 숫자 셀은 우측을 수직으로 맞추고, 문자 셀은 수평 중앙으로 맞추며 이외 사항은 작업 표 형식에 따르도록 하시오. 특히, 단서 조항이 있을 경우는 단서 조항을 우선으로 하고, 인쇄 출력 시 판독 불가능이 발생되지 않도록 인쇄 미리 보기 등을 통하여 셀의 크기를 적당히 조정하시오.

[형식 지정하기]

통화	I열, J열, K열, L열
가운데 정렬	모든 문자열
테두리	• 모든 테두리 : [B4:L31] • 중간 선 해제 : [B5:L24]

05. 페이지 설정하기

페이지 설정은 모든 문제를 같은 방식으로 작업하므로 공단 공개문제 01회 해설을 참고한다.

06. 그래프 작성하기

⓶ 그래프(GRAPH) 작성

> 작성한 작업 표에서 여성에 대한 성명별 합계금액과 주문금액을 나타내는 그래프를 작성하시오.

[작성 조건]
1) 그래프 형태 : 혼합형 단일축 그래프
   합계금액(묶은 세로 막대형), 주문금액(데이터 표식이 있는 꺾은 선형)
   (단, 합계금액만 데이터 레이블의 값이 표시된 혼합형 단일축 그래프로 하시오.)
2) 그래프 제목 : 여성 주문 금액 계산 ---- (확대 출력)
3) X축 제목 : 성명
4) Y축 제목 : 금액
5) X축 항목 단위 : 해당 문자열
6) Y축 눈금 단위 : 임의
7) 범례 : 합계금액, 주문금액
8) 출력물 크기 : A4 용지 1/2장 범위 내
9) 기타 : 작성 조건에 없는 형식이나 모양 등은 기본 설정 값에 따르며, 그래프 너비는 작업 표 너비에 맞추도록 하시오.

① 문제에서 요구한 데이터 범위를 [Ctrl]을 이용하여 연속 선택한다.

② [삽입] 탭-[세로 막대형]-[묶은 세로 막대형](🔳)을 클릭하여 차트를 워크시트에 삽입한다.
③ 차트를 선택하고 [디자인] 탭-[차트 레이아웃]-[레이아웃 9](🔳)를 적용한다.

④ 범례 클릭 후 시간차를 두고 [주문금액] 계열을 클릭하고 마우스 우클릭을 눌러 [계열 차트 종류 변경]–[차트 종류 변경]–[표식이 있는 꺾은 선형](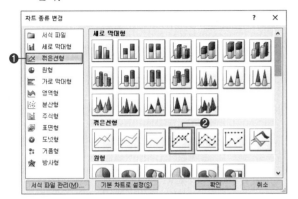)을 선택하고 [확인]을 클릭하여 계열의 차트 종류를 [표식이 있는 꺾은 선형]으로 변경한다.

⑤ 그림 영역의 [합계] 임의 계열을 클릭하여 선택한 뒤 [마우스 우클릭]–[데이터 레이블 추가]를 선택한다.

⑥ 인쇄 경계선이 표시되지 않는 경우 [빠른 실행 도구]–[인쇄 및 인쇄 미리 보기](🔍) 도구를 한 번 눌렀다가 [홈] 탭을 클릭하여 인쇄 경계선을 활성화한다.

⑦ 차트를 인쇄 경계선 안쪽 작업 표 하단에 배치하고 차트 제목(글꼴 크기 : 16), 가로축, 세로축 이름을 문제 제시대로 입력한다. 인쇄 시 차트가 잘리는 것을 방지하기 위하여 인쇄 경계선과 약 1행 정도 여백을 두고 배치하도록 한다.

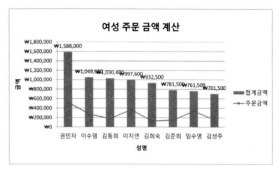

01. 테이블1 만들기

① [만들기]-[테이블 디자인] 클릭하여 새로운 [테이블 디자인 보기] 창을 실행한다.

② 테이블의 필드와 형식을 다음과 설정한다.

필드 이름	데이터 형식	일반
고객번호	텍스트	
가입일	날짜/시간	YYYY-MM-DD
설치장소	텍스트	
회선수	숫자	• 필드 크기 : 정수(Long) • 형식 : 0 • 소수 자릿수 : 0

③ [닫기](☒)를 클릭하여 테이블을 저장한다. 테이블 이름은 임의로 지정한다.

④ 테이블1에는 기본 키를 지정하지 않으므로, '기본 키를 정의하지 않았습니다.' 대화상자에서 [아니오]를 클릭한다.

02. 테이블2 만들기

① [만들기]-[테이블 디자인] 클릭하여 새로운 [테이블 디자인 보기] 창을 실행한다.

② 테이블의 필드와 형식을 다음과 같이 설정한다.

필드 이름	데이터 형식	일반
설치장소	텍스트	기본 키
단가	통화	소수 자릿수 : 0

③ 설치장소 필드의 [필드 선택기]를 클릭하고 [디자인] 탭-[기본 키]를 클릭하여 기본 키를 적용한다.

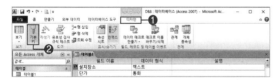

④ [닫기](☒)를 클릭하여 테이블을 저장한다. 테이블 이름은 임의로 지정한다.

03. 테이블에 데이터 입력

① Access 개체 창에서 테이블1, 테이블2를 각각 더블 클릭하여 실행한 뒤 문제의 '❷ 입력 자료'를 참고하여 데이터를 입력한다.

고객번호	가입일	설치장소	회선수
A-101	2008-08-14	아파트	312
O-101	2006-08-04	오피스텔	294
H-101	2013-08-30	일반주택	125
O-102	2014-08-10	오피스텔	225
A-102	1999-08-07	아파트	238
H-102	2012-08-21	일반주택	119
H-103	2002-08-11	일반주택	63
A-103	2013-08-25	아파트	331
O-103	2014-08-07	오피스텔	275
H-104	2013-08-04	일반주택	177
O-104	2014-03-12	오피스텔	214
A-104	2012-08-01	아파트	188
O-105	2010-08-16	오피스텔	233
A-105	2009-08-02	아파트	186
H-105	2010-08-25	일반주택	89
H-154	2008-07-14	일반주택	98
O-157	2006-06-10	오피스텔	130
H-133	1998-03-01	일반주택	182
A-110	2012-12-16	아파트	257
O-133	2014-04-01	오피스텔	120

설치장소	단가
아파트	₩25,000
오피스텔	₩48,000
일반주택	₩30,000

04. 전체 쿼리 만들기

① [만들기] 탭-[쿼리] 그룹-[쿼리 디자인]을 클릭한다.

② [테이블 표시] 대화상자에서 테이블1을 더블 클릭하여 쿼리 디자인 영역에 추가한다.

③ 테이블1의 전체 필드를 추가하기 위하여 테이블1의 '*'를 더블 클릭하여 아래 필드구성에 추가한다.

④ '❹ 자료 처리 파일(FILE) 작성'의 [처리 조건]에 따라 나머지 필드에 식을 입력한다. 또한 새로 추가되는 식 필드의 경우 필드 선택-마우스 우클릭-속성을 클릭하고, [속성] 시트-[형식]에 다음과 같이 설정하도록 한다.

[처리 조건]
2) 회선료 : 회선수 × 단가
3) 설치비 : 회선료 × 130%
4) 모뎀임대료 : (회선료 + 설치비) × 5%
5) 총액 : 회선료 + 설치비 + 모뎀임대료

구분	필드	형식
테이블1	*	
테이블2	단가	
식	회선료 : [회선수]*[단가]	통화
	설치비 : [회선료]*1.3	통화
	모뎀임대료 : ([회선료]+[설치비])*0.05	통화
	총액 : [회선료]+[설치비]+[모뎀임대료]	통화

⑤ '쿼리1 닫기'(✕)를 클릭하여 쿼리1을 저장한다.

05. 폼용 조건 검색 쿼리 만들기

① [만들기] 탭-[쿼리] 그룹-[쿼리 디자인]을 클릭한다.
② [테이블 표시] 대화 상자에서 테이블1, 테이블 2를 더블 클릭하여 쿼리 디자인 영역에 추가한다.
③ '**03** 조회 화면(SCREEN) 설계'의 [조회 화면 서식] 그림을 보고 폼에 추가될 필드를 '쿼리1'에서 더블 클릭하여 추가한다.
④ '**03** 조회 화면(SCREEN) 설계'의 조건에 따라 아래와 같이 조건을 입력한다.

※ 다음 조건에 따라 고객번호가 O 또는 H로 시작하면서 회선수가 200 이상인 고객 현황을 조회할 수 있는 화면을 설계하고 해당 데이터를 출력하시오.
1) 해당 현황은 목록 상자(리스트박스)에서 가입일 오름차순으로 출력하고, 화면 아래에 조회 시 작성한 SQL문을 복사하시오.
 – WHERE 조건절에 고객번호, 회선수 반드시 포함
 – INNER JOIN, ORDER BY 구문 반드시 포함
 ※ SQL문에 상기 내용 미포함 시 SQL 작성 부분 0점 처리
2) 리스트박스 조회 시 작성된 SQL문이 작성되지 않을 경우에는 "**03** 조회 화면(SCREEN) 설계" 과제가 0점 처리됨을 반드시 유의하시오.
3) 목록 상자에 표시되어야 할 필수적인 필드명은 다음과 같습니다.
 – 고객번호, 가입일, 설치장소, 회선수, 단가
4) 폼 서식에 제반되는 폰트, 점선 등은 아래 [조회 화면 서식]에 보이는 대로 기재하시오.
5) 기타 사항은 "**03** 자료 처리 파일(FILE) 작성"의 [기타 조건]을 따르시오.

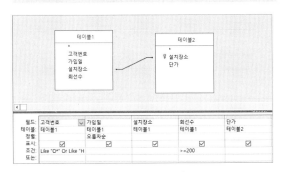

필드	조건/정렬
고객번호	Like "O*" or Like "H*"
가입일	오름차순
설치장소	
회선수	>=200
단가	

⑤ [쿼리2 닫기](✕)를 클릭하여 '쿼리2'를 저장한다.
⑥ [개체] 창 '쿼리2'를 더블 클릭하여 실행한 뒤 검색 결과와 각 필드의 형식을 검토한다.

고객번호 ▾	가입일 ▾	설치장소 ▾	회선수 ▾	단가 ▾
O-101	2006-08-04	오피스텔	294	48000
O-105	2010-08-16	오피스텔	233	48000
O-104	2014-03-12	오피스텔	214	48000
O-103	2014-08-07	오피스텔	275	48000
O-102	2014-08-10	오피스텔	225	48000
*				

⑦ [닫기](✕)를 클릭하여 '쿼리2'를 닫는다. 만약 검토 결과 오류가 발견되었다면 [개체] 창에서 '쿼리2' 선택–마우스 우클릭–[디자인 보기]를 선택하여 오류를 수정하도록 한다.

06. **03** 조회 화면(SCREEN) 설계 작업하기

(1) 폼 만들고 제목 입력하기

① [만들기] 탭-[폼] 그룹-[폼 디자인]을 클릭한다.
② 본문의 너비를 약 '15'cm 늘려준다.
③ [디자인] 탭-[컨트롤] 그룹-[레이블](𝑎)을 순서대로 클릭하여 문제 지시와 같이 제목 위치에 그려 넣고 레이블에 "고객번호가 O또는 H로 시작하면서 회선수가 200 이상인 고객 현황"을 입력한 뒤 글꼴 크기 : 16으로 변경한다.

(2) 목록 상자 추가하기

① [디자인] 탭-[컨트롤]-[목록 상자](▦)를 클릭하고 폼 본문 제목 아래 그려 넣는다.
② [목록 상자 마법사]에서 "목록 상자에 다른 테이블이나 쿼리에 있는 값을 가져옵니다."를 선택하고 [다음]을 클릭한다.
③ [보기]에서 [쿼리]를 선택하고 [쿼리: 쿼리2]를 선택한 뒤 [다음]을 클릭한다.
④ [사용 가능한 필드]에서 문제에 제시된 필드를 [선택한 필드]에 추가한다.

⑤ 앞서 쿼리 디자인에서 정렬을 지정했으므로 정렬 탭에서는 바로 [다음]을 클릭한다.
⑥ 목록 상자의 열 너비 조정 창에서 필드 간 간격을 맞추고 마지막 필드의 오른쪽 경계가 넘어가 스크롤이 생기지 않도록 설정하고 [마침]을 클릭한다.
⑦ 목록 상자와 함께 추가된 레이블을 선택하고 Delete 를 눌러 삭제한다.
⑧ 목록 상자의 너비를 약 16cm 정도로 조절한 뒤 목록상자 선택–마우스 우클릭–[속성]을 선택하고 [속성] 시트–[형식] 탭–[열 이름]–[예]로 변경한다.

형식	데이터	이벤트	기타	모두
표시			예	
열 개수			5	
열 너비			2.54cm;2.778cm;2.7	
열 이름			예	

⑨ [디자인] 탭–[컨트롤]에서 선을 선택하고 Shift 를 누르고 목록 상자 하단 너비에 맞게 선을 그려 넣는다.
⑩ 선을 선택하고 [속성] 시트–[형식]–[테두리 두께]를 3pt로 변경한 뒤 목록 상자 아래에 방향키를 이용해서 적당히 배치한다.
⑪ 마우스로 드래그하여 목록 상자와 선을 같이 선택하고 [정렬] 탭–[크기 및 순서지정] 그룹–[크기/공간]–[가장 넓은 너비에]를 선택해 목록 상자와 선의 너비를 맞춰준다.
⑫ [정렬] 탭–[크기 및 순서지정] 그룹–[맞춤]–[왼쪽]을 선택하여 선과 목록 상자의 위치를 맞춰준다.

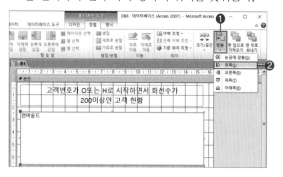

07. 보고서 만들기

(1) 보고서 마법사로 보고서 만들기

① [만들기] 탭–[보고서 마법사]를 클릭한다.
② 보고서 마법사 단계별 작업

[처리 조건]
1) 설치장소(아파트, 오피스텔, 일반주택)별로 정리한 후 같은 설치 장소 안에서는 가입일의 오름차순으로 정렬(SORT)하시오.
6) 합계 : 설치장소별 설치비, 모뎀임대료, 총액의 합을 산출하시오.
7) 총평균 : 설치비, 모뎀임대료, 총액의 전체 평균을 산출하시오.
8) 가입일은 MM–DD 형식으로 표시하시오.

단계	작업
보고서에 어떤 필드를 넣으시겠습니까?	[테이블/쿼리] : 쿼리1 선택
	보고서 그림에 표시된 필드 추가
그룹 수준을 지정하시겠습니까?	[처리 조건]에 따라 [설치장소] 필드 추가
정렬 순서와 요약 정보	정렬 : 가입일, 오름차순
	요약 옵션 : 설치비, 모뎀임대료, 총액
보고서에 어떤 모양을 지정하시겠습니까?	모양 : 단계, 용지 방향 : 세로
보고서 제목을 지정하십시오.	쿼리1 (임의로 수정 가능)
	보고서 디자인 수정 선택

(2) 보고서 디자인에서 컨트롤 배치하기

① 보고서 디자인 흰 바탕(인쇄 영역)의 경계를 16 이하로 줄여준다.
② 문제 제시 보고서를 보고 필드의 순서를 배치한다. 배치 시 [정렬] 탭의 정렬 및 순정의 [크기/공간], [맞춤]을 충분히 활용하도록 한다.
③ 보고서 머리글을 제외한 나머지 범위를 마우스로 드래그하여 선택하고 글꼴 크기 : 9, 글꼴 색 : 검정으로 변경한다.

④ 컨트롤 이동 및 수정

구역	작업
보고서 머리글	• 제목 : 인터넷 회선 사용료 내역 • 글꼴 : 16
	오른쪽 위에 비번호, 수험번호 작성
페이지 머리글	각 레이블 크기 조절 및 배치
	선 삽입 : 테두리 두께 1pt, 아래쪽 배치
그룹 머리글	[설치장소] 텍스트 상자 그룹 바닥글 이동 및 '합계' 레이블 뒤에 붙임
	높이 : 0으로 설정하여 숨김
본문	페이지 머리글 레이블과 위치 크기 맞추어 배치 [가입일] 형식 : MM–DD
	높이 : 0.7으로 최소한으로 줄여 준다.
그룹 바닥글	• "="에 대한 요약 " ~~" 레이블 삭제 • 그룹 머리글에서 가져온 텍스트 상자 배치 • 요약 =SUM() 텍스트 상자 페이지 머리글 레이블과 세로 방향 열에 맞추어 배치
	선 삽입 : 테두리 두께 1pt, 위쪽/아래쪽 배치
페이지 바닥글	• "=[Page]~ " 등의 텍스트 상자 모두 삭제 • 높이 : 0으로 설정하여 숨김
보고서 바닥글	• 총 합계 레이블 '총 평균'으로 수정하여 필드별 세로 정렬 맞춤 • SUM → AVG 로 함수명 변경
	선 삽입 : 테두리 두께 1pt, 아래쪽 배치
	선 아래 인쇄 번호 "4–3" 레이블 삽입

⑤ 보고서 컨트롤 속성 조정

[보고서 디자인 보기]를 닫고(☒) [인쇄 미리 보기](🔍)를 통하여 텍스트 상자의 형식에 문제가 있는 경우 속성 값을 변경한다.

해당 컨트롤	속성 설정 값
제목 레이블	글꼴 크기 : 16
직선	• 테두리 두께 : 1pt • 테두리 색 : 검정, 텍스트1
모든 텍스트 상자	테두리 : 투명
금액 텍스트 상자	형식 : 통화, 소수 자릿수 : 0
정수 텍스트 상자	형식 : 0
보고서 머리글	배경색 : 흰색, 배경1
본문	• 배경색 : 흰색, 배경1 • 다른 배경색 : 흰색, 배경1
그룹 바닥글	• 배경색 : 흰색, 배경1 • 다른 배경색 : 흰색, 배경1

01. 전체적인 작업 순서

[제1 슬라이드]

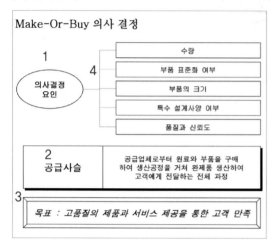

[제2 슬라이드]

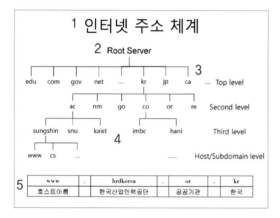

02. 제1 슬라이드 작성하기

① [디자인] 탭-[페이지 설정]-[슬라이드 크기]-[화면 슬라이드쇼 4:3로 설정-[확인] 클릭하여 슬라이드 크기를 변경한다.

② [도형]-[기본도형]-[텍스트 상자](⯐)를 이용하여 제목을 입력한다. 글꼴 : 바탕, 글꼴 크기 : 28을 적용한다.

③ [도형]-[기본도형]-[직사각형](▭), [타원](◯), [빗면](▱)을 이용하여 슬라이드에 도형을 삽입 배치하고 텍스트를 입력한다. 글꼴 : 돋움체, 글꼴 색 : 검정, 텍스트1을 적용한다.

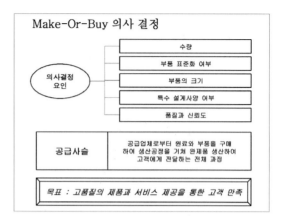

④ 맨 아래 빗면(▱) 도형을 제외한 나머지 흰색 배경 도형을 선택하고 [도형 채우기]-[흰색, 배경1]을 적용한다.

⑤ 맨 아래 빗면(▱) 도형을 선택하고 [도형 채우기]-[채우기 없음]을 적용한다.

⑥ 그림자가 적용될 직사각형 2개를 선택하고 마우스 우클릭, [개체 서식]-[도형 서식] 대화상자에서 아래와 같이 그림자를 적용한다.

항목		속성
그림자	미리 설정	[바깥쪽]-오프셋 대각선 오른쪽 아래
	색	검정, 텍스트1
	투명도	0%
	흐리게	0pt
	간격	7pt

ⓕ 기적의 TIP

• 빗면의 경우 채우기 흰색을 적용하면 그림과 같이 우/하 영역에 음영이 적용되므로 채우기 없음을 적용합니다.

• 반대로 '공급사슬' 도형의 경우 채우기 없음을 적용하면 그림자 적용에 문제가 발생하므로 채우기 흰색을 적용해주어야 합니다.

⑦ [도형]-[선]-[꺾인 연결선]을 이용하여 타원과 직사각형을 연결해주고 [도형 윤곽선]-[검정, 텍스트 1]을 적용한 후 마무리한다.

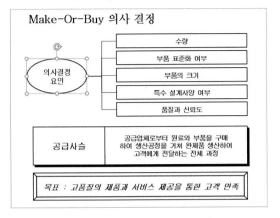

03. 제2 슬라이드 작성하기

① [홈] 탭-[새 슬라이드]-[빈 화면]을 클릭하여 2번째 슬라이드를 추가한다. (글꼴 크기 : 44)

② [도형]-[기본 도형]-[텍스트 상자](가)를 이용하여 제목을 입력한다.

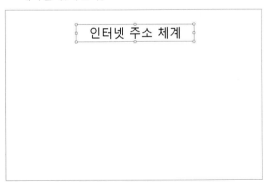

③ [도형]-[기본 도형]-[텍스트 상자](가)를 텍스트마다 하나씩 작성하여 슬라이드에 있는 전체 텍스트를 입력하고 텍스트 가운데 맞춤을 적용한다. 각 단어 당 텍스트 상자 1개씩 삽입한다.

④ 2행의 텍스트를 잘 배치하면 나머지는 쉽게 완성할 수 있다. 텍스트를 입력한 뒤 'edu'~'ca'까지 블록을 선택하고, [정렬]-[맞춤]-[가로 간격을 동일하게]를 적용하여 정렬한다.

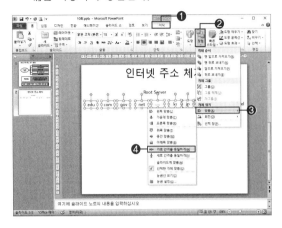

⑤ [도형]-[선]-[꺾인 연결선](ㄱ)을 이용하여 각 텍스트 상자를 연결해 준다. [도형 윤곽선]-[검정, 텍스트1]로 변경한다.

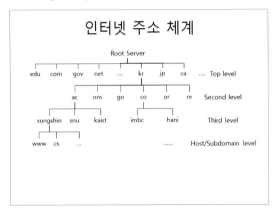

⑥ [삽입]-[표]-7×2 표를 삽입하고 [디자인] 탭-[표 스타일]-[스타일 없음]을 적용한다. 이어서 열 폭을 조절하고 텍스트를 입력한다. 1행 글꼴 : 궁서, 2행 글꼴 : 굴림, 문자열 정렬 [가운데] 맞춤한다.

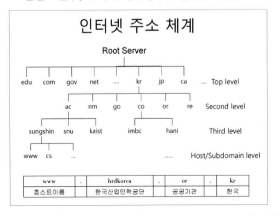

04. 비번호와 출력 페이지 번호 작성하기

① [보기] 탭-[유인물 마스터]를 클릭한다.

② 오른쪽 상단 머리글에 비번호, 수험번호를 작성한다.

③ 왼쪽 바닥글 텍스트 상자를 삭제하고 오른쪽 텍스트 상자를 페이지 가운데로 배치한 뒤 '4-4'를 입력한다. [홈] 탭-[단락]-[가운데 정렬](☰)을 클릭한다.

④ [유인물 마스터] 탭-[마스터 보기 닫기](✕)를 클릭하여 마스터를 종료한다.

05. 인쇄하기

① 엑셀, 액세스, 파워포인트 작업을 모두 완료 후 시험 위원 지시에 따라 답안 파일을 전송하고 출력하도록 한다. 파워포인트는 페이지 설정 사항이 파일에 저장되지 않으므로 출력할 때마다 설정해 주어야 하니 주의하도록 한다.

② [빠른 실행 도구]-[인쇄 미리 보기 및 인쇄](🔍) 도구를 클릭하고, 그림과 같이 설정한다.

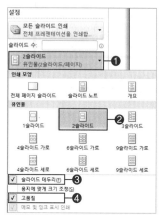

PART

02

실전 모의고사

실전 모의고사 01회

01 EXCEL 표 계산(SP) 작업

Q-NET 마트에서는 아르바이트생 수당 현황을 분석하고자 합니다. 다음 자료(DATA)를 이용하여 작성 조건에 따라 작업 표와 그래프를 작성하고, 그 인쇄 출력물을 제출하십시오.

01 작업 표(WORK SHEET) 작성

1. 자료(DATA)

근무현황

행 열	A	B	C	D
3	성명	부서코드	출근시간	퇴근시간
4	공병호	B-2	9:25	18:20
5	김병선	B-3	13:29	17:30
6	김지명	B-3	14:10	21:00
7	김진혁	C-2	8:25	12:20
8	김차일	B-2	16:25	23:35
9	박두일	C-1	9:37	14:20
10	박일호	A-2	17:35	21:40
11	손병준	A-1	8:16	16:08
12	신혁진	A-3	17:28	23:40
13	이우선	A-2	16:20	20:06
14	문희권	C-1	8:50	16:20
15	이강복	C-2	8:20	17:20
16	반준규	B-3	9:05	16:40
17	남영문	A-2	8:45	16:20
18	정상희	B-2	8:55	17:10
19	김미선	B-1	9:20	16:35
20	김윤식	A-2	13:10	20:20
21	조형래	A-3	13:20	20:10
22	안성기	A-2	13:40	20:20
23	주진모	B-2	13:15	20:50

※ 자료(DATA) 부분에서 음영 처리 표시된 부분은 행/열의 기준을 나타내며 이는 작성 (입력)하지 않음을 반드시 유의하시오.

2. 작업 표 형식

아르바이트 급여 현황

행＼열	A	C	D	E	F	G	H	I
3	성명	근무부서	출근시간	퇴근시간	근무시간	당일금액	식대	지급액
4 ⋮ 23	–	❶	–	–	❷	❸	❹	❺
24	부서별 합계		시설과			❻	❻	❻
25			관리과			❼	❼	❼
26			재무과			❽	❽	❽
27	부서코드에 "1" 또는 "3"을 포함한 합계					❾	❾	❾
28	지급액이 20000 이상 40000 미만인 사람들의 합							❿
29	⓫							
30	⓬							

※ 음영 처리 표시된 부분은 작성하지 않습니다.

3. 작성 조건

가) 작성 시 유의 사항

Ⓐ 작업 표의 작성은 "나)~라)" 항에 제시된 내용을 따르고 반드시 제시된 조건(함수 적용, 기재된 단서 조항 등)에 따라 처리하십시오.

Ⓑ 제시된 작성 조건을 따르지 아니하고 여타의 방법 일체(제시된 함수 이외 다른 함수 적용, 함수 미적용, 별도 전자계산기 사용 등)를 사용하여 도출된 결과는 그 답이 맞더라도 정답으로 인정되지 않음을 반드시 유의하십시오.

나) 작업 표의 구성 및 서식

Ⓐ "작업 표 형식"에서 행과 열에 관계된 음영 처리 표시된 부분은 작성하지 않음을 유의하고 반드시 제시된 행/열에 맞추도록 하시오.

Ⓑ 제목 서식 : 20포인트 크기로 하고 가운데 표시, 제목 밑줄 처리하시오.

Ⓒ 글꼴 서체 : 임의 선정하시오.

다) 원문자가 표시된 셀은 아래의 방법을 이용하여 작업하십시오.

❶ 근무부서 : 부서코드의 첫 번째 문자가 "A"이면 "재무과", "B"이면 "관리과", "C"이면 "시설과"로 하십시오(단, IF 함수와 LEFT 함수를 조합하여 작성하십시오.).

❷ 근무시간 = 퇴근시간 – 출근시간

❸ 당일금액 : (근무시간[시] × 시간당급여) + (근무시간[분] × 분당급여) (단, 시간당급여는 4,800원, 분당급여는 80원, Hour, Minute 함수 사용)

❹ 식대 : 근무시간이 6시간 이상이면 10,000원, 미만이면 2,000원(단, IF 함수 사용)

❺ 지급액 = 당일금액 + 식대

❻ 부서별 합계 – 시설과 : 시설과의 각 항목별 합 산출(단, SUMIF 또는 SUMIFS 함수 사용)

❼ 부서별 합계 – 관리과 : 관리과의 각 항목별 합 산출(단, SUMIF 또는 SUMIFS 함수 사용)

❽ 부서별 합계 – 재무과 : 재무과의 각 항목별 합 산출(단, SUMIF 또는 SUMIFS 함수 사용)

❾ 부서코드에 "1" 또는 "3"을 포함한 합계 : 각 해당 항목별 합 산출(단, ISNUMBER, FIND, SUMPRODUCT를 조합한 수식을 반드시 이용하십시오.)

❿ 지급액이 20000 이상 40000 미만인 사람들의 지급액의 합 (단, SUMIF 또는 SUMIFS 함수 사용)

⓫ ❻에 사용한 함수식 기재(단, 지급액을 기준으로 하십시오.)

⓬ ❾에 사용한 함수식 기재(단, 지급액을 기준으로 하십시오.)

> ※ 함수식을 기재하는 ⓫~⓬란은 반드시 해당 항목에 제시된 함수의 작성 조건에 따라 도출된 함수식을 기재하여야 하며, 작성 조건을 위배하여 임의로 작성할 시 해당 답이 맞더라도 틀린 항목으로 채점됨을 유의하십시오. 또한 함수식을 작성할 때는 라) 정렬 순서(SORT)에 따른 조건에 맞게 정렬 후 도출된 결과에 따른 함수식을 기재하십시오.

라) 작업 표의 정렬 순서(SORT)는 성명의 오름차순으로 정렬하고 성명이 같을 경우 출근시간의 오름차순으로 합니다.

마) 기타

(1) 금액에 대한 수치는 원화(₩) 표시를 하고 천 단위마다 ,(Comma)를 표시합니다(단, 금액 이외의 수치는 ,(Comma)를 표시하지 않는다.).

(2) 모든 수치(숫자, 통화, 회계, 백분률 등)는 셀 서식의 속성을 설정하는 과정에서 소수 자릿수를 "0"으로 지정하여 정수로 표시하되 단서 조항이 있는 경우 이를 따르시오.

(3) 음수는 "–"가 나타나도록 합니다.

(4) 숫자 셀은 우측을 수직으로 맞추고, 문자 셀은 수평 중앙으로 맞추며 기타는 작업 표 형식에 따르시오. 특히, 인쇄 출력 시 판독 불가능이 발생되지 않도록 인쇄 미리 보기 등을 통하여 셀의 크기를 적당히 조정하십시오.

02 그래프(GRAPH) 작성

> 작성한 "아르바이트 급여 현황"에서 근무부서별 당일금액과 지급액의 합계를 나타내는 그래프를 작성하십시오.

[작성 조건]

1) 그래프 형태

당일금액(데이터 표식이 있는 꺾은 선형), 지급액(묶은 세로 막대형) : 데이터 레이블의 값이 표시된 혼합형 단일축 그래프

2) 그래프 제목 : <u>부서별 지급 현황</u> ---- (확대 출력, 제목 밑줄)

3) X축 제목 : 근무부서

4) Y축 제목 : 금액

5) X축 항목 단위 : 해당 문자열

6) Y축 눈금 단위 : 임의

7) 범례 : 당일금액, 지급액

8) 출력물 크기 : A4 용지 1/2장 범위 내

9) 기타 : 작성 조건에 없는 형식이나 모양은 기본 설정값에 따르며, 그래프 너비는 작업 표 너비에 맞추도록 하십시오.

02 ACCESS 자료 처리(DBMS) 작업

공단텔레콤에서는 전화요금관리를 전산화하려고 한다. 다음의 입력 자료를 이용하여 DB를 설계한 후 작성 조건에 따라 처리 파일을 작성하고, 그 인쇄 출력물을 제출하시오.

01 요구 사항(작업 처리 조건)

1) 자료 처리(DBMS) 작업은 조회 화면(SCREEN) 설계와 자료 처리 보고서의 2가지 작업을 수행하여 그 결과물을 인쇄용지(A4) 기준 각 1장씩 총 2장을 제출하여야 채점 대상이 됨을 유의하시오.
2) 반드시 인쇄 작업 수행 전 미리보기 등을 통해 여백을 조정하고, 수치, 문자 등 구성요소가 누락되지 않도록 주의하시오. 구성요소가 누락되어 인쇄되지 않은 결과로 인한 모든 책임은 전적으로 수험자 본인에게 있음을 반드시 유의하시오.
3) 문제지에 기재된 작성 조건에 따라 처리하고, 조회 화면 및 자료 처리 보고서의 서식이 작성 조건과 상이할 경우에는 시험 위원의 지시에 따라 작업하시오.

02 입력 자료(DATA)

전화 사용 현황

고객명	등급코드	사용시간
박영철	I	300
강인규	F	80
박만순	C	450
가인선	I	200
이은진	S	80
변혜영	C	90
박세영	F	75
유미연	S	380
기가찬	C	40
황당연	I	56
이태조	F	70
김명래	F	140
윤나영	S	220
이혜진	I	240
문정자	S	150

전화 사용 현황

등급코드	등급명	기본요금	기본사용 시간	초과시간 당 요금	시간당 보너스
C	단체	80,000	300	50	4
F	패밀리	65,000	200	80	3
I	일반	45,000	150	120	2
S	프리미엄	30,000	100	90	1

🔘 조회 화면(SCREEN) 설계

※ 다음 조건에 따라 등급코드가 C 또는 I이고 고객의 성이 박이면서 초과시간당 요금이 100 미만인 현황을 조회할 수 있는 화면을 설계하고 해당 데이터를 출력하시오.

1) 해당 현황은 목록 상자(리스트박스)에서 등급코드 필드 오름차순으로 출력하고, 화면 아래에 조회 시 작성한 SQL 문을 복사하시오.
2) 리스트박스 조회 시 작성된 SQL문이 작성되지 않을 경우에는 "🔘 조회 화면(SCREEN) 설계" 과제가 0점 처리됨을 반드시 유의하시오.
3) 목록 상자에 표시되어야 할 필수적인 필드명은 다음과 같습니다.
   – 등급코드, 고객명, 등급명, 기본사용시간, 초과시간당요금
4) 폼 서식에 제반되는 폰트, 점선 등은 아래 [조회 화면 서식]에 보이는 대로 기재하시오.
5) 기타 사항은 "🔘 자료 처리 파일(FILE) 작성"의 [기타 조건]을 따르시오.

[조회 화면 서식]

등급코드가 C또는 I 이고 고객성이 박씨이면서
초과시간당 요금이 100미만인 현황

등급코드	고객명	등급명	기본사용시간	초과시간당요금

리스트박스 조회 시 작성된 SQL문

```



```

04 자료 처리 파일(FILE) 작성

[처리 조건]

1) 등급명(단체, 일반, 패밀리, 프리미엄)별로 정리한 후, 같은 등급명 안에서는 고객명의 오름차순으로 정렬(SORT)한다.
2) 초과시간 : 사용시간 − 기본사용시간 (단, 초과시간이 0 이하일 경우에는 초과시간을 0으로 한다.)
3) 전화요금 = 기본요금 + (초과시간 × 초과시간당 요금)
4) 할인금액 = 사용시간 × 시간당보너스
5) 청구금액 = 전화요금 − 할인금액
6) 등급명별 합계 : 전화요금, 할인금액, 청구금액의 합 산출
7) 총평균 : 전화요금, 할인금액, 청구금액의 전체 평균 산출

[기타 조건]

1) 입력 화면 및 보고서의 제목은 16 정도의 임의 서체로 하시오.
2) 금액에 대한 수치는 원화(₩) 표시를 하고 천 단위마다 ,(Comma)를 표시하시오(단, 금액 이외의 수치는 ,(Comma)를 표시하지 않도록 하시오.).
3) 모든 수치(숫자, 통화, 백분률 등)는 컨트롤의 속성을 설정하는 과정에서 소수자릿수를 "0"으로 지정하여 정수로 표시하시오.
4) 데이터의 열과 간격은 일정하게 맞추도록 하시오.

전화 사용 요금 현황

고객명	초과시간	사용시간	기본요금	전화요금	할인금액	청구금액
XXXX	XXXX	XXX	₩X,XXX	₩X,XXX	₩X,XXX	₩X,XXX
−	−	−	−	−	−	−
단체 합계				₩X,XXX	₩X,XXX	₩X,XXX
−	−	−	−	−	−	−
일반 합계				₩X,XXX	₩X,XXX	₩X,XXX
−	−	−	−	−	−	−
패밀리 합계				₩X,XXX	₩X,XXX	₩X,XXX
−	−	−	−	−	−	−
프리미엄 합계				₩X,XXX	₩X,XXX	₩X,XXX
총 평균				₩X,XXX	₩X,XXX	₩X,XXX

주어진 2개의 슬라이드를 아래의 작성 조건에 따라 작업하여 인쇄 출력하시오.

[슬라이드 작성 조건]
1) 각 슬라이드를 문제의 슬라이드 원안과 같이 인쇄 출력하여 제출하시오.
   (단, 인쇄는 흑백 프린터를 기준으로 한다.)
2) 글꼴은 문제 원안과 같거나 유사한 형태로 하시오.
3) 글자, 그림 및 도형 등의 크기와 모양은 문제 원안과 같거나 유사한 형태로 하시오.
4) 모든 글씨, 선 등은 흑백으로 작업하되, 글상자, 그림 및 도형 등에서 채우기 색은 회색 40% 정도, 투명도 0%를 기준으로 작업하시오.
5) 각 슬라이드는 원안과 같이 외곽선 테두리가 인쇄되도록 하시오.
6) 각 슬라이드 크기는 A4 용지의 1/2 범위 내에 인쇄가 가능한 크기가 되도록 조정하여, 슬라이드 2개를 A4 용지 1매 안에 모두 인쇄하시오.
7) 특히, 인쇄 출력 시 아래의 예시와 같이 출력하시오(단, 비번호, 수험번호, 성명은 인쇄 또는 필기로 기재해도 무방함).

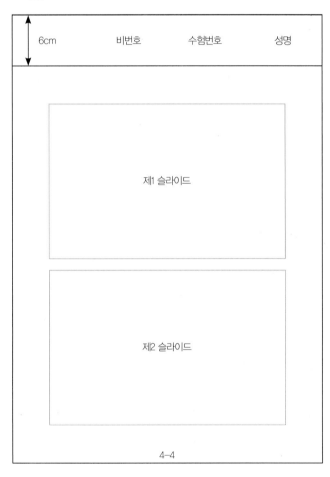

01 제1 슬라이드

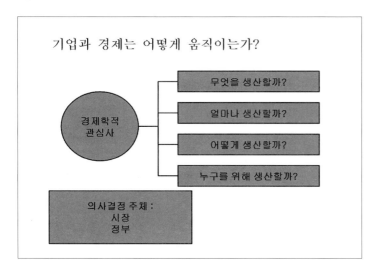

02 제2 슬라이드

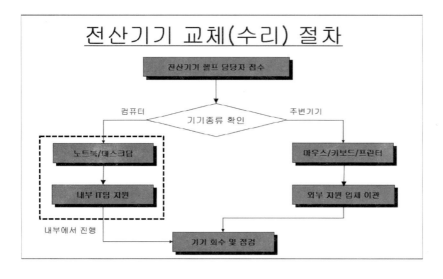

| 작업 표(WORK SHEET) 작성 |

아르바이트 급여 현황

성명	근무부서	출근시간	퇴근시간	근무시간	당일금액	식대	지급액
공병호	관리과	9:25	18:20	8:55	₩42,800	₩10,000	₩52,800
김미선	관리과	9:20	16:35	7:15	₩34,800	₩10,000	₩44,800
김병선	관리과	13:29	17:30	4:01	₩19,280	₩2,000	₩21,280
김윤식	재무과	13:10	20:20	7:10	₩34,400	₩10,000	₩44,400
김지명	관리과	14:10	21:00	6:50	₩32,800	₩10,000	₩42,800
김진혁	시설과	8:25	12:20	3:55	₩18,800	₩2,000	₩20,800
김차일	관리과	16:25	23:35	7:10	₩34,400	₩10,000	₩44,400
남영문	재무과	8:45	16:20	7:35	₩36,400	₩10,000	₩46,400
문회권	시설과	8:50	16:20	7:30	₩36,000	₩10,000	₩46,000
박두일	시설과	9:37	14:20	4:43	₩22,640	₩2,000	₩24,640
박일호	재무과	17:35	21:40	4:05	₩19,600	₩2,000	₩21,600
반준규	관리과	9:05	16:40	7:35	₩36,400	₩10,000	₩46,400
손병준	재무과	8:16	16:08	7:52	₩37,760	₩10,000	₩47,760
신혁진	재무과	17:28	23:40	6:12	₩29,760	₩10,000	₩39,760
안성기	재무과	13:40	20:20	6:40	₩32,000	₩10,000	₩42,000
이강록	시설과	8:20	17:20	9:00	₩43,200	₩10,000	₩53,200
이우선	재무과	16:20	20:06	3:46	₩18,080	₩2,000	₩20,080
정상회	관리과	8:55	17:10	8:15	₩39,600	₩10,000	₩49,600
조형래	재무과	13:20	20:10	6:50	₩32,800	₩10,000	₩42,800
주진모	관리과	13:15	20:50	7:35	₩36,400	₩10,000	₩46,400
부서별 합계			시설과		₩120,640	₩24,000	₩144,640
			관리과		₩276,480	₩72,000	₩348,480
			재무과		₩240,800	₩64,000	₩304,800
부서코드에 "1" 또는 "3"을 포함한 합계					₩282,240	₩74,000	₩356,240
지급액이 20000 이상 40000 미만인 사람들의 합							₩148,160
= SUMIF($C$4:$C$23,$D24,I$4:I$23)							
=SUMPRODUCT(ISNUMBER(FIND("1",$C$4:$C$23))+ISNUMBER(FIND("3",$C$4:$C$23)),J4:I23)							

| 그래프(GRAPH) 작성 |

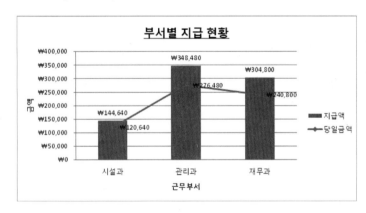

조회 화면 설계

등급코드가 C또는 I 이고 고객성이 박씨이면서
초과시간당 요금이 100미만인 현황

등급코드	고객명	등급명	기본사용시간	초과시간당요금
C	박만순	단체	300	₩50

리스트박스 조회 시 작성된 SQL문

```
SELECT 쿼리1.등급코드, 쿼리1.고객명, 쿼리1.등급명, 쿼리1.기본사용시간, 쿼리1.초과
시간당요금
FROM 쿼리1
WHERE (((쿼리1.등급코드)="C" Or (쿼리1.등급코드)="I") AND ((쿼리1.고객명) Like "
박*") AND ((쿼리1.초과시간당요금)<100))
ORDER BY 쿼리1.등급코드;
```

자료 처리 파일

전화 사용 요금 현황

고객명	초과시간	사용시간	기본요금	전화요금	할인금액	청구금액
기가잔	0	40	₩80,000	₩80,000	₩160	₩79,840
박만순	150	450	₩80,000	₩87,500	₩1,800	₩85,700
변혜영	0	90	₩80,000	₩80,000	₩360	₩79,640
단체	합계			₩247,500	₩2,320	₩245,180
가인선	50	200	₩45,000	₩51,000	₩400	₩50,600
박영철	150	300	₩45,000	₩63,000	₩600	₩62,400
이혜진	90	240	₩45,000	₩55,800	₩480	₩55,320
황당연	0	56	₩45,000	₩45,000	₩112	₩44,888
일반	합계			₩214,800	₩1,592	₩213,208
강인규	0	80	₩65,000	₩65,000	₩240	₩64,760
김명래	0	140	₩65,000	₩65,000	₩420	₩64,580
박세영	0	75	₩65,000	₩65,000	₩225	₩64,775
이태조	0	70	₩65,000	₩65,000	₩210	₩64,790
패밀리	합계			₩260,000	₩1,095	₩258,905
문정자	50	150	₩30,000	₩34,500	₩150	₩34,350
유미연	280	380	₩30,000	₩55,200	₩380	₩54,820
윤나영	120	220	₩30,000	₩40,800	₩220	₩40,580
이온진	0	80	₩30,000	₩30,000	₩80	₩29,920
프리미엄	합계			₩160,500	₩830	₩159,670
총 평균				₩58,853	₩389	₩58,464

01 제1 슬라이드

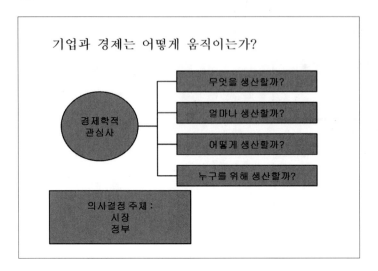

02 제2 슬라이드

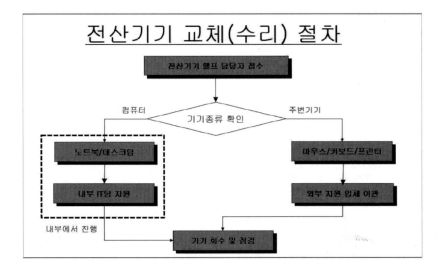

01 EXCEL 표 계산(SP) 작업 풀이

01. 자료(DATA) 입력 및 작성 조건 처리하기

① Excel을 실행한다.

> Ⓐ "작업 표 형식"에서 행과 열에 관계된 음영 처리 표시된 부분은 작성하지 않음을 유의하고 반드시 제시된 행/열에 맞추도록 하시오.
> Ⓑ 제목 서식 : 20포인트 크기로 하고 가운데 표시, 제목 밑줄 처리하시오.
> Ⓒ 글꼴 서식 : 임의 선정하시오.

② 1. 자료(DATA)를 참고하여 [A3] 셀부터 [E23] 셀까지 문제에 제시된 행/열에 맞게 자료를 입력한다.

③ 2. 작업 표 형식을 참고하여 [A2] 셀에 "아르바이트 급여 현황" 제목을 작성한다.

④ [A2]~[I2] 셀까지 블록 선택한 뒤 [홈] 탭-[병합하고 가운데 맞춤](🔛▾)과 밑줄(과 ▾), 글꼴 크기 16을 차례대로 적용한다. 이어서 1행 머리글을 선택하고 마우스 우클릭-[숨기기]를 적용한다.

⑤ 2. 작업 표 형식을 참고하여 나머지 계산결과 항목을 제시된 해당 열에 입력하고, 작업 표 하단에 제시된 자료를 입력한다. C열의 근무 부서는 C열 머리글(삽입 전의 출근시간열)을 선택하고 Ctrl + + 를 눌러 열을 삽입한다.

> **F 기적의 TIP**
>
> 1행을 숨기지 않고 ④번 단계에서 1:2 행을 모두 병합해도 됩니다.

⑥ 3~30행까지 행 머리글을 선택하고 [홈] 탭-[글꼴] 그룹-글꼴 크기를 9로 변경하여 행 높이와 글꼴 크기를 동시에 줄여준다.

⑦ 자료 입력을 완료한 다음 [빠른 실행 도구 모음]의 [저장](💾)을 클릭하여 시험 위원이 지정한 폴더에 지정된 파일명으로 저장한다. (예 : A019)

02. 원문자(함수) 작성 조건 처리하기

함수식 작성 시에는 아래 문제에 제시된 조건에 맞게 식을 작성하도록 한다.

> ※ 함수식을 기재하는 ⓫~⓬란은 반드시 해당 항목에 제시된 함수의 작성 조건에 따라 도출된 함수식을 기재하여야 하며, 작성 조건을 위배하여 임의로 작성할 시 해당 답이 맞더라도 틀린 항목으로 채점됨을 유의하십시오. 또한 함수식을 작성할 때는 라) 정렬 순서(SORT)에 따른 조건에 맞게 정렬 후 도출된 결과에 따른 함수식을 기재하십시오.

❶ 근무부서 : 부서코드의 첫 번째 문자가 "A"이면 "재무과", "B"이면 "관리과", "C"이면 "시설과"로 하십시오(단, IF 함수와 LEFT 함수를 조합하여 작성하십시오.).

=IF(LEFT(B4,1)="A","재무과",IF(LEFT(B4,1)="B","관리과",IF(LEFT(B4,1)="C","시설과")))

❷ 근무시간 = 퇴근시간 - 출근시간

=E4-D4

❸ 당일금액 : (근무시간[시] × 시간당급여) + (근무시간[분] × 분당급여) (단, 시간당급여는 4,800원, 분당급여는 80원, Hour, Minute 함수 사용)

=(HOUR(F4)*4800)+(MINUTE(F4)*80)

❹ 식대 : 근무시간이 6시간 이상이면 10,000원, 미만이면 2,000원 (단, IF 함수 사용)

=IF(HOUR(F4)>=6,10000,2000)

❺ 지급액 = 당일금액 + 식대

=G4+H4

각 식을 입력하고 자동 채우기를 하여 답을 완성한다.

❻ 부서별 합계 - 시설과 : 시설과의 항목별 합 산출(단, SUMIF 또는 SUMIFS 함수 사용)
❼ 부서별 합계 - 관리과 : 관리과의 항목별 합 산출(단, SUMIF 또는 SUMIFS 함수 사용)
❽ 부서별 합계 - 재무과 : 재무과의 항목별 합 산출(단, SUMIF 또는 SUMIFS 함수 사용)

=SUMIF($C$4:$C$23,$D24,G$4:G$23)

❾ 부서코드에 "1" 또는 "3"을 포함한 합계 : 각 해당 항목별 합 산출(단, ISNUMBER, FIND, SUMPRODUCT를 조합한 수식을 반드시 이용하십시오.)

=SUMPRODUCT(ISNUMBER(FIND("1",$B$4:$B$23))+ISNUMBER(FIND("3",$B$4:$B$23)),G4:G23)

⑩ 지급액이 20000 이상 40000 미만인 사람들의 지급액의 합 (단, SUMIF 또는 SUMIFS 함수 사용)

=SUMIFS(I4:I23,I4:I23,">=20000",I4:I23,"<40000")

⑪ 항목 ❻에 사용한 함수식 기재(단, 지급액을 기준으로 하십시오.)

'=SUMIF($C$4:$C$23,$D24,$I4:$I23)

⑫ 항목 ❾에 사용한 함수식 기재(단, 지급액을 기준으로 하십시오.)

'=SUMPRODUCT(ISNUMBER(FIND("1",$C$4:$C$23))+ISNUMBER
(FIND("3",$C$4:$C$23)),I4:I23)

각 식을 입력하고 자동 채우기를 하여 답을 완성한다.

03. 작업 표 정렬하기

라) 작업 표의 정렬 순서(SORT)는 성명의 오름차순으로 정렬하고 성명이 같을 경우 출근시간의 오름차순으로 합니다.

① [A3:I23] 범위를 선택한다.
② [데이터] 탭–[정렬]을 클릭하고 지시사항과 같이 정렬 기준을 설정한다.

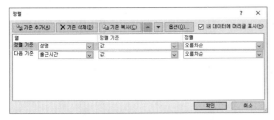

③ 작업 표 형식에 따라 B열 머리글을 선택하고 마우스 오른쪽 버튼을 클릭–[숨기기]를 클릭하여 열 숨기기 한다.

04. 기타 작업으로 형식 적용하기

(1) 금액에 대한 수치는 원화(₩) 표시를 하고 천 단위마다 ',' (Comma)를 표시합니다(단, 금액 이외의 수치는 ','(Comma)를 표시하지 않습니다.).
(2) 모든 수치(숫자, 통화, 회계, 백분율 등)는 셀 서식의 속성을 설정하는 과정에서 소수 자릿수를 "0"으로 지정하여 정수로 표시하되 단서 조항이 있는 경우 이를 따르시오.
(3) 음수는 "–"가 나타나도록 합니다.
(4) 숫자 셀은 우측을 수직으로 맞추고, 문자 셀은 수평 중앙으로 맞추며 이외 사항은 작업 표 형식에 따르시오. 특히, 단서 조항이 있을 경우는 단서 조항을 우선으로 하고, 인쇄 출력 시 판독 불가능이 발생되지 않도록 인쇄 미리 보기 등을 통하여 셀의 크기를 적당히 조정하십시오.

[형식 지정하기]

시간	D, E ,F 열 (h:mm)
통화	G, H, I 열
가운데 정렬	A~F 열
테두리	• 모든 테두리 : [A3:I30] • 중간 선 해제 : [A4:I23]

05. 페이지 설정하기

페이지 설정하기는 모든 문제가 같은 방식으로 작업한다. 앞 회의 해설로 대신한다.

06. 그래프 작성하기

작성한 "아르바이트 급여 현황"에서 근무부서별 당일금액과 지급액의 합계를 나타내는 그래프를 작성하십시오.

[작성 조건]
1) 그래프 형태
당일금액(데이터 표식이 있는 꺾은 선형), 지급액(묶은 세로 막대형) : 데이터 레이블의 값이 표시된 혼합형 단일축 그래프
2) 그래프 제목 : 부서별 지급 현황 ---- (확대 출력, 제목 밑줄)
3) X축 제목 : 근무부서
4) Y축 제목 : 금액
5) X축 항목 단위 : 해당 문자열
6) Y축 눈금 단위 : 임의
7) 범례 : 당일금액, 지급액
8) 출력물 크기 : A4 용지 1/2장 범위 내
9) 기타 : 작성 조건에 없는 형식이나 모양은 기본 설정값에 따르며, 그래프 너비는 작업 표 너비에 맞추도록 하십시오.

① 문제에서 요구하는 데이터는 부서별 합계 결과인 24:26행의 값이다. 그러나 부서명이 셀 병합이 되어있어 바로 차트로 사용할 수 없으므로 작업 표 하단 차트가 들어갈 위치나 작업 표 우측 인쇄 영역을 벗어난 위치에 데이터를 복사해 붙여 넣고 작업한다. 근무부서와 항목이름은 직접 타이핑하여 입력한다. 주의할 점은 절대 B열처럼 숨김 열 사이에 데이터를 붙여 넣으면 안 된다는 것만 기억하자.

	근무부서	당일금액	지급액
33	근무부서	당일금액	지급액
34	시설과	₩120,640	₩144,640
35	관리과	₩276,480	₩348,480
36	재무과	₩240,800	₩304,800

29 =SUMIF($C$4:$C$23,$D24,I$4:I$23)
30 =SUMPRODUCT(ISNUMBER(FIND("1",$C$4:$C$23))+ISNUMBER(FIND("3",$C$4:$C$23)),I4:I23)

② 작업 표 하단에 붙여 넣은 데이터를 블록 선택하고, [삽입] 탭-[세로 막대형]-[묶은 세로 막대형](🔳)을 클릭하여 차트를 워크시트에 삽입한다.

③ 차트를 선택하고 [디자인] 탭-[차트 레이아웃]-[레이아웃 9](📊)를 적용한다.

④ 범례 클릭 후 시간차를 두고 [당일금액] 계열을 클릭하고 마우스 우클릭을 눌러 [계열 차트 종류 변경]-[차트 종류 변경]-[표식이 있는 꺾은 선형](📈)을 선택하고 [확인]을 클릭하여 계열의 차트 종류를 [표식이 있는 꺾은 선형]으로 변경한다.

⑤ 차트를 그림과 같이 인쇄 경계선 안쪽, 작업 표 하단에 배치하고 차트 제목(글꼴 크기 : 16, 밑줄), 가로축, 세로축 이름을 입력한다. 인쇄 시 차트가 잘리는 것을 방지하기 위하여 인쇄 경계선과 약 1행 정도 여백을 두고 배치한다.

차트 데이터를 작업 표 하단에 입력하였다면 차트로 덮어 주도록 합니다.

⑥ 그림 영역의 지급액 계열을 선택하고 마우스 우클릭-[데이터 레이블추가]를 선택하여 데이터 레이블을 추가하고, 같은 방식으로 당일금액 계열도 데이터 레이블을 추가한다.

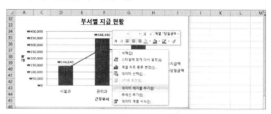

01. 테이블1 만들기

① [만들기]-[테이블 디자인] 클릭하여 새로운 [테이블 디자인 보기] 창을 실행한다.

② 테이블의 필드와 형식을 다음과 같이 설정한다.

필드 이름	데이터 형식	일반
고객명	텍스트	
등급코드	텍스트	
사용시간	숫자	• 필드크기 : 정수(Long) • 형식 : 0 • 소수 자릿수 : 0

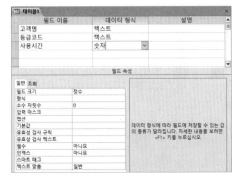

③ [닫기](×)를 클릭하여 테이블을 저장한다. 테이블 이름은 임의로 지정한다.

④ 테이블1에는 기본 키를 지정하지 않으므로, 기본 키를 정의하지 않았습니다. 대화상자에서 [아니오]를 클릭한다.

> **기적의 TIP**
>
> 문제에 제시된 테이블이름을 이용하거나, 단순히 테이블1처럼 작성해도 됩니다. 본서에서는 테이블1으로 저장합니다.

02. 테이블2 만들기

① [만들기]-[테이블 디자인] 클릭하여 새로운 [테이블 디자인 보기] 창을 실행한다.

② 테이블의 필드와 형식을 다음과 같이 설정한다.

필드 이름	데이터 형식	일반
등급코드	텍스트	기본 키 설정
등급명	텍스트	
기본요금	통화	소수 자리수 : 0
기본사용시간	숫자	• 필드크기 : 정수(Long) • 형식 : 0 • 소수 자릿수 : 0
초과시간당요금	통화	소수 자리수 : 0
시간당보너스	숫자	• 필드크기 : 정수(Long) • 형식 : 0 • 소수 자릿수 : 0

③ [닫기](×)를 클릭하여 테이블을 저장한다. 테이블 이름은 임의로 지정한다.

03. 테이블에 데이터 입력

① Access 개체창에서 테이블1, 테이블2를 각각 더블 클릭하여 실행한 뒤 문제의 '**02** 입력 자료'를 참고하여 데이터를 입력한다.

테이블1

고객명	등급코드	사용시간
박영철	I	300
강인규	F	80
박만순	C	450
가인선	I	200
이은진	S	80
변혜영	C	90
박세영	F	75
유미연	S	380
기가찬	C	40
황당연	I	56
이태조	F	70
김명래	F	140
윤나영	S	220
이혜진	I	240
문정자	S	150

테이블2

등급코드	등급명	기본요금	기본사용시	초과시간당	시간당보너
C	단체	₩80,000	300	₩50	4
F	패밀리	₩65,000	200	₩80	3
I	일반	₩45,000	150	₩120	2
S	프리미엄	₩30,000	100	₩90	1

04. 전체 쿼리 만들기

① [만들기] 탭–[쿼리] 그룹–[쿼리 디자인]을 클릭한다.
② [테이블 표시] 대화상자에서 테이블1, 테이블2를 각각 더블 클릭하여 쿼리 디자인 영역에 추가한다.
③ 테이블2의 전체 필드를 추가하기 위하여 테이블2의 *를 더블 클릭하여 아래 필드구성에 추가한다. (테이블1의 *를 추가해도 된다. 필드수가 많은 테이블의 *를 넣는다.)
④ 테이블2에 중복되지 않는 테이블1의 나머지 필드 등급코드, 사용시간을 각각 더블 클릭하여 아래 필드 구성에 추가한다.

기적의 TIP

테이블2에 앞서 기본 키를 지정하지 않았거나 오류로 인하여 그림처럼 두 테이블 연결이 설정되어 있지 않다면 테이블2의 등급코드 필드를 마우스로 끌어 테이블1 등급코드 위에 올려 조인 연결을 해주어야 합니다.

⑤ **04** 자료 처리 파일(FILE) 작성'의 [처리 조건]에 따라 나머지 필드에 식을 입력한다. 또한 새로 추가되는 식 필드의 경우 필드 선택–마우스 우클릭–[속성]을 클릭하고, [속성] 시트–[형식]에 다음과 같이 설정하도록 한다.

기적의 TIP

테이블에서 가져온 필드는 테이블 디자인에서 형식을 지정했으므로 별도로 설정하지 않아도 됩니다.

[처리 조건]
1) 등급명(단체, 일반, 패밀리, 프리미엄)별로 정리한 후, 같은 등급명 안에서는 고객명의 오름차순으로 정렬(SORT)한다.
2) 초과시간 : 사용시간 – 기본사용시간 (단, 초과시간이 0 이하일 경우에는 초과시간을 0으로 한다.)
3) 전화요금 = 기본요금 + (초과시간 × 초과시간당요금)
4) 할인금액 = 사용시간 × 시간당보너스
5) 청구금액 = 전화요금 – 할인금액

구분	필드	형식
테이블2	*	
테이블1	고객명	
	사용시간	
식	초과시간 : IIf(([사용시간]–[기본사용시간])<=0,0,[사용시간]–[기본사용시간])	정수 (숫자)
	전화요금 : [기본요금]+([초과시간]*[초과시간당요금])	통화
	할인금액 : [사용시간]*[시간당보너스]	통화
	청구금액 : [전화요금]–[할인금액]	통화

⑥ '쿼리1 닫기'(×)를 클릭하여 쿼리1을 저장한다.

05. 폼용 조건검색 쿼리 만들기

① [만들기] 탭–[쿼리] 그룹–[쿼리 디자인]을 클릭한다.
② [테이블 표시] 대화상자에서 '쿼리1'를 더블 클릭하여 쿼리 디자인 영역에 추가한다.

기적의 TIP

테이블1, 테이블2를 추가한 경우 테이블에서 필드를 추가해도 됩니다. 단 식으로 구성된 필드의 경우 전체 쿼리에서와 같이 다시 작성해 주어야 합니다. 본서에서는 이렇게 식을 두 번 작성하는 작업을 줄이기 위해 쿼리1을 원본으로 사용합니다.

③ **03** 조회 화면(SCREEN) 설계'의 [조회 화면 서식] 그림을 보고 폼에 추가될 필드를 '쿼리1'에서 더블 클릭하여 추가한다.

기적의 TIP

문제 지시사항에 Inner Join을 SQL 식에 표시하라는 지시가 있는 경우 테이블1, 테이블2를 폼용 쿼리의 원본으로 사용해야 합니다. Inner Join 표시 지시가 없다면 쿼리식을 두 번 작성하는 번거로움을 없애기 위하여 본서에서는 쿼리1을 원본으로 사용하였습니다.

④ '**03** 조회 화면(SCREEN) 설계'의 조건에 따라 아래와 같이 조건항에 조건을 입력한다.

※ 다음 조건에 따라 등급코드가 C 또는 I이고 고객의 성이 박이면서 초과시간당 요금이 100 미만인 현황을 조회할 수 있는 화면을 설계하고 해당 데이터를 출력하시오.
1) 해당 현황은 목록 상자(리스트박스)에서 등급코드 필드 오름차순으로 출력하고, 화면 아래에 조회 시 작성한 SQL문을 복사하시오.
2) 리스트박스 조회 시 작성된 SQL문이 작성되지 않을 경우에는 "**03** 조회 화면(SCREEN) 설계" 과제가 0점 처리됨을 반드시 유의하시오.
3) 목록 상자에 표시되어야 할 필수적인 필드명은 다음과 같습니다.
 – 등급코드, 고객명, 등급명, 기본사용시간, 초과시간당요금
4) 폼 서식에 제반되는 폰트, 점선 등은 아래 [조회 화면 서식]에 보이는 대로 기재하시오.
5) 기타 사항은 "**04** 자료 처리 파일(FILE) 작성"의 [기타 조건]을 따르시오.

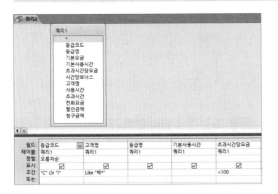

필드	조건/정렬
등급코드	"C" OR "I" 오름차순 정렬
고객명	박*
등급명	
기본사용시간	
초과시간당요금	〈100

🅱 **기적의 TIP**

조건검색 쿼리에 정렬을 적용하지 않으면 SQL 식에서 Order by 절이 표시되지 않으니 꼭 잊지말고 적용하도록 합니다.

⑤ [쿼리2 닫기](✖)를 클릭하여 쿼리2를 저장한다.
⑥ [개체] 창에서 쿼리2를 더블 클릭하여 실행한 뒤 검색 결과와 각 필드의 형식을 검토한다.

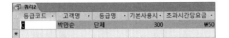

⑦ [닫기](✖)를 클릭하여 쿼리2를 닫는다. 만약 검토 결과 오류가 발견되었다면 [개체] 창에서 쿼리2 선택–마우스 우클릭–[디자인 보기]를 선택하여 오류를 수정하도록 한다.

06. **03** 조회 화면(SCREEN) 설계 작업하기

(1) 폼 만들고 제목 입력하기
① [만들기] 탭 –[폼] –[폼 디자인]을 클릭한다.
② 본문의 너비를 약 '15'cm 정도로 늘려준다.
③ [디자인] 탭–[컨트롤] 그룹–[레이블](개)을 순서대로 클릭하여 문제 지시와 같이 제목 위치에 그려 넣는다.
④ 레이블에 "등급코드가 C 또는 I 이고 고객성이 박씨이면서 초과시간당 요금이 100미만인 현황"을 입력한 뒤 글꼴 크기 : 16으로 변경한다.

(2) 목록 상자 추가하기
① [디자인] 탭–[컨트롤]–[목록 상자](📑)를 클릭하고 폼 본문 제목 아래 그려 넣는다.

🅱 **기적의 TIP**

만약 목록 상자 마법사가 실행되지 않는다면 컨트롤 도구 하단의 '컨트롤 마법사 사용'이 선택되어 있는지 확인합니다. 선택 되어 있어야 마법사가 실행됩니다.

② [목록 상자 마법사]에서 "목록 상자에 다른 테이블이나 쿼리에 있는 값을 가져옵니다."를 선택하고 [다음]을 클릭한다.
③ [보기]에서 [쿼리]를 선택하고 [쿼리: 쿼리2]를 선택한 뒤 [다음]을 클릭한다.
④ [사용가능한 필드]에서 문제에 제시된 필드를 [선택한 필드]에 추가한다.

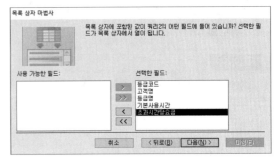

⑤ 앞서 쿼리 디자인에서 정렬을 지정했으므로 정렬 탭에서는 바로 [다음]을 클릭한다.

기적의 TIP

이 단계에서 문제 지시대로 다시 한번 정렬을 지정해도 됩니다.

⑥ 목록 상자의 열 너비 조정 창에서 필드 간 간격을 맞추고 마지막 필드의 오른쪽 경계가 넘어가 스크롤이 생기지 않도록 설정한 후 [마침]을 클릭한다.

⑦ 목록 상자와 함께 추가된 레이블을 선택하고 Delete 를 눌러 삭제한다.

⑧ 목록 상자의 너비를 약 16cm 정도로 조절한 뒤 목록 상자 선택-오른쪽 버튼 클릭-[속성]을 선택하고 [속성] 시트-[형식] 탭-[열이름]-[예]로 변경한다.

형식	데이터	이벤트	기타	모두

표시	예	∨
열 개수	5	
열 너비	2.54cm;2.778cm;2.7	
열 이름	예	

⑨ [디자인] 탭-[컨트롤]에서 선을 선택하고 Shift 를 누르고 목록 상자 하단 너비에 맞게 선을 그려 넣는다.

⑩ 선을 선택하고 [속성] 시트-[형식]-[테두리 두께]를 3pt로 변경한 뒤 목록 상자 아래에 방향키를 이용해서 적당히 배치한다.

기적의 TIP

Ctrl 을 누른 채로 방향키를 누르면 미세 조정이 가능합니다.

⑪ 마우스로 드래그하여 목록 상자와 선을 같이 선택하고 [정렬] 탭-[크기 및 순서지정] 그룹-[크기/공간]-[가장 넓은 너비에]를 선택해 목록 상자와 선의 너비를 맞춰준다.

⑫ [정렬] 탭-[크기 및 순서지정] 그룹-[맞춤]-[왼쪽]을 선택하여 선과 목록 상자의 위치를 맞춰준다.

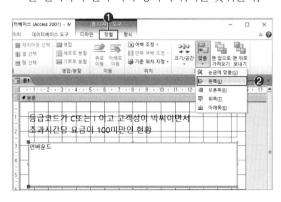

(3) SQL 식 복사하기

① 목록 상자 하단에 레이블을 삽입하고 "리스트박스 조회 시 작성된 SQL문" 입력한다.

② 개체 창에서 [쿼리2]를 더블 클릭하여 실행하고 [홈] 탭-[보기] 그룹-[SQL보기]를 클릭한다.

③ SQL 보기 창에 표시된 식을 Ctrl + C 키로 복사하고 [쿼리2.닫기](ⓧ)를 클릭해 창을 닫는다.

④ "리스트박스 조회 시 작성된 SQL문" 하단에 레이블을 삽입하고 Ctrl + V 를 눌러 앞서 복사한 SQL 식을 붙여 넣는다.

⑤ Ctrl + A 를 눌러 폼 내 모든 컨트롤을 선택하고 [홈] 탭-[텍스트서식] 그룹-[글꼴색]-[검정, 텍스트1]로 변경한다.

기적의 TIP

액세스 2010 버전부터는 기본 글꼴색이 흐린 회색입니다. 그래서 검정으로 변경하지만 2007 버전에서는 기본 검정이므로 별도로 변경하지 않습니다.

(4) 폼 디자인 각 컨트롤 속성 변경

① 속성 설정

컨트롤	속성
제목 레이블	글꼴 크기 : 16
목록 상자	열 이름 : 예
목록 상자 아래 선	두께 : 3pt
리스트박스 조회 시 작성된 SQL문 레이블	• 글꼴 크기 : 16 • 테두리 스타일 : 투명
SQL 식 작성 레이블	테두리 스타일 : 파선
폼 전체 글꼴 색	검정

② 폼 상단 우측에 레이블을 삽입하고 비번호와 수험번호를, 하단 중앙에 레이블을 삽입하고 출력 페이지 번호 "4-2"를 입력하고 [폼1.닫기](×)를 클릭해 폼 디자인을 저장한다.

③ [인쇄 미리 보기]-[페이지 설정]에서 여백을 설정한다. (위쪽 : 60, 아래쪽 : 6.35, 왼쪽 : 25, 오른쪽 : 6.35)

(5) 비번호 / 수험번호 / 출력 페이지 번호 작성하기

① [디자인]-[컨트롤]-[레이블]을 이용하여 폼 상단과 하단에 각각 비번호, 수험번호, 출력 페이지 번호를 작성한다.

07. 보고서 만들기

(1) 보고서 마법사로 보고서 만들기

① [만들기] 탭-[보고서 마법사]를 클릭한다. 문제의 [처리 조건] 1항과 마지막 보고서 그림을 참고하여 작업한다.

② 보고서 마법사 단계

[처리 조건]
1) 등급명(단체, 일반, 패밀리, 프리미엄)별로 정리한 후, 같은 등급명 안에서는 고객명의 오름차순으로 정렬(SORT)한다.
6) 등급명별 합계 : 전화요금, 할인금액, 청구금액의 합 산출
7) 총평균 : 전화요금, 할인금액, 청구금액의 전체 평균 산출

전화 사용 요금 현황

고객명	초과시간	사용시간	기본요금	전화요금	할인금액	청구금액
XXXX	XXXX	XXXX	₩X,XXX	₩X,XXX	₩X,XXX	₩X,XXX
-	-	-	-	-	-	-
		단체 합계		₩X,XXX	₩X,XXX	₩X,XXX
-	-	-	-	-	-	-
		일반 합계		₩X,XXX	₩X,XXX	₩X,XXX
-	-	-	-	-	-	-
		패밀리 합계		₩X,XXX	₩X,XXX	₩X,XXX
-	-	-	-	-	-	-
		프리미엄 합계		₩X,XXX	₩X,XXX	₩X,XXX
		총평균		₩X,XXX	₩X,XXX	₩X,XXX

단계	작업
보고서에 어떤 필드를 넣으시겠습니까?	[테이블/쿼리] : 쿼리1 선택
	보고서 그림에 표시된 필드 추가
그룹 수준을 지정하시겠습니까?	[처리조건]에 따라 등급명 필드 추가
정렬 순서와 요약정보	정렬 : 고객명, 오름차순
	요약 옵션 : 전화요금, 할인금액, 청구금액 합계 항목 선택
보고서에 어떤 모양을 지정하시겠습니까?	모양 : 단계, 용지 방향 : 세로
보고서 제목을 지정하십시오.	쿼리2 (임의로 수정 가능)
	보고서 디자인 수정 선택

(2) 보고서 디자인에서 컨트롤 배치하기

① 보고서 디자인 흰 바탕(인쇄 영역)의 경계를 16 이하로 줄여준다.

② 문제 제시 보고서를 보고 필드의 순서를 배치한다. 배치 시 [정렬] 탭의 정렬 및 순서 조정의 [크기/공간], [맞춤]을 충분히 활용하도록 한다.

③ 보고서 머리글을 제외한 나머지 범위를 마우스로 드래그하여 선택하고 글꼴 크기 : 9, 글꼴 색 : 검정으로 변경한다.

④ 컨트롤 이동 및 수정

구역	작업
보고서 머리글	• 제목 : 전화 사용 요금 현황 • 글꼴 : 16, 밑줄 • 오른쪽 위 : 비번호, 수험번호 작성
페이지 머리글	• 각 레이블 크기 조절 및 배치 • 아래쪽 두께 1pt 선 삽입
그룹 머리글	• 등급명 텍스트 상자 그룹 바닥글로 이동 • 높이 : 0으로 설정하여 숨김
본문	• 페이지 머리글 레이블과 위치 크기 맞추어 배치 • 높이 : 0.7
그룹 바닥글	• "="에 대한 요약 " ~~ " 레이블 삭제 • 그룹 머리글에서 가져온 텍스트 상자 배치 • 요약 =sum() 텍스트 상자 페이지 머리글 레이블과 위치 맞추어 배치 • 위/아래 쪽 두께 1pt 선 삽입
페이지 바닥글	• "=[Page]~" 등의 텍스트 상자 모두 삭제 • 높이 : 0 으로 설정하여 숨김
보고서 바닥글	• 총 합계 레이블 총평균으로 수정하여 페이지 머리글 필드에 맞춰 배치 • 아래 쪽 두께 1pt 선 삽입 • 선 아래 인쇄 번호 "4-3" 레이블 삽입

- 페이지 머리글, 본문, 페이지 바닥글의 필드배치 시 세로로 범위를 선택해 한 번에 배치하도록 합니다. 선은 모든 작업이 끝난 뒤 마지막에 그려 넣도록 합니다.
- 본문의 높이가 크면 인쇄 시 2장이 출력될 수 있으므로 글꼴 크기와 함께 꼭 줄여주도록 합니다.

⑤ 보고서 컨트롤 속성 조정

[보고서 디자인 보기]를 닫고(×) [인쇄 미리 보기](🔍)를 통하여 텍스트 상자의 형식에 문제가 있는 경우 속성 값을 변경한다.

해당 컨트롤	속성 설정 값
제목 레이블	• 글꼴 크기 : 16 • 글꼴 두께 : 굵게 • 글꼴 밑줄 : 예
직선	• 테두리 두께 : 1pt • 테두리 색 : 검정, 텍스트1
모든 텍스트 상자	테두리 : 투명
금액 텍스트 상자	형식 : 통화, 소수 자릿수 : 0
정수 텍스트 상자	형식 : 0
보고서 머리글	배경색 : 흰색, 배경1
본문	• 배경색 : 흰색, 배경1 • 다른 배경색 : 흰색, 배경1
그룹 바닥글	• 배경색 : 흰색, 배경1 • 다른 배경색 : 흰색, 배경

컨트롤의 세로 맞춤이나 가로 맞춤은 컨트롤 선택 [정렬] 탭-[맞춤] 도구를 이용하면 빠르게 작업할 수 있습니다.

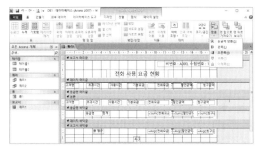

통화, 백분률 등의 표시형식은 앞선 테이블이나 쿼리에서 미리 설정한 필드의 경우 별도 설정이 필요 없지만, 보고서에서 새로 추가된 요약옵션, 그룹 합계, 보고서 합계 등의 컨트롤은 보고서 디자인에서 형식을 다시 정리해 주어야 합니다.

08. 보고서 페이지 설정

① [인쇄 미리 보기]-[페이지 설정]에서 여백을 설정한다(위쪽 : 60, 아래쪽 : 6.35, 왼쪽 : 25, 오른쪽 : 6.35).

01. 전체적인 작업 순서

[제1 슬라이드]

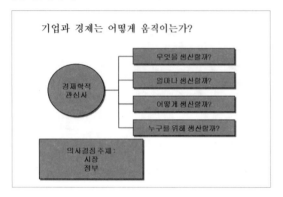

[제2 슬라이드]

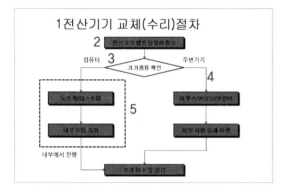

02. 제1 슬라이드 작성하기

① [홈] 탭-[새 슬라이드]-[빈 화면]을 클릭하여 2번 슬라이드를 추가한다.

② [홈] 탭-[그리기] 그룹-[도형]-[텍스트 상자](🔠)를 선택하고 슬라이드 제목이 입력될 위치에 삽입한 뒤 "기업과 경제는 어떻게 움직이는가?"를 입력하고 글꼴 : 바탕체, 글꼴 크기 : 32 로 변경한다.

B 기적의 TIP

앞선 해설과 다르게 왜 글꼴을 미리 변경하지? 라고 의문을 가진다면, 이 슬라이드에서 제목만 다른 글꼴인 것을 확인할 수 있을 것입니다. 작업 편의상 추후 변경해도 무관하지만 이번엔 글을 입력하면서 변경해 보았습니다.

③ [도형]-[기본도형]-[타원](⬭)을 슬라이드에 삽입하고 텍스트를 입력한다.

④ [도형]-[기본도형]-[직사각형](▭)을 타원 오른쪽에 삽입한다.

⑤ 삽입한 직사각형을 선택하고 Ctrl + Shift 를 누른 채 아래쪽으로 3번 끌어당겨 복사한다.

B 기적의 TIP

도형을 선택하고 Ctrl + D 를 눌러 복사해도 됩니다.

⑥ 4개 직사각형을 모두 선택하고 [정렬]-[맞춤]-[가운데 맞춤], [세로간격을 동일하게]를 각각 적용하여 정렬한 뒤 텍스트를 입력한다.

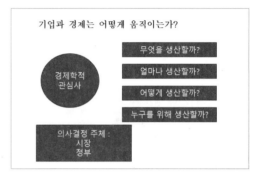

⑦ [도형]-[기본도형]-[직사각형](▭)을 타원 아래에 삽입하고 텍스트를 입력한다.

⑧ 타원과 직사각형을 마우스로 블록 선택하여 모두 선택하고 도구모음을 이용하여 아래와 같이 설정한다.

항목	선택
글꼴	굴림, 24pt
	글꼴 색 : 검정, 굵게
도형 채우기	흰색, 배경1, 35%
도형 윤곽선	검정, 텍스트1

⑨ 타원과 직사각형을 마우스로 블록 선택하여 모두 선택하고 마우스 우클릭-[개체서식]을 클릭하고 [도형서식] 대화상자에서 아래와 같이 속성을 변경한다.

항목	선택
그림자	미리 설정 : 오프셋 오른쪽 대각선 아래
	투명도 : 0, 흐리게 : 0
	색 : 검정 텍스트1, 50%
	간격 : 5

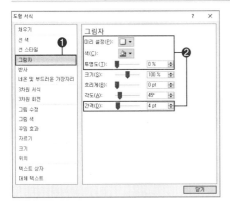

⑩ [도형]-[선]-[꺾인 연결선]을 마우스 우클릭하여 [그리기 잠금 모드]를 이용하여 타원에서 직사각형으로 각각 한 번씩 연결한다.

⑪ 추가된 선을 마우스로 모두 블록 선택하고 [도형 윤곽선]-[두께]-2 1/4pt, [색]-[검정, 텍스트1]로 변경한다.

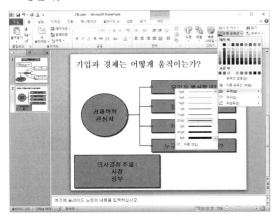

03. 비번호와 출력 페이지 번호 작성하기

① [보기] 탭-[유인물 마스터]를 클릭한다.

② 오른쪽 위쪽 머리글에 비번호, 수험번호를 작성한다.

③ 왼쪽 바닥글 텍스트 상자를 삭제하고 오른쪽 텍스트 상자를 페이지 가운데로 배치한 뒤 '4-4'를 입력한다. [홈] 탭-[단락]-[가운데 정렬](≡)을 클릭한다.

④ [유인물 마스터] 탭-[마스터 보기 닫기](✕)를 클릭하여 마스터를 종료한다.

04. 인쇄하기

① 엑셀, 액세스, 파워포인트 작업 모두 완료 후 시험 위원 지시에 따라 답안파일을 전송하고 출력하도록 한다. 파워포인트는 페이지 설정 사항이 파일에 저장되지 않으므로 출력할 때마다 설정해 주어야 하니 주의하도록 한다.

② [빠른 실행 도구]-[인쇄 미리 보기 및 인쇄](🔍) 도구를 클릭하고, 다음과 같이 설정한다.

항목	선택
유인물	2슬라이드
슬라이드 테두리	체크
고품질	체크

05. 제2 슬라이드 작성하기

① [홈] 탭-[그리기] 그룹-[도형]-[텍스트 상자](가)를 선택하고 슬라이드 제목이 입력될 위치에 삽입한 뒤 "전산기기 교체(수리)절차"를 입력하고 글꼴 크기를 42로 변경한다.

② [도형]-[사각형]-[직사각형](□)을 이용하여 제목 아래 도형을 삽입하고 Ctrl + Shift 를 누른 채 아래로 드래그하여 맨 아래 직사각형 위치에 복사하고 도형 크기를 줄여준다.

③ [도형]-[기본도형]-[다이아몬드](◇)를 그려 넣고 3개 도형을 마우스로 블록 선택한 뒤 [정렬]-[맞춤]-[가운데 맞춤]을 적용한다.

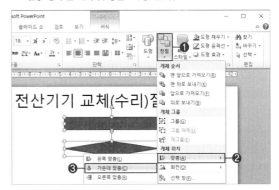

④ [도형]-[사각형]-[직사각형](□)을 이용하여 좌측에 직사각형을 삽입하고, 직사각형 선택한 후 Ctrl + Shift 를 누른 채 아래로 드래그하여 복사한다. 복사된 두 직사각형을 다시 블록 선택하고, Ctrl + Shift 를 누른 채 오른쪽으로 드래그하여 복사한다.

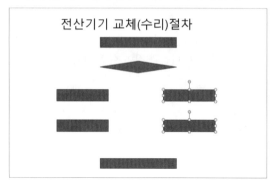

⑤ [도형]-[선]-[화살표](↘)-마우스 우클릭-[그리기 잠금 모드]로 설정하고 직선을 연결한다.

⑥ [도형]-[선]-[꺾인 화살표 연결선](ㄱ↓)-마우스 우클릭-[그리기 잠금 모드]로 설정하고 꺾인 선을 연결한다.

⑦ 도형에 텍스트를 입력하고 직사각형이 좁다면 4개 도형을 마우스로 블록 선택한 뒤 Ctrl 을 누른 채로 우측 크기 조절점을 마우스로 드래그하여 도형 크기를 일괄 변경한다.

⑧ 도형과 선을 모두 마우스로 드래그하여 블록 선택하고 아래와 같이 속성을 변경한다.

항목	선택
도형 채우기	흰색, 배경1, 35%
도형 윤곽선	검정, 텍스트1
글꼴 색	검정, 텍스트1

⑨ 직사각형 6개를 선택한 후 마우스 우클릭-[개체 서식]-[도형 서식] 대화상자에서 아래와 같이 그림자를 설정한다.

항목	선택
미리 설정	오프셋 대각선 오른쪽 아래
색	검정, 텍스트1
투명도	0%
흐리게	0pt
간격	5pt

⑩ 왼쪽 직사각형을 묶는 큰 직사각형을 그려 넣고 아래와 같이 속성을 변경한다.

항목	선택
도형 채우기	없음
도형 윤곽선	검정, 텍스트1
	두께 : 3pt
	대시 : 사각점선
글꼴색	검정, 텍스트1

⑪ 나머지 텍스트를 입력한다.

⑫ Ctrl + A 를 눌러 도형을 모두 선택하고 글꼴 : 새굴림, 굵게로 변경한다.

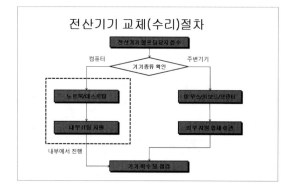

실전 모의고사 02회

01   EXCEL 표 계산(SP) 작업

진진백화점에서는 포인트 점수 서비스를 작성하여 분석하고자 한다. 다음 자료(DATA)를 이용하여 작성 조건에 따라 작업 표와 그래프를 작성하고, 그 인쇄 출력물을 제출하시오.

01 작업 표(WORK SHEET) 작성

1. 자료(DATA)

상반기 포인트 점수 서비스

행\열	A	B	C	D	E
3	고객번호	고객명	분류	기본포인트	구매금액
4	MA101	이승주	우수	500	700,000
5	MC102	박윤정	신규	200	1,200,000
6	MB103	이광주	일반	300	350,000
7	MC104	정영일	신규	200	2,100,000
8	MA105	김승미	우수	500	1,800,000
9	MC106	이소라	신규	200	1,500,000
10	MA107	이우정	우수	500	1,900,000
11	MC108	이선화	신규	200	2,700,000
12	MB109	정희영	일반	300	500,000
13	MB110	정은지	일반	300	210,000
14	MA111	박유미	우수	500	310,000
15	MC112	김민수	신규	200	270,000
16	MA113	조선남	우수	500	90,000
17	MA114	이윤열	우수	300	700,000
18	MA115	김제동	신규	200	950,000
19	MB116	마재윤	일반	500	350,000
20	MA117	송병구	일반	200	2,000,000
21	MA118	홍진호	우수	500	1,700,000
22	MA119	김대희	신규	200	500,000
23	MC120	설경구	우수	300	310,000

※ 자료(DATA) 부분에서 음영 처리 표시된 부분은 행/열의 기준을 나타내며 이는 작성(입력)하지 않음을 반드시 유의하시오.

2. 작업 표 형식

진진백화점 사은품 증정 내역

행＼열	B	C	D	E	F	G	H	I
3	고객명	분류	기본포인트	구매금액	실적포인트	총포인트	사은품	순위
4 ⋮ 23	–	–	–	–	❶	❷	❸	❹
24	평균				❺	❺		
25	사은품이 "상품권"인 합				❻	❻		
26	사은품이 "청소기"인 합				❼	❼		
27	"이"씨이면서 고객번호 "MA"로 시작하는 각 합				❽	❽		
28	순위가 10 이상 15 미만인 각 항목 합계				❾	❾		
29	❿							
30	⓫							

※ 음영 처리 표시된 부분은 작성하지 않습니다.

3. 작성 조건

가) 작성 시 유의 사항

Ⓐ 작업 표의 작성은 "나)~라)" 항에 제시된 내용을 따르고 반드시 제시된 조건(함수 적용, 기재된 단서 조항 등)에 따라 처리하시오.

Ⓑ 제시된 작성 조건을 따르지 아니하고 여타의 방법 일체(제시된 함수 이외 다른 함수 적용, 함수 미적용, 별도 전자계산기 사용 등)를 사용하여 도출된 결과는 그 답이 맞더라도 정답으로 인정되지 않음을 반드시 유의하시오.

나) 작업 표의 구성 및 서식

Ⓐ "작업 표 형식"에서 행과 열에 관계된 음영 처리 표시된 부분은 작성하지 않음을 유의하고 반드시 제시된 행/열에 맞추도록 하시오.

Ⓑ 제목 서식 : 20포인트 크기로 하고 가운데 표시, 제목은 밑줄 처리하시오.

Ⓒ 글꼴 서체 : 임의 선정하시오.

다) 원문자가 표시된 셀은 아래의 방법을 이용하여 처리하시오.

❶ 실적포인트 : 구매금액이 1,300,000원 이상이면 구매금액 × 5%, 구매금액이 1,300,000원 미만이면 구매금액 × 3%

❷ 총포인트 = 기본포인트 + 실적포인트

❸ 사은품 : 총포인트가 10000 이상은 "청소기", 총포인트가 5000 이상 10000 미만은 "상품권", 총포인트가 1000 이상 5000 미만은 "타월"로 표시하고, 나머지는 공백으로 한다.

❹ 순위 : 총포인트가 가장 낮은 경우를 1로 하고 순위를 정한다.

❺ 평균 : 각 해당 항목별 평균을 산출하시오.

❻ 사은품이 "상품권"인 각 해당 항목별 합계를 산출하시오(단, SUMIF 함수를 사용하시오.).

❼ 사은품이 "청소기"인 각 해당 항목별 합계를 산출하시오(단, SUMIF 함수를 사용하시오.).

❽ 성이 "이"씨이면서 고객번호가 "MA"로 시작하는 각 해당 항목별 합계를 산출하시오.

❾ 순위가 10 이상 15 미만인 각 해당 항목별 합계를 산출하시오(단, SUMIF 또는 SUMIFS 함수를 사용하시오.).

❿ ❾에 사용한 함수식을 기재하시오(단, 총포인트를 기준으로 하시오.).

⓫ ❻에 사용한 함수식을 기재하시오(단, 총포인트를 기준으로 하시오.).

※ 함수식을 기재하는 ⓫~⓬란은 반드시 해당 항목에 제시된 함수의 작성 조건에 따라 도출된 함수식을 기재하여야 하며, 작성 조건을 위배하여 임의로 작성할 시 해당 답이 맞더라도 틀린 항목으로 채점됨을 유의하시오. 또한 함수식을 작성할 때는 "라) 작업 표의 정렬 순서(SORT)"에 따라 조건에 맞게 정렬 후 도출된 결과에 의한 함수식을 기재하시오.

라) 작업 표의 정렬 순서(SORT)는 분류의 오름차순으로 하고, 분류가 같으면 고객명의 오름차순으로 정렬하시오.

마) 기타

(1) 금액에 대한 수치는 원화(₩) 표시를 하고 천 단위마다 ,(Comma)를 표시하시오(단, 금액 이외의 수치는 ,(Comma)를 표시하지 않는다.).

※ 포인트 관련 수치(기본포인트, 실적포인트, 총포인트)는 원화 표시 및 콤마 표시를 하지 않습니다.

(2) 모든 수치(숫자, 통화, 회계, 백분률 등)는 셀 서식의 속성을 설정하는 과정에서 소수 자릿수를 "0"으로 지정하여 정수로 표시한다.

(3) 음수는 "−"가 나타나도록 한다.

(4) 숫자 셀은 우측을 수직으로 맞추고, 문자 셀은 수평 중앙으로 맞추며 기타는 작업 표 형식에 따른다. 특히, 인쇄 출력 시 판독 불가능이 발생되지 않도록 인쇄 미리 보기 등을 통하여 셀의 크기를 적당히 조정하시오.

02 그래프(GRAPH) 작성

작성한 작업 표에서 분류가 신규인 고객명별 실적포인트와 총포인트를 나타내는 그래프를 작성하시오.

[작성 조건]

1) 그래프 형태

실적포인트(묶은 세로 막대형), 총포인트(데이터 표식이 있는 꺾은 선형) : 혼합형 단일축 그래프

2) 그래프 제목 : 신규 고객 포인트 현황 ---- (확대 출력, 제목 밑줄)

3) X축 제목 : 고객명

4) Y축 제목 : 포인트

5) X축 항목 단위 : 해당 문자열

6) Y축 눈금 단위 : 임의

7) 범례 : 실적포인트, 총포인트

8) 출력물 크기 : A4 용지 1/2장 범위 내

9) 기타 : 작성 조건에 없는 형식이나 모양 등은 기본 설정값에 따르며, 그래프 너비는 작업 표 너비에 맞추도록 하시오.

주거환경 연구소에서는 가구별 엥겔 지수를 전산화하려고 한다. 다음의 입력 자료를 이용하여 DB를 설계하고 작성 조건에 따라 처리 파일을 작성하고, 그 인쇄 출력물을 제출하시오.

01 요구 사항(작업 처리 조건)

1) 자료 처리(DBMS) 작업은 조회 화면(SCREEN) 설계와 자료 처리 보고서의 2가지 작업을 수행하여 그 결과물을 인쇄용지(A4) 기준 각 1장씩 총 2장을 제출하여야 채점 대상이 됨을 유의하시오.
2) 반드시 인쇄 작업 수행 전 미리보기 등을 통해 여백을 조정하고, 수치, 문자 등 구성요소가 누락되지 않도록 주의하시오. 구성요소가 누락되어 인쇄되지 않은 결과로 인한 모든 책임은 전적으로 수험자 본인에게 있음을 반드시 유의하시오.
3) 문제지에 기재된 작성 조건에 따라 처리하고, 조회 화면 및 자료 처리 보고서의 서식이 작성 조건과 상이할 경우에는 시험 위원의 지시에 따라 작업하시오.

02 입력 자료(DATA)

가구별 수입 및 지출 현황

가구번호	지역	수입액	지출액	저축액
A003	서울	2,350,000	1,840,000	360,000
B002	경기	3,200,000	2,300,000	700,000
B001	경기	2,840,000	2,280,000	450,000
A004	서울	1,080,000	870,000	180,000
C006	충청	2,670,000	2,380,000	180,000
A006	서울	3,350,000	2,480,000	320,000
C002	충청	2,800,000	2,340,000	200,000
C005	충청	2,760,000	1,000,000	280,000
A009	서울	3,760,000	2,680,000	950,000
B003	경기	2,890,000	2,200,000	500,000
A001	서울	2,560,000	1,350,000	100,000
B025	경기	880,000	700,000	10,000
C042	충청	1,320,000	650,000	250,000
C032	충청	450,000	330,000	100,000
A002	서울	5,330,000	4,800,000	100,000
B088	경기	7,880,000	7,800,000	200,000
B090	경기	6,523,000	5,550,000	300,000
C025	충청	2,900,000	1,800,000	500,000
A010	서울	32,000,000	27,500,000	800,000
A079	서울	40,000,000	35,400,000	1,000,000
B027	경기	1,380,000	1,000,000	200,000
C223	충청	2,560,000	2,000,000	120,000

03 조회 화면(SCREEN) 설계

> ※ 다음 조건에 따라 가구번호에 A 또는 B를 포함하면서 수입액이 3,000,000 이상인 현황을 조회할 수 있는 화면을 설계하고 해당 데이터를 출력하시오.

1) 해당 현황은 목록 상자(리스트박스)에 가구번호 오름차순으로 출력하고, 화면 아래에 조회 시 작성한 SQL문을 복사하시오.
2) 리스트박스 조회 시 작성된 SQL문이 작성되지 않을 경우에는 "03 조회 화면(SCREEN) 설계" 과제가 0점 처리됨을 반드시 유의하시오.
3) 목록 상자에 표시되어야 할 필수적인 필드명은 다음과 같습니다.
   - 가구번호, 지역, 수입액, 지출액, 저축액
4) 폼 서식에 제반되는 폰트, 점선 등은 아래 [조회 화면 서식]에 보이는 대로 기재하시오.
5) 기타 사항은 "04 자료 처리 파일(FILE) 작성"의 [기타 조건]을 따르시오.

[조회 화면 서식]

가구번호에 A또는 B를 포함하면서 수입액이 3,000,000 이상인 현황

가구번호	지역	수입액	지출액	저축액

리스트박스 조회 시 작성된 SQL문

04 자료 처리 파일(FILE) 작성

[처리 조건]

1) 판정(상류층, 중산층, 하류층)별로 구분 정리한 후, 같은 판정 안에서 엥겔지수의 오름차순으로 정렬(SORT)한다.

2) 식생활비 = 지출액 − 저축액

3) 잡비 = 수입액 − 지출액

4) 엥겔지수 : 식생활비 / 지출액 (단, 엥겔지수는 %로 표시함)

5) 판정 : 엥겔지수가 79% 미만이면 "상류층", 79% 이상 90% 미만이면 "중산층", 90% 이상이면 "하류층"으로 표시한다.

6) 합계 : 판정별 수입액, 지출액, 저축액, 식생활비, 잡비의 합 산출

7) 총평균 : 수입액, 지출액, 저축액의 전체 평균 산출

8) 작성일자는 수험일자로 하시오.

[기타 조건]

1) 입력 화면 및 보고서의 제목은 16 정도의 임의 서체로 하시오.

2) 금액에 대한 수치는 원화(₩) 표시를 하고 천 단위마다 ,(Comma)를 표시하시오(단, 금액 이외의 수치는 ,(Comma)를 표시하지 않도록 하시오.).

3) 모든 수치(숫자, 통화, 백분률 등)는 컨트롤의 속성을 설정하는 과정에서 소수 자릿수를 "0"으로 지정하여 정수로 표시하시오.

4) 데이터의 열과 간격은 일정하게 맞추도록 하시오.

엥겔 지수 현황표

작성일자 : YYYY-MM-DD

판정	가구번호	지역	수입액	지출액	저축액	식생활비	잡비	엥겔지수
상류층	XXXX	XXXX	₩X,XXX	₩X,XXX	₩X,XXX	₩X,XXX	₩X,XXX	XX%
	−	−	−	−	−	−	−	−
	합계		₩X,XXX	₩X,XXX	₩X,XXX	₩X,XXX	₩X,XXX	
중산층	XXXX	XXXX	₩X,XXX	₩X,XXX	₩X,XXX	₩X,XXX	₩X,XXX	XX%
	−	−	−	−	−	−	−	−
	합계		₩X,XXX	₩X,XXX	₩X,XXX	₩X,XXX	₩X,XXX	
하류층	XXXX	XXXX	₩X,XXX	₩X,XXX	₩X,XXX	₩X,XXX	₩X,XXX	XX%
	−	−	−	−	−	−	−	−
	합계		₩X,XXX	₩X,XXX	₩X,XXX	₩X,XXX	₩X,XXX	
	총평균		₩X,XXX	₩X,XXX	₩X,XXX			

주어진 2개의 슬라이드를 아래의 작성 조건에 따라 작업하여 인쇄 출력하시오.

[슬라이드 작성 조건]

1) 각 슬라이드를 문제의 슬라이드 원안과 같이 인쇄 출력하여 제출하시오.
   (단, 인쇄는 흑백 프린터를 기준으로 한다.)
2) 글꼴은 문제 원안과 같거나 유사한 형태로 하시오.
3) 글자, 그림 및 도형 등의 크기와 모양은 문제 원안과 같거나 유사한 형태로 하시오.
4) 모든 글씨, 선 등은 흑백으로 작업하되, 글상자, 그림 및 도형 등에서 채우기 색은 회색 40% 정도, 투명도 0%를 기준으로 작업하시오.
5) 각 슬라이드는 원안과 같이 외곽선 테두리가 인쇄되도록 하시오.
6) 각 슬라이드 크기는 A4 용지의 1/2 범위 내에 인쇄가 가능한 크기가 되도록 조정하여, 슬라이드 2개를 A4 용지 1매 안에 모두 인쇄하시오.
7) 특히, 인쇄 출력 시 아래의 예시와 같이 출력하시오(단, 비번호, 수험번호, 성명은 인쇄 또는 필기로 기재해도 무방함).

01 제1 슬라이드

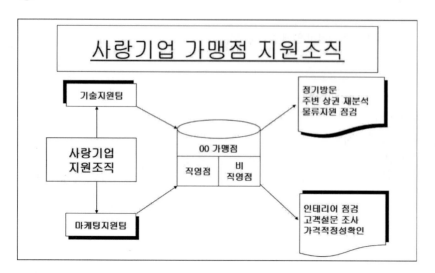

02 제2 슬라이드

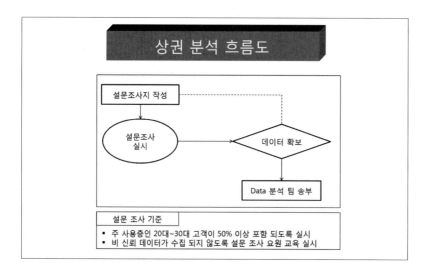

작업 표(WORK SHEET) 작성

진진백화점 사은품 증정 내역

고객명	분류	기본포인트	구매금액	실적포인트	총포인트	사은품	순위
김대희	신규	200	₩500,000	15000	15200	청소기	8
김민수	신규	200	₩270,000	8100	8300	상품권	3
김제동	신규	200	₩950,000	28500	28700	청소기	12
박윤정	신규	200	₩1,200,000	36000	36200	청소기	13
이선화	신규	200	₩2,700,000	135000	135200	청소기	20
이소라	신규	200	₩1,500,000	75000	75200	청소기	14
정영일	신규	200	₩2,100,000	105000	105200	청소기	19
김승미	우수	500	₩1,800,000	90000	90500	청소기	16
박유미	우수	500	₩310,000	9300	9800	상품권	5
설경구	우수	300	₩310,000	9300	9600	상품권	4
이승주	우수	500	₩700,000	21000	21500	청소기	11
이우정	우수	500	₩1,900,000	95000	95500	청소기	17
이윤열	우수	300	₩700,000	21000	21300	청소기	10
조선남	우수	500	₩90,000	2700	3200	타월	1
홍진호	우수	500	₩1,700,000	85000	85500	청소기	15
마재윤	일반	500	₩350,000	10500	11000	청소기	7
송병구	일반	200	₩2,000,000	100000	100200	청소기	18
이광주	일반	300	₩350,000	10500	10800	청소기	6
정은지	일반	300	₩210,000	6300	6600	상품권	2
정희영	일반	300	₩500,000	15000	15300	청소기	9
평균				43910	44240		
사은품이 "상품권"인 합				33000	34300		
사은품이 "청소기"인 합				842500	847300		
"이"씨이면서 고객번호 "MA"로 시작하는 각 합				137000	138300		
순위가 10 이상 15 미만인 각 항목 합계				181500	182900		
=SUMIFS(G4:G23,$I$4:$I$23,">=10",$I$4:$I$23,"<15")							
=SUMIF($H$4:$H$23,"상품권",G4:G23)							

그래프(GRAPH) 작성

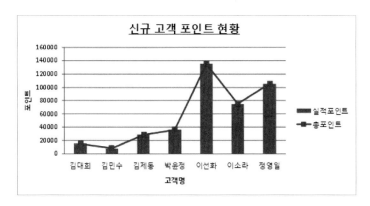

조회 화면 설계

가구번호에 A또는 B를 포함하면서 수입액이 3,000,000 이상인 현황

가구번호	지역	수입액	지출액	저축액
A002	서울	₩5,330,000	₩4,800,000	₩100,000
A006	서울	₩3,350,000	₩2,480,000	₩320,000
A009	서울	₩3,760,000	₩2,680,000	₩950,000
A010	서울	₩32,000,000	₩27,500,000	₩800,000
A079	서울	₩40,000,000	₩35,400,000	₩1,000,000
B002	경기	₩3,200,000	₩2,300,000	₩700,000
B088	경기	₩7,880,000	₩7,800,000	₩200,000
B090	경기	₩6,523,000	₩5,550,000	₩300,000

리스트박스 조회 시 작성된 SQL문

```
SELECT 쿼리1.가구번호, 쿼리1.지역, 쿼리1.수입액, 쿼리1.지출액, 쿼리1.저축액
FROM 쿼리1
WHERE (((쿼리1.가구번호) Like "A*" Or (쿼리1.가구번호) Like "B*") AND ((쿼리1.수입액)>=3000000))
ORDER BY 쿼리1.가구번호;
```

자료 처리 파일

엥겔 지수 현황표

작성일자: 2018-09-14

판정	가구번	지역	수입액	지출액	저축액	식생활비	잡비	엥겔지수
상류층	C042	충청	₩1,320,000	₩650,000	₩250,000	₩400,000	₩670,000	62%
	A009	서울	₩3,760,000	₩2,680,000	₩950,000	₩1,730,000	₩1,080,000	65%
	B002	경기	₩3,200,000	₩2,300,000	₩700,000	₩1,600,000	₩900,000	70%
	C032	충청	₩450,000	₩330,000	₩100,000	₩230,000	₩120,000	70%
	C005	충청	₩2,760,000	₩1,000,000	₩280,000	₩720,000	₩1,760,000	72%
	C025	충청	₩2,900,000	₩1,800,000	₩500,000	₩1,300,000	₩1,100,000	72%
	B008	경기	₩2,890,000	₩2,200,000	₩500,000	₩1,700,000	₩690,000	77%
합계			₩17,280,000	₩10,960,000	₩3,280,000	₩7,680,000	₩6,320,000	
중산층	A004	서울	₩1,080,000	₩870,000	₩180,000	₩690,000	₩210,000	79%
	B027	경기	₩1,380,000	₩1,000,000	₩200,000	₩800,000	₩380,000	80%
	B001	경기	₩2,840,000	₩2,280,000	₩450,000	₩1,830,000	₩560,000	80%
	A003	서울	₩2,350,000	₩1,840,000	₩360,000	₩1,480,000	₩510,000	80%
	A006	서울	₩3,350,000	₩2,480,000	₩320,000	₩2,160,000	₩870,000	87%
합계			₩11,000,000	₩8,470,000	₩1,510,000	₩6,960,000	₩2,530,000	
하류층	C002	충청	₩2,800,000	₩2,340,000	₩200,000	₩2,140,000	₩460,000	91%
	C006	충청	₩2,670,000	₩2,380,000	₩180,000	₩2,200,000	₩290,000	92%
	A001	서울	₩2,560,000	₩1,350,000	₩100,000	₩1,250,000	₩1,210,000	93%
	C223	충청	₩2,560,000	₩2,000,000	₩120,000	₩1,880,000	₩560,000	94%
	B090	경기	₩6,523,000	₩5,550,000	₩300,000	₩5,250,000	₩973,000	95%
	A010	서울	₩32,000,000	₩27,500,000	₩800,000	₩26,700,000	₩4,500,000	97%
	A079	서울	₩40,000,000	₩35,400,000	₩1,000,000	₩34,400,000	₩4,600,000	97%
	B088	경기	₩7,880,000	₩7,800,000	₩200,000	₩7,600,000	₩80,000	97%
	A002	서울	₩5,330,000	₩4,800,000	₩100,000	₩4,700,000	₩530,000	98%
	B025	경기	₩880,000	₩700,000	₩10,000	₩690,000	₩180,000	99%
합계			₩103,208,000	₩89,820,000	₩3,010,000	₩86,810,000	₩13,383,000	

01 제1 슬라이드

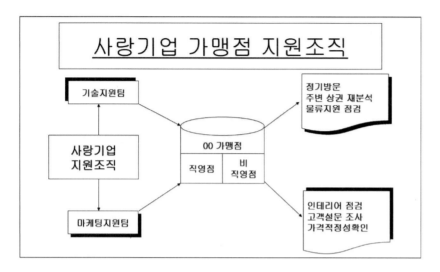

02 제2 슬라이드

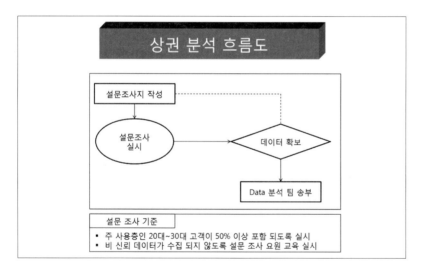

01 EXCEL 표 계산(SP) 작업 풀이

01. 자료(DATA) 입력 및 작성 조건 처리하기

① Excel을 실행한다.

> Ⓐ "작업 표 형식"에서 행과 열에 관계된 음영 처리 표시된 부분은 작성하지 않음을 유의하고 반드시 제시된 행/열에 맞추도록 하시오.
> Ⓑ 제목 서식 : 20포인트 크기로 하고 가운데 정렬, 밑줄 처리하시오.
> Ⓒ 글꼴 서식 : 임의 선정하시오.

② 1. 자료(DATA)를 참고하여 [A3] 셀부터 [E23] 셀까지 문제에 제시된 행/열에 맞게 자료를 입력한다.

	A	B	C	D	E
1					
2	상반기 포인트 점수 서비스				
3	고객번호	고객명	분류	기본포인트	구매금액
4	MA101	이승주	우수	500	700,000
5	MC102	박윤정	신규	200	1,200,000
6	MB103	이광주	일반	300	350,000
7	MC104	정영일	신규	200	2,100,000
8	MA105	김승미	우수	500	1,800,000
9	MC106	이소라	신규	200	1,500,000
10	MA107	이우정	우수	500	1,900,000
11	MC108	이선화	신규	200	2,700,000
12	MB109	정희영	일반	300	500,000
13	MB110	정은지	일반	300	210,000
14	MA111	박유미	우수	500	310,000
15	MC112	김민수	신규	200	270,000
16	MA113	조선남	우수	500	90,000
17	MA114	이율열	우수	300	700,000
18	MA115	김제동	신규	200	950,000
19	MB116	마재율	일반	500	350,000
20	MA117	송병구	일반	200	2,000,000
21	MA118	홍진호	우수	500	1,700,000
22	MA119	김대희	신규	200	500,000
23	MC120	설경구	우수	300	310,000

③ 2. 작업 표 형식을 참고하여 [A2] 셀에 "진진백화점 사은품 증정 내역" 제목을 작성한다.

④ [A2]~[I2] 셀까지 블록 선택한 뒤 [홈] 탭-[병합하고 가운데 맞춤](🔲 ▾)과 밑줄(가 ▾), 글꼴 크기 20을 차례대로 적용한다. 1행 머리글을 선택하고 마우스 우클릭한 후 [숨기기]를 적용한다.

⑤ 2. 작업 표 형식을 참고하여 나머지 계산결과 항목을 제시된 해당 열에 입력하고, 하단 제시된 자료를 입력하고, 병합하여야 할 셀은 [홈] 탭-[병합하고 가운데 맞춤](🔲 ▾)을 이용하여 작업 표 형식과 같이 작성한다.

⑥ 입력 범위에 [홈] 탭-[글꼴] 그룹-[모든 테두리](田)를 적용한 뒤, 3행~30행까지 행 머리글을 선택하고 [홈] 탭-[글꼴] 그룹-글꼴 크기를 9로 변경하여 행 높이와 글꼴 크기를 동시에 줄여준다.

> **🅑 기적의 TIP**
> • A열이 숨겨지고 하단에 셀 병합을 할 경우 추후 왼쪽 테두리가 출력이 안 되는 문제가 발생합니다. 이를 해결하기 위해 하단 병합 셀의 데이터를 B열부터 입력하고 병합합니다.
> • 27행의 경우 2줄로 입력되어 있으므로 Alt + Enter 를 이용해 입력하고 행 머리글을 선택하고 글꼴을 9로 줄인 후 27:28행 머리글 사이를 드래그하여 27행만 높이를 별도로 조절해 주어야 합니다.

⑦ 1행 머리글을 선택하고 마우스 우클릭-[숨기기]를 적용한다.

⑧ 자료 입력을 완료한 다음 [빠른 실행 도구 모음]의 [저장](■)을 클릭하여 시험 위원이 지정한 폴더에 지정된 파일명으로 저장한다. (예 : A019)

02. 문재(함수) 작성 조건 처리하기

> ※ 함수식을 기재하는 ⑪~⑫란은 반드시 해당 항목에 제시된 함수의 작성 조건에 따라 도출된 함수식을 기재하여야 하며, 작성 조건을 위배하여 임의로 작성할 시 해당 답이 맞더라도 틀린 항목으로 채점됨을 유의하시오. 또한 함수식을 작성할 때는 "라) 정렬 순서(SORT)"에 따라 조건에 맞게 정렬 후 도출된 결과에 따른 함수식을 기재하시오.

> ❶ 실적포인트 : 구매금액이 1,300,000원 이상이면 구매금액 × 5%, 구매금액이 1,300,000원 미만이면 구매금액 × 3%
>
> =IF(E4>=1300000,E4*5%,E4*3%)

> ❷ 총포인트 = 기본포인트 + 실적포인트
>
> =D4+F4

> ❸ 사은품 : 총포인트가 10000 이상은 "청소기", 총포인트가 5000 이상 10000 미만은 "상품권", 총포인트가 1000 이상 5000 미만은 "타월"로 표시하고, 나머지는 공백으로 한다.
>
> =IF(G4>=10000,"청소기",IF(G4>=5000,"상품권",IF(G4>=1000,"타월","")))

④ 순위 : 총포인트가 가장 낮은 경우를 1로 하고 순위를 정한다.

=RANK(G4,$G$4:$G$23,1)

각 식을 입력하고 자동 채우기를 하여 답을 완성한다.

⑤ 평균 : 각 해당 항목별 평균을 산출하시오.

=AVERAGE(F4:F23)

⑥ 사은품이 "상품권"인 각 해당 항목별 합계를 산출하시오(단, SUMIF 함수를 사용하시오.).

=SUMIF($H$4:$H$23,"상품권",F4:F23)

⑦ 사은품이 "청소기"인 각 해당 항목별 합계를 산출하시오(단, SUMIF 함수를 사용하시오.).

=SUMIF($H$4:$H$23,"청소기",F4:F23)

⑧ 성이 "이"씨이면서 고객번호가 "MA"로 시작하는 각 해당 항목별 합계를 산출하시오.

=SUMIFS(F4:F23,$B$4:$B$23,"이*",$A$4:$A$23,"MA*")

⑨ 순위가 10 이상 15 미만인 각 해당 항목별 합계를 산출하시오. (단, SUMIF 또는 SUMIFS 함수를 사용하시오.).

=SUMIFS(F4:F23,$I$4:$I$23,">=10",$I$4:$I$23,"<15")

⑩ ⑨ 항목에 사용한 함수식을 기재하시오(단, 총포인트를 기준으로 하시오.).

'=SUMIFS(G4:G23,$I$4:$I$23,">=10",$I$4:$I$23,"<15")

⑪ ⑥ 항목에 사용한 함수식을 기재하시오(단, 총포인트를 기준으로 하시오.).

'=SUMIF($H$4:$H$23,"상품권",G4:G23)

각 식을 입력하고 자동 채우기를 하여 답을 완성한다.

03. 작업 표 정렬하기

> 라) 작업 표의 정렬 순서(SORT)는 분류의 오름차순으로 하고, 분류가 같으면 고객명의 오름차순으로 정렬하시오.

① [A3:I23] 셀 범위를 마우스로 블록 선택한다.
② [데이터]탭-[정렬]을 클릭하고 지시사항과 같이 정렬 기준을 설정한다.
③ A열 머리글 선택-마우스 우클릭-[숨기기]를 적용하여 A열을 숨겨준다.

04. 기타 작업으로 형식 적용하기

(1) 금액에 대한 수치는 원화(₩) 표시를 하고 천 단위마다 ,(Comma)를 표시하시오(단, 금액 이외의 수치는 ,(Comma)를 표시하지 않는다.).
※ 포인트 관련 수치(기본포인트, 실적포인트, 총포인트)는 원화 표시 및 콤마 표시를 하지 않습니다.
(2) 모든 수치(숫자, 통화, 회계, 백분률 등)는 셀 서식의 속성을 설정하는 과정에서 소수 자릿수를 "0"으로 지정하여 정수로 표시한다.
(3) 음수는 "−"가 나타나도록 한다.
(4) 숫자 셀은 우측을 수직으로 맞추고, 문자 셀은 수평 중앙으로 맞추며 기타는 작업 표 형식에 따른다. 특히, 인쇄 출력 시 판독 불가능이 발생되지 않도록 인쇄 미리 보기 등을 통하여 셀의 크기를 적당히 조정하시오.

[형식 지정하기]

정수	D열, F열, G열, I열
통화	E열
가운데 정렬	모든 문자열
테두리	• 모든 테두리 : [B3:I30] • 중간 선 해제 : [B4:I23]

05. 그래프 작성하기

② 그래프(GRAPH) 작성

> 작성한 작업 표에서 분류가 신규인 고객명별 실적포인트와 총포인트를 나타내는 그래프를 작성하시오.

[작성 조건]
1) 그래프 형태
   실적포인트(묶은 세로 막대형), 총포인트(데이터 표식이 있는 꺾은 선형) : 혼합형 단일축 그래프
2) 그래프 제목 : 신규 고객 포인트 현황 ---- (확대 출력, 제목 밑줄)
3) X축 제목 : 고객명
4) Y축 제목 : 포인트
5) X축 항목 단위 : 해당 문자열
6) Y축 눈금 단위 : 임의
7) 범례 : 실적포인트, 총포인트
8) 출력물 크기 : A4 용지 1/2장 범위 내
9) 기타 : 작성 조건에 없는 형식이나 모양 등은 기본 설정값에 따르며, 그래프 너비는 작업 표 너비에 맞추도록 하시오.

① 문제에서 요구한 데이터 범위를 [Ctrl]을 이용하여 연속 선택한다.

② [삽입] 탭-[세로 막대형]-[묶은 세로 막대형](📊)을 클릭하여 차트를 워크시트에 삽입한다.

③ 차트를 선택하고 [디자인] 탭-[차트 레이아웃]-[레이아웃 9](📈)를 적용한다.

④ 범례 클릭 후 시간차를 두고 [총포인트] 계열을 클릭하고 마우스 우클릭한 후 [계열 차트 종류 변경]-[차트 종류 변경]-[표식이 있는 꺾은 선형](📈)을 선택하고 [확인]을 클릭하여 계열의 차트 종류를 [표식이 있는 꺾은 선형]으로 변경한다.

⑤ 인쇄 경계선이 표시되지 않는 경우 [빠른 실행 도구]-[인쇄 및 인쇄 미리보기](🔍) 도구를 한 번 눌렀다가 [홈] 탭을 클릭하여 인쇄 경계선을 활성화한다.

⑥ 차트를 인쇄 경계선 안쪽 작업 표 하단에 배치하고 차트 제목(글꼴 크기 : 16, 밑줄), 가로축, 세로축 이름을 문제 제시대로 입력한다. 인쇄 시 차트가 잘리는 것을 방지하기 위하여 인쇄 경계선과 약 1행 정도 여백을 두고 배치하도록 한다.

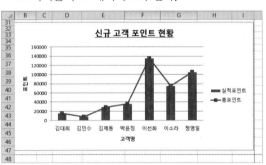

01. 테이블1 만들기

① [만들기]-[테이블 디자인] 클릭하여 새로운 [테이블 디자인 보기] 창을 실행한다.

② 테이블의 필드와 형식을 다음과 같이 설정한다.

필드 이름	데이터 형식	일반
가구번호	텍스트	
지역	텍스트	
수입액	통화	소수 자릿수 : 0
지출액	통화	소수 자릿수 : 0
저축액	통화	소수 자릿수 : 0

③ [닫기](×)를 클릭하여 테이블을 저장한다. 테이블 이름은 임의로 지정한다.

④ 테이블1에는 기본 키를 지정하지 않으므로, 기본 키를 정의하지 않았습니다. 대화상자에서 [아니오]를 클릭한다.

> **기적의 TIP**
>
> 테이블이 1개이므로 조인의 필요성이 없어, 기본 키를 지정하지 않습니다.

02. 테이블에 데이터 입력

① Access 개체 창에서 테이블1, 테이블2를 각각 더블 클릭하여 실행한 뒤 문제의 '**02** 입력 자료'를 참고하여 데이터를 입력한다.

03. 전체 쿼리 만들기

① [만들기] 탭-[쿼리] 그룹-[쿼리 디자인]을 클릭한다.

② [테이블 표시] 대화상자에서 테이블1을 더블 클릭하여 쿼리 디자인 영역에 추가한다.

③ 테이블1의 전체 필드를 추가하기 위하여 테이블1의 *를 더블 클릭하여 아래 필드구성에 추가한다.

④ '**04** 자료 처리 파일(FILE) 작성'의 [처리 조건]에 따라 나머지 필드에 식을 입력한다. 또한 새로 추가되는 식 필드의 경우 필드 선택-마우스 우클릭-[속성]을 클릭하고, [속성] 시트-[형식]에 다음과 같이 설정하도록 한다.

[처리 조건]
2) 식생활비 = 지출액 – 저축액
3) 잡비 = 수입액 – 지출액
4) 엥겔지수 : 식생활비 / 지출액 (단, 엥겔지수는 %로 표시함)
5) 판정 : 엥겔지수가 79% 미만이면 "상류층", 79% 이상 90% 미만이면 "중산층", 90% 이상이면 "하류층"으로 표시한다.

구분	필드	형식
테이블1	*	
식	식생활비 : [지출액]–[저축액]	통화
	잡비 : [수입액]–[지출액]	통화
	엥겔지수 : [식생활비]/[지출액]	형식 : 백분율
	판정 : Ⅲf([엥겔지수]>=0.9,"하류층",Ⅲf([엥겔지수]>=0.79,"중산층","상류층"))	

⑤ '쿼리1 닫기'(×)를 클릭하여 쿼리1을 저장한다.

04. 폼용 조건검색 쿼리 만들기

① [만들기] 탭-[쿼리] 그룹-[쿼리 디자인]을 클릭한다.

② [테이블 표시] 대화상자에서 '쿼리1'을 더블 클릭하여 쿼리 디자인 영역에 추가한다.

③ '**03** 조회 화면(SCREEN) 설계'의 [조회 화면 서식] 그림을 보고 폼에 추가될 필드를 '테이블1'에서 더블 클릭하여 추가한다.

> **기적의 TIP**
>
> 문제 지시사항에 Inner Join을 SQL 식에 표시하라는 지시가 있는 경우 지금처럼 테이블을 폼용 쿼리에 추가하여 사용합니다.

④ '③ 조회 화면(SCREEN) 설계'의 조건에 따라 아래와 같이 조건을 입력한다.

> ※ 다음 조건에 따라 가구번호에 A 또는 B를 포함하면서 수입액이 3,000,000 이상인 현황을 조회할 수 있는 화면을 설계하고 해당 데이터를 출력하시오.
> 1) 해당 현황은 목록 상자(리스트박스)에 가구번호 오름차순으로 출력하고, 화면 아래에 조회 시 작성한 SQL문을 복사하시오.
> 2) 리스트박스 조회 시 작성된 SQL문이 작성되지 않을 경우에는 "③ 조회 화면(SCREEN) 설계" 과제가 0점 처리됨을 반드시 유의하시오.
> 3) 목록 상자에 표시되어야 할 필수적인 필드명은 다음과 같습니다.
> – 가구번호, 지역, 수입액, 지출액, 저축액
> 4) 폼 서식에 제반되는 폰트, 점선 등은 아래 [조회 화면 서식]에 보이는 대로 기재하시오.
> 5) 기타 사항은 "④ 자료 처리 파일(FILE) 작성"의 [기타 조건]을 따르시오.

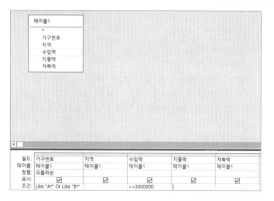

필드	조건/정렬
가구번호	Like "A*" Or Like "B*" 오름차순 정렬
지역	
수입액	>=3000000
지출액	
저축액	

⑤ [쿼리2 닫기](×)를 클릭하여 쿼리2를 저장한다.
⑥ [개체] 창에서 쿼리2를 더블 클릭하여 실행한 뒤 검색 결과와 각 필드의 형식을 검토한다.

가구번호	지역	수입액	지출액	저축액
A002	서울	₩5,330,000	₩4,800,000	₩100,000
A006	서울	₩3,350,000	₩2,480,000	₩320,000
A009	서울	₩3,760,000	₩2,680,000	₩950,000
A010	서울	₩32,000,000	₩27,500,000	₩800,000
A079	서울	₩40,000,000	₩35,400,000	₩1,000,000
B002	경기	₩3,200,000	₩2,300,000	₩700,000
B088	경기	₩7,880,000	₩7,800,000	₩200,000
B090	경기	₩6,523,000	₩5,550,000	₩300,000

⑦ [닫기](×)를 클릭하여 쿼리2를 닫는다. 만약 검토 결과 오류가 발견되었다면 [개체] 창에서 쿼리2 선택–마우스 우클릭–[디자인 보기]를 선택하여 오류를 수정하도록 한다.

05. ③ 조회 화면(SCREEN) 설계 작업하기

(1) 폼 만들고 제목 입력하기

① [만들기] 탭 –[폼] 그룹 –[폼 디자인]을 클릭한다.
② 본문의 너비를 약 '15'cm 정도로 늘려준다.
③ [디자인] 탭 – [컨트롤] 그룹 – [레이블](가)을 순서대로 클릭하여 문제 지시와 같이 제목 위치에 그려 넣는다.
④ 레이블에 "가구번호에 A 또는 B를 포함하면서 수입액이 3,000,000 이상인 현황"을 입력한 뒤 글꼴 크기 : 16으로 변경한다.

(2) 목록 상자 추가하기

① [디자인] 탭–[컨트롤]–[목록 상자](▥)를 클릭하고 폼 본문 제목 아래 그려 넣는다.
② [목록 상자 마법사]에서 "목록 상자에 다른 테이블이나 쿼리에 값을 가져옵니다."를 선택하고 [다음]을 클릭한다.
③ [보기]에서 [쿼리]를 선택하고 [쿼리: 쿼리2]를 선택한 뒤 [다음]을 클릭한다.

④ [사용가능한 필드]에서 문제에 제시된 필드를 [선택한 필드]에 추가한다.
⑤ 앞서 쿼리 디자인에서 정렬을 지정했으므로 정렬 탭에서는 바로 [다음]을 클릭한다.

⑥ 목록 상자의 열 너비 조정 창에서 필드 간 간격을 맞추고 마지막 필드의 오른쪽 경계가 넘어가 스크롤이 생기지 않도록 설정하고 [마침]을 클릭한다.

⑦ 목록 상자와 함께 추가된 레이블을 선택하고 Delete 를 눌러 삭제한다.

⑧ 목록 상자의 너비를 약 16cm 정도로 조절한 뒤 목록상자 선택-마우스 우클릭-[속성]을 선택하고 [속성] 시트-[형식] 탭-[열 이름]-[예]로 변경한다.

형식	데이터	이벤트	기타	모두
표시			예	∨
열 개수			5	
열 너비			2.54cm;2.778cm;2.7	
열 이름			예	

⑨ [디자인] 탭-[컨트롤]에서 선을 선택하고 Shift 를 누르고 목록 상자 하단 너비에 맞게 선을 그려 넣는다.

⑩ 선을 선택하고 [속성] 시트-[형식]-[테두리 두께]를 3pt로 변경한 뒤 목록 상자 아래에 방향키를 이용해서 적당히 배치한다.

기적의 TIP

Ctrl 을 누른 채로 방향키를 누르면 미세 조정이 가능합니다.

⑪ 마우스로 드래그하여 목록 상자와 선을 같이 선택하고 [정렬] 탭-[크기 및 순서지정] 그룹-[크기/공간]-[가장 넓은 너비에]를 선택해 목록 상자와 선의 너비를 맞춰준다.

⑫ [정렬] 탭-[크기 및 순서지정] 그룹-[맞춤]-[왼쪽]을 선택하여 선과 목록 상자의 위치를 맞춰준다.

(3) SQL 식 복사하기

① 목록 상자 하단에 레이블을 삽입하고 "리스트박스 조회 시 작성된 SQL문" 입력한다.

② 개체 창에서 [쿼리2]를 더블 클릭하여 실행하고 [홈] 탭-[보기] 그룹-[SQL보기]를 클릭한다.

③ SQL 보기 창에 표시된 식을 Ctrl + C 키로 복사하고 [쿼리2.닫기](×)를 클릭해 창을 닫는다.

④ "리스트박스 조회 시 작성된 SQL문" 하단에 레이블을 삽입하고 Ctrl + V 를 눌러 앞서 복사한 SQL 식을 붙여 넣는다.

⑤ Ctrl + A 를 눌러 폼 내 모든 컨트롤을 선택하고 [홈] 탭-[텍스트서식] 그룹-[글꼴색]-[검정, 텍스트1]로 변경한다.

(4) 폼 디자인 각 컨트롤 속성 변경

① 속성 설정

컨트롤	속성
제목 레이블	글꼴 크기 : 16
목록 상자	열 이름 : 예
목록 상자 아래 선	두께 : 3pt
리스트박스 조회 시 작성된 SQL문 레이블	• 글꼴 크기 : 16 • 테두리 스타일 : 투명
SQL 식 작성 레이블	테두리 스타일 : 파선
폼 전체 글꼴 색	검정

② 폼 하단 중앙에 레이블을 삽입하고 출력 페이지 번호 "4-2"를 입력하고 [폼1.닫기](×)를 클릭해 폼 디자인을 저장한다.

③ [인쇄 미리 보기]-[페이지설정]에서 여백을 설정한다(위쪽 : 60, 아래쪽 : 6, 왼쪽 : 25, 오른쪽 : 6.35).

06. 보고서 만들기

(1) 보고서 마법사로 보고서 만들기

① [만들기] 탭-[보고서 마법사]를 클릭한다.

② 보고서 마법사 단계별 작업

> **[처리 조건]**
> 1) 판정(상류층, 중산층, 하류층)별로 구분 정리한 후, 같은 판정 안에서 엥겔지수의 오름차순으로 정렬(SORT)한다.
> 6) 합계 : 판정별 수입액, 지출액, 저축액, 식생활비, 잡비의 합 산출
> 7) 총평균 : 수입액, 지출액, 저축액의 전체 평균 산출
> 8) 작성일자는 수험일자로 하시오.

단계	작업
보고서에 어떤 필드를 넣으시겠습니까?	[테이블/쿼리] : 쿼리1 선택
	보고서 그림에 표시된 필드 추가
그룹 수준을 지정하시겠습니까?	[처리 조건]에 따라 판정 필드 추가
정렬 순서와 요약정보	정렬 : 엥겔지수, 오름차순
	요약 옵션 : 수입액, 지출액, 저축액, 식생활비, 잡비
보고서에 어떤 모양을 지정하시겠습니까?	모양 : 단계, 용지 방향 : 세로
보고서 제목을 지정하십시오.	쿼리1 (임의로 수정 가능)
	보고서 디자인 수정 선택

(2) 보고서 디자인에서 컨트롤 배치하기

① 보고서 디자인 흰 바탕(인쇄 영역)의 경계를 16 이하로 줄여준다.

② 문제 제시 보고서를 보고 필드의 순서를 배치한다. 배치 시 [정렬] 탭의 및 순서 조정의 [크기/공간], [맞춤]을 충분히 활용하도록 한다.

③ 보고서 머리글을 제외한 나머지 범위를 마우스로 드래그하여 선택하고 글꼴 크기 : 9, 글꼴 색 : 검정으로 변경한다.

④ 컨트롤 이동 및 수정

구역	작업
보고서 머리글	• 제목 : 엥겔 지수 현황표 • 글꼴 : 16, 밑줄
	• 레이블 삽입 : 작성일자: • 텍스트 상자 삽입 : =NOW() (형식 : yyyy-mm-dd)
페이지 머리글	각 레이블 크기 조절 및 배치
	선 삽입 : 테두리 두께 1pt, 아래쪽 배치
그룹 머리글	판정 텍스트 상자 본문 이동
	높이 : 0으로 설정하여 숨김
본문	페이지 머리글 레이블과 위치 크기 맞추어 배치
	높이 : 0.7으로 최소한으로 줄여준다.
그룹 바닥글	• "="에 대한 요약 " ~~" 레이블 삭제 • 그룹 머리글에서 가져온 텍스트 상자 배치 • 요약 =sum() 텍스트 상자 페이지 머리글 레이블과 위치 맞추어 배치
	선 삽입 : 테두리 두께 1pt, 위쪽/아래쪽 배치
페이지 바닥글	• "=[Page]~" 등의 텍스트 상자 모두 삭제 • 높이 : 0 으로 설정하여 숨김
보고서 바닥글	총 합계 레이블 총 평균으로 수정하여 페이지 머리글 필드에 맞춰 배치
	=SUM([필드명]) → AVG([필드명]) 으로 변경
	선 삽입 : 테두리 두께 1pt, 아래쪽 배치
	선 아래 인쇄 번호 "4-3" 레이블 삽입

⑤ 보고서 컨트롤 속성 조정

[보고서 디자인 보기]를 닫고(⊠) [인쇄 미리 보기](🔍)를 통하여 텍스트 상자의 형식에 문제가 있는 경우 속성 값을 변경한다.

해당 컨트롤	속성 설정 값
제목 레이블	• 글꼴 크기 : 16 • 글꼴 밑줄 : 예
직선	• 테두리 두께 : 1pt • 테두리 색 : 검정, 텍스트1
모든 텍스트 상자	테두리 : 투명
금액 텍스트 상자	형식 : 통화, 소수 자릿수 : 0
정수 텍스트 상자	형식 : 0
보고서 머리글	배경색 : 흰색, 배경1
본문	• 배경색 : 흰색, 배경1 • 다른 배경색 : 흰색, 배경1
그룹 바닥글	• 배경색 : 흰색, 배경1 • 다른 배경색 : 흰색, 배경1

07. 보고서 페이지 설정

① [인쇄 미리 보기]-[페이지 설정]에서 아래와 같이 설정한다.

항목	여백(단위 : mm)
위쪽	60
아래쪽	6.35 (기본 값)
왼쪽	20~25
오른쪽	6.35 (기본 값)

08. 파일 전송 및 인쇄하기

① 작업 완료 후 (엑셀, 액세스, 파워포인트 모두 완성 후) 감독관의 지시에 따라 답안을 전송한다.
② 감독관 지시에 따라 작업 파일을 실행하고, [빠른 실행 도구]-[인쇄 및 인쇄 미리 보기])를 클릭하여 인쇄 범위가 한 페이지에 모두 표시되는지 재차 확인 후 [인쇄] 버튼을 눌러 인쇄한다.

01. 슬라이드 준비하기

① [Microsoft PowerPoint]를 실행한다.
② [빠른 실행 도구] – [저장](■)을 클릭하고 시험위원이 지정한 폴더에 지정한 파일명으로 저장한다.
③ 기본 슬라이드 레이아웃으로 생성된 개체를 모두 선택하고 [Delete]를 눌러 텍스트 상자를 모두 삭제하여 빈 슬라이드를 준비한다.

02. 전체적인 작업 순서

[제1 슬라이드]

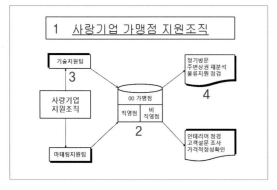

[제2 슬라이드]

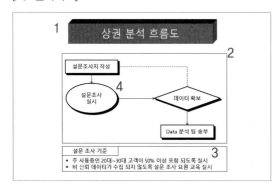

03. 제1 슬라이드 작성하기

① [홈] 탭–[새 슬라이드]–[빈 화면]을 클릭하여 2번째 슬라이드를 추가한다.
② [도형]–[사각형]–[직사각형](□)을 제목위치에 삽입하고 텍스트를 입력한다. (글꼴 크기 : 40, 밑줄)

③ [도형]–[기본도형]–[원통](🛢)을 슬라이드 중앙에 삽입한다.

④ [도형]–[사각형]–[직사각형](□)을 원통 아래쪽에 삽입하고 [Ctrl]+[Shift]를 누른 채 오른쪽으로 드래그하여 복사한다.

> **🅑 기적의 TIP**
>
> 직사각형을 그려 넣고 원통을 선택하면 크기조절점이 활성화됩니다. 이때 아래 중앙의 크기조절점까지 직사각형을 맞춰 그려 넣으면 두 직사각형의 크기를 동일하게 삽입할 수 있습니다.
>
>

⑤ [도형]–[사각형]–[직사각형](□)을 왼쪽에 적당한 크기로 3개 삽입한다.
⑥ [도형]–[순서도]–[문서](📄)를 오른쪽에 적당한 크기로 2개 삽입한다.

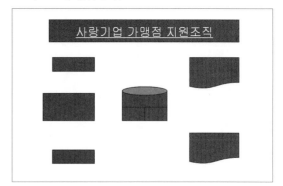

⑦ 그림자가 적용된 4개 도형을 Shift 를 누르고 연속 클릭하여 선택하고 마우스 우클릭-[개체 서식]을 선택한다. 아래와 같이 그림자를 적용한다.

항목	선택
미리 설정	오프셋 대각선 오른쪽 아래
색	검정, 텍스트1
투명도	0%
흐리게	0pt
간격	5pt

⑧ [도형 서식] 대화상자를 닫지 않은 상태에서 왼쪽 상단 직사각형만 선택하고 각도를 225°로 변경한다. 이어서 오른쪽 아래 도형을 선택하고 각도를 315°로 변경한다.

⑨ [도형]-[선]-[화살표]-마우스 우클릭-[그리기 잠금 모드]로 설정하고 직선을 연결한다. 화살표를 모두 선택하고 [도형 윤곽선]-[화살표]-[화살표 스타일5]로 변경한다.

⑩ 도형에 텍스트를 입력한다. '00가맹점'은 별도로 텍스트상자를 삽입하고 텍스트를 입력한 후 원통 위에 배치한다.

⑪ Ctrl + A 를 이용하여 전체 도형을 선택하고 아래와 같이 속성을 변경한다.

항목	선택
도형 채우기	흰색, 배경1
글꼴 색	검정, 텍스트1
글꼴 종류	맑은 고딕, 제목은 새 굴림
도형 윤곽선	검정, 텍스트1
글꼴 크기	• 제목 : 40 • 본문 : 16 • 사랑기업 지원조직 : 24

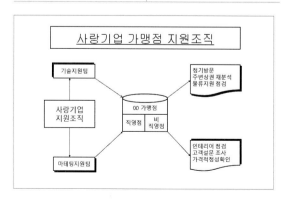

04. 제2 슬라이드 작성하기

① [홈] 탭-[새 슬라이드]-[빈 화면]을 클릭하여 2번째 슬라이드를 추가한다.

② [도형]-[사각형]-[직사각형](□)을 제목위치에 삽입하고 텍스트를 입력한다. (글꼴 크기 : 36)

③ 직사각형을 선택하고 마우스 우클릭-[개체 서식] 클릭 후 [도형 서식] 대화상자에서 아래와 같이 속성을 변경한다.

항목	속성
채우기	단색 채우기 : 흰색, 배경1, 50%
선색	선 없음
3차원 서식	• 깊이-색 : 검정, 텍스트1 35% • 깊이-깊이 : 70 • 표면-조명 : 균형 있게 • 표면-각도 : 40
3차원 회전	미리 설정 : 오른쪽 위 오블 링크

④ [도형]-[사각형]-[직사각형](□)을 문제와 같이 위아래로 2개 그려 넣고, [도형 채우기]-[채우기 없음], [도형 윤곽선]-[검정, 텍스트1], [두께]-[1pt]로 변경한다.

⑤ [도형]-[사각형]-[직사각형](□), [타원](◉), [다이아몬드](◇)를 큰 사각형 안쪽에 그려 넣고 [도형 서식] 대화상자를 이용하여 아래와 같이 그림자 서식을 적용한다.

항목	속성
채우기	단색 채우기 : 흰색, 배경1
선색	실선 : 검정, 텍스트1
미리 설정	오프셋 대각선 왼쪽 아래
색	검정, 텍스트1
투명도	0%
흐리게	0pt
간격	7pt

⑥ [홈] 탭-[그리기] 그룹-[도형]-[선]-[화살표](↘), [꺾인 연결선](⌐)을 이용하여 화살표를 그려 넣고 각각 [도형 윤곽선] 스타일을 문제와 같이 변경한다.

⑦ 문제와 같이 텍스트를 입력한다. 맨 아래 2줄 텍스트는 별도로 텍스트 상자를 삽입해 텍스트 입력 후 적당히 배치한다. 텍스트 입력 후 텍스트 전체를 선택-마우스 우클릭-글머리 기호-속이 찬 정사각형을 선택하여 머리글을 적용한다.

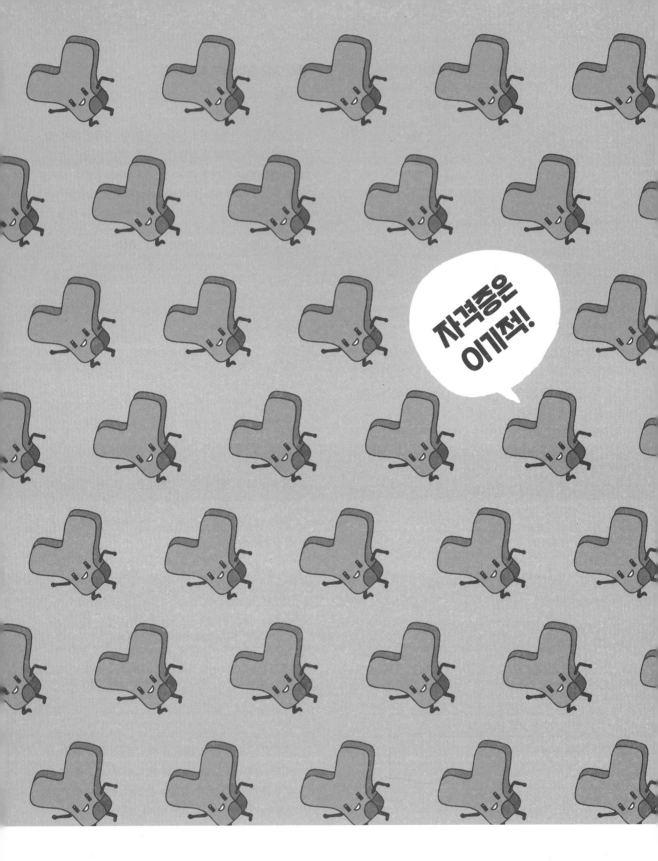

MEMO

MEMO

MEMO

MEMO